国家社科基金抗日战争研究专项工程

侵华日军细菌战罪行史料整理及专题数据库建设（16KZD014）

关东军防疫给水部复七名簿

（上）

主编：杨彦君

CCTP
中央编译出版社
Central Compilation & Translation Press

上海交通大学出版社
SHANGHAI JIAO TONG UNIVERSITY PRESS

图书在版编目（CIP）数据

关东军防疫给水部复七名簿：中文、日文 / 杨彦君主编 . -- 北京：中央编译出版社，2021.4

ISBN 978-7-5117-3915-5

Ⅰ．①关… Ⅱ．①杨… Ⅲ．①日本关东军—战争罪行—史料—汉、日 Ⅳ．① K265.606

中国版本图书馆 CIP 数据核字 (2021) 第 006853 号

关东军防疫给水部复七名簿

责任编辑： 郑永杰
特约编辑： 安宏涛　李亚玄
责任印制： 刘　慧
出版发行： 中央编译出版社　上海交通大学出版社
地　　址： 北京西城区车公庄大街乙 5 号鸿儒大厦 B 座（100044）
电　　话：（010）52612345（总编室）（010）52612362（编辑室）
（010）52612316（发行部）（010）52612346（馆配部）
传　　真：（010）66515838
经　　销： 全国新华书店
印　　刷： 永清县金鑫印刷有限公司
开　　本： 889 毫米 ×1194 毫米　1/16
字　　数： 136 千字
印　　张： 33.5
版　　次： 2021 年 4 月第 1 版
印　　次： 2021 年 4 月第 1 次印刷
定　　价： 998.00 元

网　　址： www. cctphome. com　**邮　　箱：** cctp@cctphome. com
新浪微博： @ 中央编译出版社　**微　　信：** 中央编译出版社（ID: cctphome）
淘宝店铺： 中央编译出版社直销店（http: // shop108367160. taobao. com）
（010）55626985

本社常年法律顾问：北京市吴栾赵阎律师事务所律师　闫军　梁勤

出版说明

《关东军防疫给水部复七名簿》原档某些册页有贴条，贴条上、下或有文字，本次整理予以分别展示，除贴条处，册页其余内容相同，如第 44、第 45 页，第 138、第 139 页，第 347、第 348 页，第 364、第 365 页，等等。此外，原档个别册页用白纸遮挡，如第 92 页、第 114 页，某些册页的部分内容被涂黑，如第 285 页、第 340 页等，本次整理一如其旧。再有，第 419、第 420 页原档为对开倒置页，本次整理予以改正。特此说明。

前言

杨彦君[①]

《关东军防疫给水部复七名簿》(以下简称《复七名簿》)现存于日本国立公文书馆，其于1948年8月31日编成，记载了七三一部队成员的复员信息：姓名、军阶、职级、兵种、原籍、复员时间、死亡时间以及战后增补修订记录等。《复七名簿》共分为两册，其一编号“761–1”，有221页；其二编号“761–2”，有312页，这两册原档连续编号，共有533页。《复七名簿》封面标识有：“关东军防疫给水部满洲第六五九部队复七名簿”，“据复员课资料，部队集团归还者皆可认定为已于昭和20年9月5日复员”和“取扱注意”等字样。

一、《复七名簿》的编成及内容

1945年12月1日，日本政府设立了第一复员省，负责处置战后陆军军人和军属复员事宜。1946年5月30日，第一复员省发布“一复省令第七号”《关于陆军军人、军属从军尚未归国者调查事宜之规定》[②]：

> 作为陆军军人、军属参军者，截止昭和二十一年八月一日零时仍未归国者，留守担当者须在八月十五日前，将附件所示登记表呈报到未返回人员原籍所在的市、区、镇、村长处。
>
> 如果当事人回国，根据前项条款呈报的留守担当者必须立即向当事人原籍所在地市、区、镇、村长呈报；呈报时如查明该人退伍(包括解除征兵令、解职、解雇、解佣等)时间须一并上报。

根据上述命令，七三一部队“留守担当者”需要向其原籍所在市、区、镇、村呈报“登记表”。根据“登记表”所录以及相关信息编成的部队“复员名册”即为《复七名簿》；所谓“复七”指的就是“一复省令第七号”；所谓“名簿”即为“人员名单”；所谓“留守担当者”指的是“外

① 杨彦君，哈尔滨市社会科学院七三一问题国际研究中心研究员，侵华日军第七三一部队罪证陈列馆研究员，清华大学历史系博士研究生。

② 《昭和二十一年復員省令第七号(陸軍の軍人軍属として従軍し未だ帰還しない者の調査に関する命令)の一部を改正する》，国立公文書館蔵，本館 -2A-010-11，請求番号：類 03041100，件名番号：014。

征部队”留在日本本土的直系亲属联系人。据日本国立公文书馆官方网站[①]显示，“一复省令第七号”命令下达之后，据此编成的《关东军军马防疫厂复七名簿》《步兵第231联队复七名簿》《步兵283联队复七名簿》）等“复七系列名簿”共计50种。

《复七名簿》自上而下设有：“处置、兵种、官等、姓名、本籍、摘要”信息栏。《复七名簿》编成之后，根据不同时期“复原人员”情况变化，经过多次补编和修改。在《复七名簿》的第237页“仲元义雄”信息栏内，留有整理者手写的补修信息“平成三年十月二十二日，据县所掌握资料，其与步兵三八三联队的中元实男重复，故删除”。平成三年即1991年，纵览名簿文本，1991年10月22日为《复七名簿》最后一次调增补修时间；如果从编成的1948年算起，对于《复七名簿》的整理、补充和修订前后达43年。

据《复七名簿》，可见其内文字体不同、格式不一，能够呈显出其为不同时期、不同支部编成提交之后的“汇编整理版”。在地域编排上，按照钏路、旭川、札幌、函馆、青森、岩手、秋田、山形、宫城、福岛、茨城、栃木、群马、东京、山梨、神奈川、埼玉、千叶、新潟、长野、爱知、岐阜、静冈、三重、石川、富山、福井、京都、滋贺、奈良、大阪、和歌山、兵库、冈山、广岛、鸟取、岛根、山口、香川、德岛、爱媛、高知、熊本、大分、宫崎、鹿儿岛、福冈、佐贺、长崎、冲绳的顺序；不同地域复原者以其姓氏首字假名音序排列。

二、《复七名簿》中的将官和佐官

七三一部队成员主要有将官、佐官、尉官、士官、兵和军属等身份，将官和佐官是七三一部队的核心管理层和研究中坚力量，身居部队长、部长、课长和班长的要职。依据《复七名簿》记载情况整理，将佐一级军衔共有41人，其中中将1人、少将2人、大佐5人、中佐2人、少佐31人；这同《关东军防疫给水部留守名簿》（以下简称《留守名簿》）相比少记录了7人。尤为特殊的是，七三一部队将官和佐官多毕业于日本知名大学医学部和医学院校，且多为医学、生物学、细菌学等领域研究者，他们既占据了七三一部队的核心，又是人体实验和生物战研究的主体。而且，七三一部队组织机构庞大，总人数近3500人，设有总务部、基础实验部、细菌研究部、防疫给水部、细菌生产部、训练教育部、器材供应部和诊疗部共8个部，部下设课，课下设班，除研究班长多由技师充任之外，将官、佐官多担任部长、支部长和课长一职。

① https://www.mhlw.go.jp/stf/seisakunitsuite/bunya/hokabunya/senbotsusha/shiryou_ikan/index.html.

【表一】《复七名簿》所载将官、佐官信息一览表

序号	姓名	处置	处置日期	兵种	官职	本籍
1	石井四郎	无	无	军医	中将	千叶县山武郡
2	北野政次	无	无	军医	少将	东京都世田谷区
3	菊池齐	复员	无	军医	少将	岩手县和贺郡
4	草味正夫	复员	1945 年 8 月 25 日	药剂	大佐	东京都本乡区
5	柴野金吾	归还	无	药剂	大佐	新潟县刈羽郡
6	永山太郎	复员	1946 年 2 月 28 日	军医	大佐	冈山县儿岛郡
7	大田澄	召解	1946 年 2 月 26 日	军医	大佐	山口县萩市
8	碇常重	召解	1945 年 8 月 26 日	军医	大佐	鹿儿岛县大岛郡
9	西俊英	归还	1956 年 12 月 26 日	军医	中佐	鹿儿岛县萨摩郡
10	田部邦之助	复员	无	军医	中佐	岛根县饭石郡
11	八木泽行正	召解	1945 年 8 月 26 日	技术	少佐	青森县弘前市
12	佐藤铁之助	召解	1945 年 8 月 22 日	卫生	少佐	秋田县鹿角郡
13	蓬田正二	无	无	军医	少佐	宫城县名取郡
14	目黑正彦	召解	1945 年 8 月 26 日	药剂	少佐	宫城县伊具郡
15	樋渡喜一	复员	无	军医	少佐	福岛县双叶郡
16	河上清久	战死	1945 年 8 月 14 日	军医	少佐	东京都日本桥区
17	加藤恒则	无	无	军医	少佐	东京都西多摩郡
18	有田正义	召解	无	军医	少佐	东京都世田谷区
19	铃木重夫	召解	1945 年 8 月 27 日	技术	少佐	东京都本所区
20	根津尚光	召解	1946 年 3 月	军医	少佐	东京都麻布区
21	增田美保	召解	1946 年 4 月 6 日	药剂	少佐	东京都牛込区
22	作山元治	召解	1945 年 12 月 1 日	军医	少佐	东京都涩谷区
23	川崎纯	召解	1949 年 9 月 22 日	技术	少佐	东京都四谷区

续表

序号	姓名	处置	处置日期	兵种	官职	本籍
24	高桥正藏	召解	1946 年 9 月 18 日	军医	少佐	千叶县长生郡
25	细矢博	召解	1946 年 10 月 24 日	军医	少佐	千叶县长生郡
26	佐藤重雄	归还	1945 年 11 月 30 日	主计	少佐	新潟县北鱼沼郡
27	降旗武臣	召解	1946 年 9 月 10 日	军医	少佐	长野县南安昙郡
28	野口圭一	召解	1945 年 9 月 5 日	卫生	少佐	爱知县名古屋市
29	山下健次	复员	无	卫生	少佐	静冈县磐田郡
30	西田重卫	召解	1946 年 9 月 30 日	军医	少佐	富山县东砺波郡
31	永松乔	无	无	技术	少佐	大阪市天王寺区
32	榊原秀夫	舞鹤上陆	1957 年 5 月 24 日	军医	少佐	冈山县冈山市
33	杉原正毅	复员	无	军医	少佐	冈山县吉备郡
34	肥野藤信三	召解	1946 年 2 月 27 日	军医	少佐	广岛县安佐郡
35	平泽正欣	死亡	1945 年 6 月 11 日	军医	少佐	香川县绫歌郡
36	池川重德	召解	无	军医	少佐	爱媛县温泉郡
37	园口忠男	召解	1945 年 9 月 5 日	军医	少佐	熊本县天草郡
38	长友浪男	复员	无	卫生	少佐	宫崎县宫崎郡
39	尾上正男	归还	1956 年 12 月 21 日	军医	少佐	鹿儿岛县出水郡
40	田中淳雄	召解	1945 年 8 月 25 日	军医	少佐	京都府
41	儿玉鸿	召解	1945 年 9 月 1 日	军医	少佐	鹿儿岛县萨摩郡

从七三一部队人员构成和人员来源状况来看，七三一部队以“同学之谊”“师生之谊”招募了京都帝国大学医学部、东京帝国大学医学部、陆军军医学校大量医学毕业生参与其中。与此同时，七三一部队也招募了大量“同乡之谊”者，这在《复七名簿》中能够体现出来。如《复七名簿》的第 127 页连续记载了石井四郎中将、石井刚男嘱托、石井三男技师的个人信息，他们的原籍都标明：“千叶县山武郡千代田村”。纵览整个《复七名簿》，来自千代田村的共有 24 人：

石井四郎、石井三男、石井刚男、石井慎一郎、石井勇、石井荣、石井正雄、石井实、石井正年、岩泽忠、石井以於、大竹金三、小川辰男、越川良雄、斋藤俊雄、斋藤和行、菅泽操、萩原薰、平山信太郎、古川一郎、宫野喜重、山室恒雄、笹川岩、石田温一；从这个意义上来说，可以更为明确地认证七三一部队人员招募的固有特点，即以部队长“同乡之谊”招募了大量“雇员”“佣人”进入七三一部队服役。

三、《复七名簿》中的“召解”和“归还”

据战时日本征兵制度，从军有三种方式：征集、召集、志愿。征集类于征兵，被征集者皆为现役；召集即命预备役或民间人参军；征集即根据指定限制年龄下发征兵令；《复七名簿》所见“召解”，意为召集解除现役，亦为军人军属复员方式之一；“归还”意为战后从苏联或中国等地返回日本。1945 年 8 月 9 日，苏联对日本宣战后进入中国东北，关东军所属部队成员及其家属被俘入苏逾 50 万人。从 1946 年到 1956 年，特别是日苏签署《日苏共同宣言》[①]之后，大量战俘和战犯被遣返日本。在此期间，日本政府持续调查和统计“苏联地区归还者和未归还者”状况，《复七名簿》即是在此背景下系统整理和编成的。《复七名簿》所载从苏联返回日本的调查情况如表二。

【表二】自苏联返回日本人员统计表

序号	姓名	处置	处置日期	兵种	官职	本籍
1	植松晃久	召解	1950 年 1 月 22 日	卫生	伍长	高知县高冈郡
2	大仓一郎	召解	1950 年 2 月 9 日	卫生	二等兵	广岛县山县郡
3	丹户俊幸	召解	1950 年 2 月 9 日	卫生	一等兵	岛根县安浓郡
4	滨田之宏	召解	1950 年 4 月 17 日	卫生	兵长	高知县吾川郡
5	山中兴次郎	召解	1950 年 4 月 17 日	卫生	伍长	高知县幡多郡
6	伊藤利行	召解	1950 年 4 月 17 日	卫生	二等兵	广岛县比婆郡
7	中越顺一	召解	1950 年 4 月 17 日	卫生	上等兵	高知县高冈郡

① 1956 年 10 月 19 日，日本、苏联在莫斯科签署了《日苏共同宣言》，在宣言的第五条载：“被苏维埃社会主义共和国联盟判决有罪的所有日本人，在此共同宣言生效后，即当获释，并被送还日本。另，苏维埃社会主义共和国联盟须配合日本的要求，对消息不明的日本人持续进行调查。”据此，苏联在宣言生效后，释放并送还被判有罪的日籍俘虏。

续表

序号	姓名	处置	处置日期	兵种	官职	本籍
8	森冈宽介	召解	1950年4月17日	卫生	上等兵	高知县高冈郡
9	岛田和夫	召解	1950年4月17日	卫生	上等兵	高知县高知市
10	滨田贞一	召解	1950年4月17日	卫生	上等兵	高知县高冈郡
11	明神寅明	召解	1950年4月17日	卫生	上等兵	高知县高冈郡
12	角野茂	召解	1950年4月17日	卫生	一等兵	大阪市
13	桥田穗太郎	召解	1950年4月17日	卫生	一等兵	高知县高冈郡
14	中村溜	召解	1950年4月17日	卫生	一等兵	高知县高冈郡
15	小关重雄	舞鹤召解	1953年12月1日	军属	无	千叶县长生郡
16	山下久平	舞鹤召解	1953年12月1日	军属	（林口）	新潟县新潟市
17	黑田行雄	舞鹤召解	1953年12月1日	卫生	兵长	爱媛县周桑郡
18	奥村进	舞鹤召解	1953年12月1日	卫生	上等兵	爱媛县上浮穴郡
19	冈崎正美	舞鹤召解	1953年12月1日	卫生	上等兵	高知县吾川郡
20	久留岛祐司	舞鹤召解	1953年12月1日	卫生	一等兵	香川县三丰郡
21	萩森重夫	舞鹤召解	1953年12月1日	卫生	一等兵	爱媛县东宇和郡
22	大野正行	舞鹤召解	1953年12月1日	卫生	上等兵	爱媛县西宇和郡
23	高木究行	归还	1956年12月20日	卫生	伍长	爱媛县喜多郡
24	直藤正信	归还	1956年12月26日	卫生	兵长	爱媛县松山市
25	濑越健一	归还	1956年12月26日	药剂	少尉	山口县熊毛郡
26	守家六已	归还	1956年12月26日	无	军属	北海道带广市

众所周知，1949年12月25—30日，苏联在哈巴罗夫斯克设立滨海军区军事法庭审判了12名日本细菌战战犯，其中有七三一部队西俊英中佐、榊原秀夫少佐、久留岛祐司雇员等。上述三人在《复七名簿》也有明确记载：如西俊英的个人信息在《复七名簿》的第414页，信息栏上方标有“昭31.12.26归还”，意为1956年12月26日从苏联返回日本；其曾任七三一部队

教育部长、孙吴支部长，在伯力审判时被判刑18年。久留岛祐司的个人信息在《复七名簿》的第299页，记载了其于1953年12月1日在舞鹤港登陆返回日本。榊原秀夫的个人信息在《复七名簿》的第248页，信息栏上方标注为“昭32.5.24舞鹤上陆”，这同《留守名簿》对榊原秀夫的个人信息记载相同，指的是榊原秀夫在1957年5月24日从舞鹤港登陆返回日本。综合《复七名簿》和《留守名簿》所载榊原秀夫信息，其于1908年1月9日出生，1942年10月2日编入七三一部队，1945年4月30日晋升为军医少佐，此前所属为关东防卫军军医部及入职时间为1944年1月17日，曾任七三一部队林口支部长，1951年5月7日被逮捕，后被转移到中国抚顺战犯管理所，1956年6月19日被中华人民共和国最高人民法院特别军事法庭判处有期徒刑13年，1957年得到中国政府特赦。

另外，《复七名簿》记载了自中国返回的日本战犯有关信息。1956年6月和7月，中华人民共和国最高人民法院特别军事法庭在沈阳、太原对45名日本战犯公开审判并做出有期徒刑判决，其中就有七三一部队榊原秀夫。同时，中华人民共和国最高人民检察院对在押日本战犯第一批335人、第二批328人、第三批354人，共1017人免予起诉，即行释放。第一批335人于1956年6月28日，第二批328人于1956年7月23日，第三批354人于1956年9月1日，自天津塘沽新港码头出发分别乘坐“兴安丸”号返回日本。在这三批次被释放的日本战犯中，通过查考《复七名簿》，可知乘坐“兴安丸”号返回日本的七三一部队成员有山内丰纪、奥原广治、佐藤善一、笠井久雄、高桥秀雄、佐名木正好、佐竹雅夫、上野滋、中村义治、泉二熊一、真子宪治等人；而同样乘坐“兴安丸”号返回日本的七三一部队成员上田弥太郎、安达诚太郎、竹内丰和田村良雄却无记载。

四、《复七名簿》的学术价值

《复七名簿》与《留守名簿》具有互为补充、彼此认证的学术价值。《复七名簿》与《留守名簿》所载信息在“姓名、本籍、兵种、官职”方面内容相同，但《复七名簿》所载“处置、复原、任职”等信息则为《留守名簿》所没有。《复七名簿》所记的个人信息能够在一定程度上补充《留守名簿》所未记的战时死亡、战时任职、战后返日有关信息。《复七名簿》和《留守名簿》成为全面认知七三一部队整体规模、人员编成和身份构成以及战后状况的第一手档案史料，是日本生物战史研究的核心文献，具有不可替代的研究价值和利用价值。关于七三一部队人员的战后信息，此前学界几无调查，仅仅知晓接受苏联伯力审判和中国沈阳审判的少数人员信息。尤为重要的是，《留守名簿》的整理和研究首次将七三一部队全员名单呈现出来，而《复七名簿》

亦可在其基础上弥补《留守名簿》对于战后信息记载的不足，特别是其记录了“二战”后从苏联和中国返回日本人员的信息，使得战时信息和战后信息得以有效接续，有助于提升历史线索的连续性，从而提升七三一部队问题学术研究的真实性和准确性。

《复七名簿》的整理和研究有助于进一步认定七三一部队本部和支部不同时期通称号和部队代号。关东军防疫给水部指的是位于哈尔滨的本部，以及位于牡丹江、林口、海拉尔、孙吴、大连的各个支部的总称，部队通称号前均冠有兵团文字符“德”字和“满”字。据昭和15年（1940年）11月14日《在满诸部队通称号规定》[①]文件，规定部队通称号由“兵团文字符”和“一连番号”组成，在“满洲”的部队“兵团文字符”全部冠以“满洲”二字，之后接三至五位数的“一连番号”，如关东军军马防疫长的通称号是“满洲第一〇〇部队”，关东军化学部的通称号是“满洲第五一六部队”。1945年4月20日，日本陆军省颁布《陆军部队战时通称号规定》[②]，随后日军各部队通称号多数更改，关东军的“兵团文字符”被定为“德”字，“德字第二五二〇一部队”就是关东军防疫给水部的通称号。

另据国立公文书馆保存的《关东军防疫给水部略历》[③]《关东军防疫给水部孙吴支部略历》[④]《关东军防疫给水部大连出张所略历》[⑤]所记，同《复七名簿》所载信息比照，可以确认：“关东军防疫给水部”为部队通称号，“满第六五九部队”和“德第二五二〇一部队”为“一连番号”，也就是本部和支部在不同时期的总称；“德第二五二〇二部队”为“满洲第七三一部队”，即关东军防疫给水部本部或关东军防疫给水本部；“德第二五二〇三部队”为“满洲第六四三部队”，即关东军防疫给水部牡丹江支部；“德第二五二〇四部队”为“满洲第一六二部队”，即关东军防疫给水部林口支部；“德第二五二〇五部队”为“满洲第五四三部队”，即关东军防疫给水部海拉尔支部；“德第二五二〇六部队”为“满洲第六七三部队”，即关东军防疫给水部孙吴支部；“德第八七四七部队”为“满洲第三一九部队”，即关东军防疫给水部大连支部。

2020年8月15日

① 《陸満機密第一三号　在満諸部隊通称号規定》，防疫研究所戦史室編：《支那事変．大東亜戦争間　動員概史　1 / 7　昭12～20年》，防衛省防衛研究所蔵，中央 - 軍事行政動員 · 編成 -20。
② 《4．陸機密第143号　陸軍部隊戦時通称号規定の件達　昭和20年4月20日》，防衛省防衛研究所蔵，中央 - 軍事行政編制 -339。
③ 《満州方面部隊略歴（一）（1）》，防衛省防衛研究所蔵，中央 - 部隊歴史全般 -107。
④ 《部隊原簿　関東軍各部兵事部　総軍直轄補給廠勤務隊（3）》，防衛省防衛研究所蔵，満洲 - 終戦時の日ソ戦 -76。
⑤ 《部隊原簿　関東軍各部兵事部　総軍直轄補給廠勤務隊（3）》，防衛省防衛研究所蔵，満洲 - 終戦時の日ソ戦 -76。

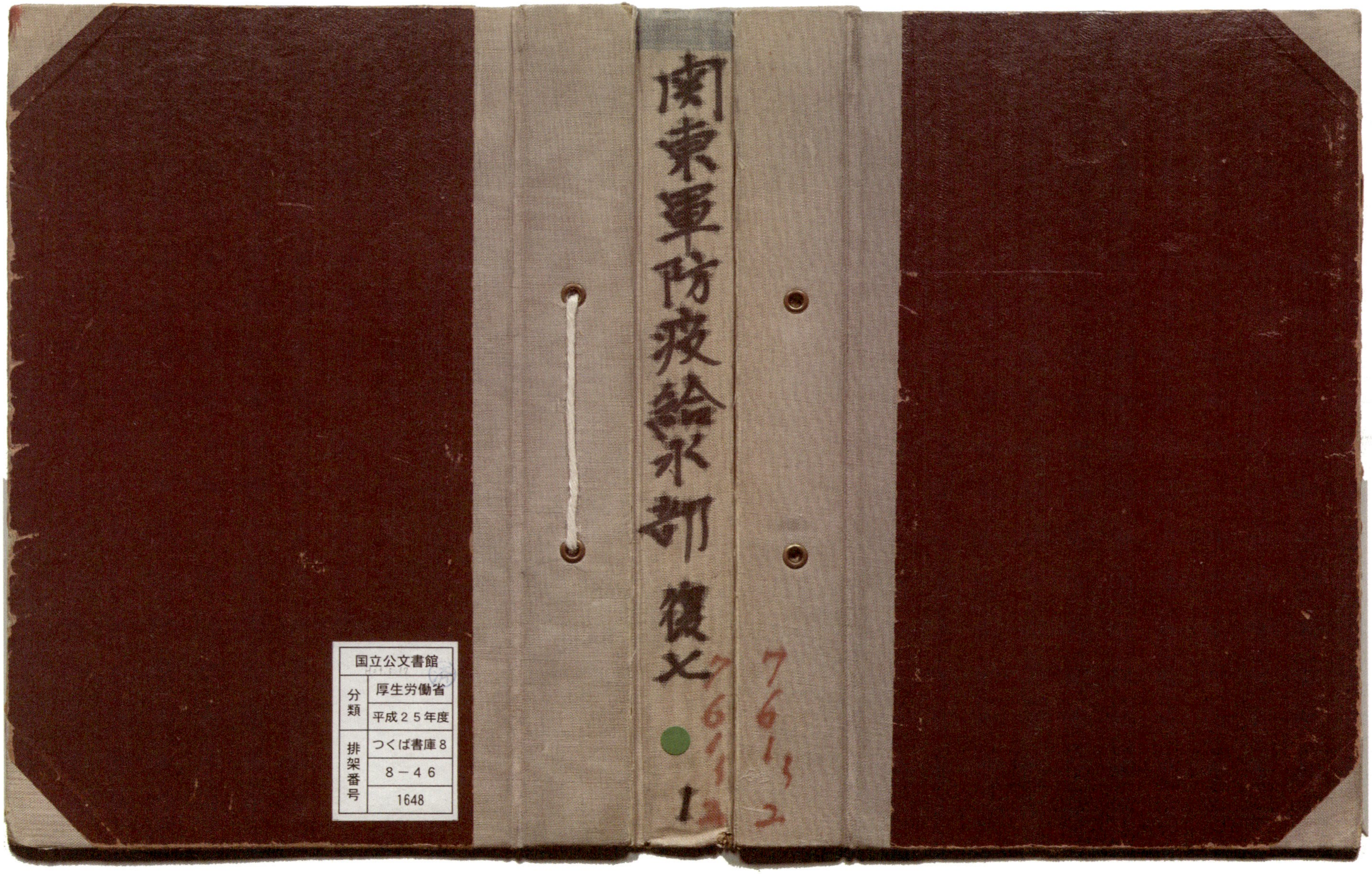
関東軍防疫給水部 復文
1
国立公文書館
分類 厚生労働省 平成25年度
排架番号 つくば書庫8 8－46 1648
7611ɑ
7611ɑ

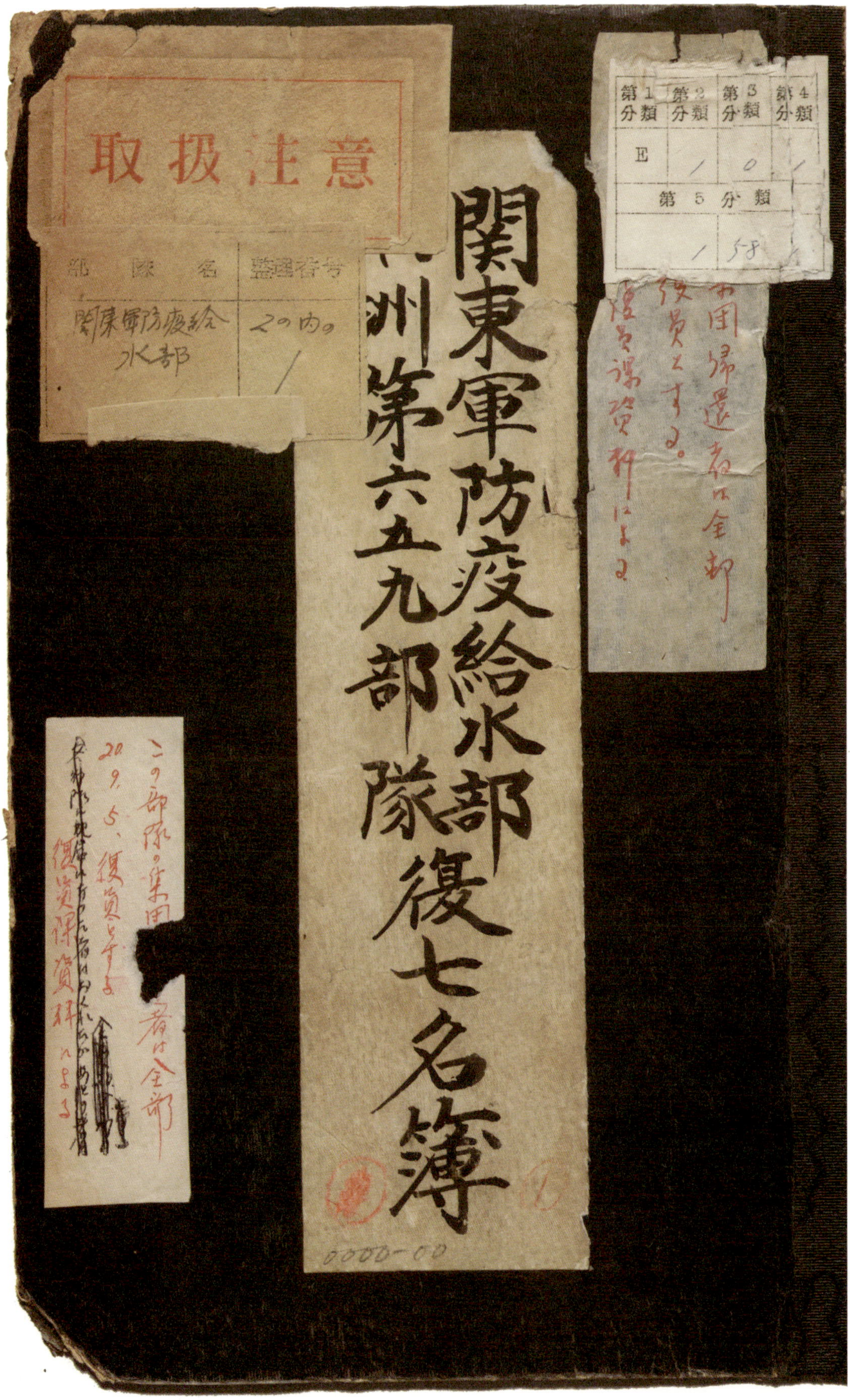
取扱注意

部隊名	整理番号
関東軍防疫給水部	2の内の1

第1分類	第2分類	第3分類	第4分類
E	1	0	1
第5分類			
1 5-8			

本国帰還者は全部復員とする。
復員課資料による

関東軍防疫給水部
満洲第六五九部隊留守名簿

この部隊の集団帰国者は全部
20.9.5、復員とする
復員課資料による

0000-00

復員處理一覽表(其の　)

編成定員　名

要處理人員(A)　名

區分 / 年月	死亡(B) 終戰前 認 ル	死亡(B) 終戰前 運 冊	死亡(B) 終戰後 認 ル 中	死亡(B) 終戰後 認 ル ソ	死亡(B) 終戰後 運 冊 中	死亡(B) 終戰後 運 冊 ソ	歸還(C) 身上申告書	歸還(C) 令二〇號	未歸還(D) A−(B+C)=D 生存確實 中	生存確實 ソ	死亡見込 終戰前 中	死亡見込 終戰前 ソ	死亡見込 終戰後 中	死亡見込 終戰後 ソ	狀況不明	其他未掌握
昭　年　月	38			146			2889		257			2			929	
累計	38			146			2889		257			2			929	
昭　年　月																
累計																
昭　年　月																
累計																
昭　年　月																
累計																
昭　年　月																
累計																

1 ○中は中共地區（滿北鮮千樺）○認は認定處理○運は死亡認定濟者連名簿○ソはソ領內

2 本表は每月末整理する但し未歸還人員的內譯は要調查部隊（甲）については每月末其の他の部隊については期末に整理する

0000-01

657~1

別表第十

部隊名簿目次

留守名簿	
記載人員	鮮台人　（外數）

番號	世話課	人員數	番號	世話課	人員數	番號	世話課	人員數	番號	世話課	人員數
1	樺太		14	群馬		27	富山		40	香川	
2	旭川		15	東京		28	福井		41	徳島	
3	札幌		16	山梨		29	京都		42	愛媛	
4	函館		17	神奈川		30	滋賀		43	高知	
5	釧路		18	埼玉		31	奈良		44	熊本	
6	青森		19	千葉		32	大阪		45	大分	
7	岩手		20	新潟		33	和歌山		46	宮崎	
8	秋田		21	長野		34	兵庫		47	鹿兒島	
9	山形		22	愛知		35	岡山		48	福岡	
10	宮城		23	岐阜		36	廣島		49	佐賀	
11	福島		24	靜岡		37	鳥取		50	長崎	
12	茨城		25	三重		38	島根		51	沖縄	
13	栃木		26	石川		39	山口				

備考

一、本表には世話課別人員を記載する

一、新資料入手に伴ひ其の都度增減して整理する（假掌握の分は括孤を附し外數として掲記する

一、留守名簿記載人員欄には復乇名簿との重複人員を除いた數を掲記する

部隊名	[illegible]	名簿人員掌握状況一覧表 第三係							
区分 ＼ 時期	25・11・20			・ ・			・ ・		
	留名	復七	計	留名	復七	計	留名	復七	計
把握人員 皈還人員(軍属)	532 (306) (—)	2419 (1525) (8)	2951 (1831) (8)						
把握人員 死亡人員(軍属)	62 (18) (—)	114 (39) (20)	176 (57) (20)						
把握人員 未皈還者 生存見込		77 (16) (—)	77 (16) (0)						
把握人員 未皈還者 死亡見込		8 (1) (—)	8 (1) (0)						
把握人員 未皈還者 死亡推定									
把握人員 未皈還者 状況不明 生存		47 (13) (4)	47 (13) (4)						
把握人員 未皈還者 状況不明 死亡		2 (1) (—)	2 (1) (0)						
把握人員 未皈還者 状況不明 無資料 所属確		14 (8) (—)	14 (8) (0)						
把握人員 未皈還者 状況不明 無資料 同未確									
把握人員 未皈還者 状況不明 小計		63 (22) (4)	63 (22) (4)						
把握人員 未皈還者計(軍属)		148 (39) (4)	148 (39) (4)						
把握人員計(軍属)	594 (324) (0)	2681 (1603) (32)	3275 (1927) (32)						
未把握人員(軍属)		103 (90) (1)	103 (90) (1)						
掌握総人員(軍属)鮮台人を除く	594 (324) (0)	2784 (1693) (33)	3379 (2017) (32)						
鮮台人									
推定未掌握人員									
要処理総人員	594	2784	3378						
調製上の注意	1. 軍属数は内数として( )を附して記入する。2. 留名欄には原則として復七以前の皈還、死亡人員のみ計上する。但し復七、留名を合冊した部隊は計だけを記入すればよい。								

注 欄内数字 上段は軍人 下段は[illegible]軍属[illegible]の方を示す

0000-02

	岐阜縣本巣郡	伍	森岡靖	(フ)
	〃山縣郡	軍	清水桂	(フ)
	〃羽島郡	學	尾藤林一	(フ)
	〃吉城郡	長	北平傳	死見
	〃惠那郡	上	小木曾政夫	ム
	〃山縣郡	二	玉井俊一	ム
	〃岐阜市	兵	安藤虎一	生
情教	靜岡縣磐田郡	兵	黒野敬次	生
〃	〃田方郡	一	土屋巖	生
〃開甲	〃濱名郡	上	中島秋男	生
アパカ支部	〃榛原郡	學	浦田雄喜	(フ)

0000-03

	岐阜県 岐阜市	少尉	大洞信男	23.10.16 チヨム生 アル
	〃 本巣郡	屬	松山栁谷	22.10 ロスク生 ハ穴
	〃 武儀郡	兵	後藤孝敏	22.10 生
	〃 加茂郡	大尉	佐藤善造	23.10 ガナ生 フエル
	〃 本巣郡	屬	竹中董壽	22.8 長者50
	〃 郡上郡		田口利介	生
	〃 高山市	屬	松浦藤一	生
教育隊	〃 岐阜市	雷	堀江亮作	生
	〃 武儀郡	屬	中島茂子	生
	〃 海津郡	屬	久米貞夫	㋫

0000-64

北部

名

(甲)はその名字と照合者の印

(乙)は日？（東京で作成）と照合者の印

下に書いた部分

0000-05

釧路

名
未

軍直

所属部隊　関東軍防疫給水部

昭二三、八、三一、補
釧路地方世話所

處決　兵種　官等　氏名　本籍（留守担当者現住所續柄）　備考

見
25 2 9
死亡部
軍属
山本正實
大正九年二
北海道花咲郡（落石村大字友知村二…）
（大字字… 留守担当者 作田（ ）平）

世
23 7 10 連絡
信息入手得スルコト…
補給セラレ健在ニテ
PW

因
名

31
12
26
帰還

留守復員局
本部

召解
22 / 1 / 26

傭

守家六已
（大6、2、6）
北海道帯広市緑ヶ丘二條通18
妻、トシ

24
10
25 ハバロフスク20分所
健甲

小林幸枝
大14、8、10
北海道釧路市浪花町十丁目一
長野市上松湯谷、1609

身上申告書より記入26 7 30

カード済
1

旭川

所属部隊　関東軍防疫給水部　昭20.1.1調

處決	兵種	官等	氏名	本籍（留守擔當者現住所續柄名）	摘要
復員		雇	宮川好一	天塩郡遠別村本通三ノ六（本町三ノ四）　父 政五郎	
復員		傭人	村椿弥吉	上川郡比布村比布市街地　母 よ志え	
復員		雇	山口正三	仝 天塩町山手通十一ノ九六　妻 テイ	
20.9.20 召解		雇	杉原源一 大六	北海道勇払郡占冠村字双珠別東三線一〇六　妻 [illegible]代	[illegible]より処決記入

2

旭川

旭川

所屬部隊	處決	兵種	官等	氏名	本籍（戸籍筆頭者又ハ住所番地名）	摘要
関東軍防疫給水部（満六五九）	復員	衛		相川清江	北海道天塩郡遠別村本通六一六番地	
	昭20.8.26 解（九）	〃		小田桐米太郎 明38.12.1	〃 枝幸郡枝幸村大字枝幸本町三三番地	本籍[illegible] 26.12.16 [illegible]

[illegible]

旭通[illegible]による。

3

追加及所属変更連名簿（満洲部隊）札幌地方世話所

札幌

満二処理済

所属部隊　関東軍防疫給水部

處決	兵種官等氏名	本籍（留守担当者現住所続柄名）	摘要
五 23.9.12 課属	杉本政二（明40.2.20）	札幌市北十三条西四丁目 栄一 〔金沢市増泉町北益絹毛株式會社〕	林口派遣

4

未　留名あり

川棚部隊関東軍所延給本部

[illegible]氏名[illegible]

未

20.8.17
戦死

雇島

芸防線ハイラルヤンゴン

大4.2.6

男掛郡安平村[illegible]追分

広島県尾道市栗原町川上

33.3.29
（ハイラル入含係）

留名ボあり

5

関東軍防疫給水部

昭和 年 月 日調製 二〇、一、一八(?)

處遇	兵種	氏名	本籍(留守擔當者現住所續柄名)	摘要
20.9.5 召解	軍属(?)	猿(?)亨 大7.1.3生	北海道室蘭市新富町六 妻 [illegible]	
復員	〃	大澤義孝 大8.[illegible]生	浜益郡浜益村柏木一〇四 兄 恒夫	
名 兴安丸 31.2.24 復員 召解	〃	実原廣治 大6.6.8生	空知郡芦別町黄金四九〇 父 耕作	23.7.大澤[illegible] 25.2.23 [illegible]
復員	〃	加藤敏明	虻田郡虻田町高(?)田一ノ二 父 金助	
21.5 召解 ㋣	〃	菊地全次郎 大5.3.20生	浜益郡浜益村郡別古外地 父 鉄太郎	
死亡 ㋣ 巨濟(?)	〃	菊地 〃 〃	浜益郡浜益村郡別〃外地 父 鉄太郎	八月 世[illegible]
月日不 召解 ㋣	〃	音(?)[illegible]治郎 明40.10.25生	札幌市豊平三條八ノ一二八 父 利七	
未復員(?)	〃	島春秀	勇払郡安平村字追分市外地 妻 キクヨ	
	〃	鈴木卯吉 大2.3.20生	札幌郡白石村上白石一一七 兄 吉雄	
旭川 転	〃	杉原源一	勇払郡古[illegible]村双(?)別東三線一六 妻 兵代	
召解 家族不明	〃	竹田喜入 大10.9.26(?)	札幌郡篠路村上篠路[illegible]地 父 [illegible]次郎	
本部(?)	〃	高橋[illegible] 大7.6.[illegible]	空知郡北村下美唄[illegible]外地 父 房吉	

6

所屬部隊　関東軍防疫給水部　　20.1.1調

處遇	兵種官等	氏名	本籍（留守擔當者現住所續柄名）	摘要
復員	軍属	高鎚清次郎	北海道札幌市北十二條西八ノ十二　父 幸太郎	
24.10.4 召解 / 復員	〃	中尾良吉（大正10.）	〃 雨瀧郡北竜村恵岱別生（〃碧水）　妻 銀子	大連所属者
復員	〃	根本武雄	〃 雨龍郡秩父別村四〇九三　妻 トメ	
復員	〃	浜坂明	〃 札幌市北十四條西二ノ三五　女 ちか	
復員	〃	畑山由太郎	〃 北八條東十三ノ十二（今北七條東十三ノ八）　義兄 良治郎	
復員	衛 准	細谷徹之助	〃 空知郡芦別町西全七十六　妻 富	
復員	下属	松島茂	〃 白老郡白老村虎林班十三　妻 トミ	
〃	〃	渡辺次男（大七.10.3）	〃 札幌市南八条西一ノ一三　妻 トヨ	右ハ[illegible]確認
24.10.4 召解	傭人	中尾合秀（昭2.12.19）	〃 雨竜郡北竜村恵岱別三〇一（〃碧水）　父 良吉	（大連所属者）　昭21.1新京入

7

札幌

所屬部隊　關東軍防疫給水部（滿六五九）

處決	兵種	官等	氏名	本籍（留守擔當者現住所續柄名）	摘要
召解	雇		小山三郎 大一五、三、一四	北海道室蘭市母恋水元町二二 父三郎	
召解	〃		鈴木一正 大七、一、三一	北海道夕張郡角田村字角田一四二 富美雪	
23.9.12 召解	〃		杉原政二 明四〇、二、二〇	〃 札幌市北十三条西四ノ三 妻文子	

省　14 13

8

札幌

所屬部隊　關東軍防疫給水部（滿六五九）

處決	兵種 官等	氏名	本籍（留守擔當者現住所續柄名）	摘要
復員	傭	青塚博	北海道札幌市北十条西五 母ミホ	
〃	〃	佐藤京一 大三.五.一五	〃千歳郡千歳村大字シークヌシケ三四 母トメ	在籍未確認

10.

9.

札幌

所屬部隊	関東軍防疫給水部　昭20.1.1調
處決	20.9 召解
兵種 官等	筆生
氏名	渡邊
本籍（留守擔當者現住所續柄名）	札幌市南八條西一丁一三　父　次男
摘要	

北海道札幌

所屬部隊	關東軍防疫給水部
處決	
兵種	傭
官等	員
氏名	西沢静雄 大 二五
本籍（留守擔當者現住所續柄名）	札幌市白石村上白石村二三五 兄 光夫
摘要	本務手帳退

11

録 11

外 175

所属部隊 関東軍防疫給水部・牡丹江支部（徳二五二〇三）

處決兵種官等 氏 名 本籍（留守担当者現住所続柄名） 摘 要

22.12.5 召解

屬 飯[illegible] 大6.1.3 季典 （函館市[illegible]三六）

（通信補書より判明す 改[illegible]小玉と改む 現住所（函館市柏木町七六 [illegible]川達吉方））

一（東部）

花田綱[illegible] 海岸町六七 妻八重子

吉田友吉 小樽市辨天町一 妻キエ

所属部隊 関東軍防疫給水部林口支部（徳二五二〇三）

處決兵種官等 氏 名 本籍（留守担当者現住所続柄名） 摘 要

25.2.9 召解

少尉 [illegible] 大12.8.31

（同 函館市桐生町一六二 同）

補足調書表により[illegible]

函館

済

12

23

所属部隊	関東軍防疫給水部	20.1.1調製

兵種官等	氏名	本籍（留守担当者現住所続柄名）	摘要
衛 兵	荻田喜三郎 明四五.六.七	北海道函館市海岸町一三 妻 静江	留名簿にあり 抹消
	大橋三郎 明四一.九.一	函館市旭町六三 妻 政子	
	金浴豊[illegible] 大[illegible]	小樽市錢函町八六 妻 クリ子	本部所属 20.12.16時調査による
	猿田禎助 明四[illegible]	函館市万代町一九七 兄 欽治	[illegible]
	蛸島二二 大[illegible]	函館市千代ケ丘二一 妻 文子	本部所属
	戸川勇 大[illegible]	函館市宝来町[illegible]七（栃木県那須郡[illegible]） 妻 文子	
	西村辰己	小樽市錦町四四 父 六蔵	
	花田綱[illegible]	函館市海岸町[illegible] 湯川町[illegible] 妻 [illegible]	本部所属
	林[illegible] 明四[illegible]	亀田郡七飯村大中[illegible]大川六四 妻 [illegible]	本部所属 20.12.16時調による
	福[illegible]功 大[illegible]	埼玉県入間郡霞ケ関村笠幡[illegible] 母 八八	本部所属 20.12.16時調による
	福士[illegible] 大[illegible]	函館市[illegible]町[illegible] 母 ハル	本部所属 20.12.16時調による
技手	林[illegible]	小樽市[illegible]町[illegible] 妻 [illegible]	（本部）20.12.16時調による 留名簿あり

13

名

二未

所屬部隊	處決	兵種官等	氏名	本籍（留守擔當者現住所氏名）	摘要
關東軍防疫給水部 20.1.1 調案					
	20.8.26 不明	雇	小戸菊三郎 大五.一八	北海道茅部郡落部村落部一六 妻 夕ケ	
	20.8.26 不明	〃	小戸夕ケ 大五.四.十九	〃 茅部郡落部村一〇八 父 久五郎	
	21.6.5 不明	〃	吉田友吉 大七.三.十四	〃 小樽市辨天町一 妻 キヌ	新京 [illegible]
	21.1.14 發病死	雇	小林茂 昭5年11.23生	〃 爾志郡乙部村字 [illegible] 34.10.30	第一方面軍 [illegible] 20.10.25 [illegible]

14

於ハルビン（ポスト）

兵 済

函館

所属部隊	処決	兵種	官等	氏名	本籍（留守担当者現住所続柄名）	摘要
関東軍防疫給水部（満六五九）	20.2.28 戦病死	技手		[illegible]岩雄 明40.2.25	北海道瀬棚郡利別村字花石八九 [illegible]	20.10.8

15

忌録

所屬部隊 関東軍防疫給水部 昭20.1.1調

處決兵種官等 氏名 本籍（道 府縣 郡 市 町 村 邑）番地

歸還（ ）

藁科王 吉村 春

京都府郡里松内お里松内（ち一）

父 留太郎

16

仙台

青森

米

23年5月28日
於舞鶴除隊

所属部隊	関東軍防疫給水部林口支部（徳二五二〇四）（満六四二）
兵種	技官
氏名	小田桐賞（大8.5.20）
摘要	本籍（留守担当者現住所続柄名）青森県南津軽郡大光寺町大字大光寺字堰下 母 小田桐イト

17

青森縣

所屬部隊 關東軍防疫給水部

處決	兵種	官等	氏名	本籍（留守擔當者現住所氏名）	摘要
20.8.26 自解	傭	員	中原芳博 大14.4.?	青森縣弘前市北新寺町三六 「青森縣南津軽郡…お根木作六四」 兄 芳行	
	〃	〃	中島稔長 大7.2.25	〃上北郡三本木町瀬戸一三 父 赤吉	
復	〃	〃	菊池武一	〃南津軽郡石川町大沢石村元一五 父 辰次郎	
復	技手		三本柳四明蔵	〃下北郡川内町川内二九九 妻 花子	
	〃		新岡一郎	〃西津軽郡鳴沢村… 知人 浅石一	調査中
復	傭人		西谷久子	〃南津軽郡女鹿沢村西花岡三一 母 ウメ	
21.2.27 自解	〃	〃	野呂谷政太郎 大7.?.?	〃東津軽郡平内村八四 知人 不明	
20.8.28 自決	〃	〃	花田豊太郎 大14.7.1	〃南津軽郡大光寺村杉館一八 兄 西蔵	
復	雇	傭	藤田石松	〃東津軽郡蟹田村若田一〇八 母 藤田さわ	

18

青森

関東軍防疫給水部　昭20.1.1 調

所属部隊	處決	兵種	官等	氏名	本籍（留守担当者ノ住所氏名）	摘要
	20.8.26 召解		雇	盛 源弘（大七.七.四）	南津軽郡黒石町字山形一一七 父 靖一郎	本部 24.10.28 調による
	20.8.26 召解	技	少佐	八木澤 行正（明四二.二.八）	弘前市百石町三九 妻 トシ子	本部 24.10.28 調による
			雇	山田 勤之助	三戸郡是川村土橋一ノ 父 福太郎	
	22.2.28 召解		傭人	山内 はやゑ	仝 郡手良寄村相内字前田二 男 洋吉	已死
	昭22.9 解		〃	加賀谷 道夫（昭五.十.七）	弘前市古堀新割町三五 祖父 興七	照会
			〃	木村 利明（昭五.十.十）	中津軽郡高杉村獨狐松沢二八 父 寅吉	調査中
			〃	小島 猪一（昭五.八.二七）	青森市博労町七二 父 六郎	調査中
			〃	関 正（昭六.二.二）	仝 市浦田町橋本一八二 父 勤次郎	調査中
			〃	成田 周一（昭六.一.一八）	仝 市造道町沢田六七 父 周蔵	調査中
			〃	山本 栄三（昭六.十.三）	青森市新町六九 父 蔦之丈	調査中
	21.4.1 召解		〃	吉田 一郎（昭五.八）	青森市造道字浪打五八（仝 造道字澤田五一ノ一五 母 上村スエ）	調査中
			〃	加賀谷 道夫	弘前市古堀新割町三五 父 興七	

重複

同右

所在不明

日本

消息なし

調査中

19

㊣

在

所屬部隊	處決	兵種	官等	氏名	本籍（留守擔當者現住所續柄名）	摘要
関東軍防疫給水部	在所と云ふから召解		屬	鄭長純文	青森県上北郡甲地村大字下二一 文平 豪論	照会ニ依リ在所 衛生上等兵トアリ
	復員	衛	上	島春新正論	〃 上北郡三本木町切田 伊原敷 鳥谷部千ヨ	野砲兵長トアリ

20.

留名と重割す

A 済　A 済

満三五 復員

名・吴家五

青木林2

所属部隊　関東軍防疫給水部（満六五九）

處決	兵種	官等	氏名	本籍（留守擔當者現住所續柄名）	摘要
31.2.24 旅舞鶴[illegible]	衛		佐藤[illegible]一 大正[illegible]	青森県三戸郡[illegible]村大字[illegible]（父 金次郎）	25.9.[illegible] 大連沙河口より来信あり [illegible]
復員	衛		佐藤[illegible]	北津軽郡中川村大字[illegible]	
復員	騎	一	清水由太郎	上北郡[illegible]村[illegible] 父 善治	
21.2.27 [illegible]	技手		竹[illegible]雄	青森市大字大野字長島一一八（浦町字橋本[illegible]）	
[illegible]病死			足[illegible]	[illegible]	
8.4.25 ハルピン[illegible] 戦病死		属	笹森直次郎	弘前市新[illegible]町二五（青森市栄町）父 初太郎	18.5.17 [illegible]
17.5.27 濱江省平房（病） 戦病死		技手	山下文一	西津軽郡越水村越水長谷川三八（同右） 妻 ハツヱ	同 右

21

（未）名・呉寮五

満三五〇六 復員

留名と重劃す

A　A

所屬部隊	處決	兵種	官等	氏名	本籍（留守擔當者現住所續柄名）	摘要
関東軍防疫給水部（満六五九）	31.7.24 [illegible]証	産		佐藤晋一 大九、十、十七	青森縣三戸郡北川村大字[illegible]（父 金次郎）	[illegible]連甲（免）
	復	衛		佐藤元て	北津軽郡[illegible]村大字[illegible]	
		騎	二	清水田代八郎	上北郡[illegible]村[illegible]林[illegible]　父 善治	
	21.2.27 [illegible]	技		竹内文雄	青森市大字大野字長島一八（浦町字橋本二ノ二六五）	
	戦死			[illegible]	[illegible]郡[illegible]町[illegible]	
	18.4.25 戦病死 ハルビン陸軍病院		属	笹森直次郎	弘前市新鍛冶町二五（青森市栄町）父 初太郎	18.5.17（公）死亡広告[illegible]より	
	17.5.27 戦病死 浜江省平房（吉海）		技手	山下文一	西津軽郡越水村越水長谷川三八（同）（妻 ハツエ）（左）	同 17.6.10（公）右

21

15

名1

所屬部隊	関東軍防疫給水部（徳三五三〇八、満六五九）済	
處決	兵種	籍
歩	氏名	本籍（留守担当者現住所續柄名）
大井文平 大13.8.15	岩手県宮古市藤原九四（父定吉）（右同）	摘要

名乙

71

22

名

未

20.8.16
召カイ（完）

所属部隊　関東軍防疫給水部

衛生兵　一等兵

氏名　菅原正雄
大7.2.15

本籍（留守担当者現住所続柄氏名）
岩手県一関市山目町字大平八三
父　菅原務治

衛要

二

23

28

未報

所屬部隊 關東軍防疫給水部

處決	兵種	官等	氏名	本籍（留守擔當者現住所、續柄、名）	摘要
復員	雇		佐藤梯左エ門	岩手縣東磐井郡[illegible]村赤生津字割林八九-二 妻 ヌノ	
復員	雇		佐藤敏夫 大7.11.13	岩手縣膽澤郡竹山村大字稻置字波岸白七七 父 東三郎	
復員	雇		佐藤久平 大7.6.8	岩手縣江刺郡米里村字戸久栗四 妻 サキ	
復員	雇		佐藤敏雄 大7.11.7	岩手縣東磐井郡猿澤村字猿澤六九 北海道釧路國厚岸郡厚岸町大字苫田村上尾	上記ニ移ル
復員	雇		佐藤廿五 大12.7.18	岩手縣江刺郡米里村字戸草四 兄 忠平	
復員	雇		鈴木穰男 明42.11.17	岩手縣氣仙郡盛町字町九九七 宮城縣仙台市堤通町三二 妻 静子	
召解 同日不明	雇		鈴木清助 大7.7.17	岩手縣膽澤郡前沢町大字前沢字屋敷四六 父 幸治	24世調北24号
復員	雇		諏訪忠 大7.4.15	岩手縣岩手郡雫石村四地割一九戸 父 幸一郎	
未復	雇		菅原正雄 大7.2.15	岩手縣西磐井郡山ノ目村字二八一三 〃 東磐井郡門崎村字砂津尾 父 安[illegible]治	
復員	雇		瀬川清四郎 明40.8.1	岩手縣稗貫郡新堀村大字新堀七地割七〇 兄 清右エ門	
復員	雇		瀬川廿ト 大2.11.12	岩手縣稗貫郡新堀村大字新堀七地割七〇 兄 清右エ門	
復員	雇		玉山藏右エ門 大5.5.12	岩手縣稗貫郡八幡村大字八幡二七地割島四一六 妻 富美子	
復員	雇		高木仁藏	岩手縣紫波郡古館村字永寺五地割七六 妻 サワ	

24

田五報 召解届

区分	届	階級	氏名・生年月日	本籍・留守担当者	備考
召解	届		高間木栄子	岩手県二戸郡小鳥谷村大字平糠字高間木一一 母 クラ	24世調北24号
復員	届		高木サワ 大2.6.4.	岩手県紫波郡古舘村字高永寺七六 義兄 一藏	
復員	届		高橋勝治	岩手県和賀郡鬼柳村下鬼柳一〇ノ一九 父 竹治	
復員	衛	二	氣後政一 大14.9.9.	岩手県稗貫郡湯本村大字湯本二地割一四 父 瑠太郎	
復員	届		千葉養藏 大7.8.29	岩手県膽澤郡姉体村白山六番戸 父 治助	
復員	届		中村半右エ門 大7.11.25	岩手県岩手郡葉川村字葉川五地割一 母 アイン	
復員	届		畑本輝治 大8.11.13.	〃 岩手県和賀郡沢内村大字猿橋三八地割七ノ二 湯田村大荒沢四五地割二 父 連吉	
復員	届		藤原正典 大4.12.2	岩手県稗貫郡内川目村十九地割五二 妻 ツギ子	
復員	届		藤原勝美	岩手県紫波郡乙部村大字手代森十三地割六 父 市太郎	
復員	届		細川久五 明42.10.1	岩手県岩手郡御所村南畑三三地割八〇 長男 敏夫	
復員	軍医	少佐	松平豊太郎 明31.6.8	岩手県膽沢郡若柳村若柳字明神下乙 妻 裕子	
復員	届		湊良一 大3.6.12.	岩手県下閉伊郡山田町飯岡一四地割二一 妻 敏子	
復員	届		山影六太郎 大2.10.10	岩手県稗貫郡湯本村大字北湯本二地割八一 妻 キサ子	
復員	届		鷲塚要助 大6.6.12.	岩手県九戸郡葛巻村二地割二二 妻 久子	
	届		大橋喜治 明45.8.14.	〃 岩手県盛岡市仁王四地割字新築地 西磐井郡一関町広街三四 父 栄治	調査中

25

28

関東軍防疫給水部

20.1.1調製

復員	職	官等	氏名（生年月日）	本籍・留守宅	備考
復員	雇		相沢英也 昭3.11.8	岩手県和賀郡黒沢尻町大字所分一六地割二〇 母タケ	
20.8.23 死亡	雇		一条安三 大3.10.9	岩手県二戸郡福岡町一二三番戸（父安五郎） 妻君子 33.3.31	死亡場所…生確23.6…[illegible]
	雇		伊東新平	岩手県東磐井郡大原町字五町二五 妻松美	[illegible]
復員	雇		上里仁蔵 大7.5.10	岩手県二戸郡小島谷村字小島谷蜂畑七〇 兄市郎	
復員	雇		八木寿平 大3.6.29	岩手県宮古市宮古十一地割字藤原九四 妻妙子	
復員	雇		小原庄太郎 大9.12.20	岩手県和賀郡鬼柳町下鬼柳石山二四地割二四 父丹治	
復員	雇		小田島久夫 大7.6.26	岩手県和賀郡岩崎村字岩崎一三 妻杉	
復員	雇		大井賀得 大6.2.22	岩手県下閉伊郡宮古町宮古十一地割藤原九四 父岩吉	
復員	雇		大沼賢 大9.6.14	岩手県胆沢郡金ヶ崎町大字西根字青小路五 父玄作	
3.4.4 野砲108連（重）解（召）	雇		六倉貫 大13.2.12	岩手県盛岡市東中野一地割穴積木小路一七 母とめ 文書	35.2.24 三方通へ
復員	雇		鎌田政夫 明40.2.15	岩手県稗貫郡宮野目村大字西宮野目七地割 妻キヨノ	
召解	雇		堅谷嘉平 大5.10.10	岩手県九戸郡長内村大字小久慈四五地割二二 妻せい	
復員	軍医	少将	菊地齊 明30.5.1	岩手県和賀郡土沢町大字東晴山六地割字白山一八 東京都渋谷区代々木富ヶ谷一四九八 妻春江	ハルピン[illegible]部長
復員	雇		菊地吾郎 明37.1.2	岩手県和賀郡土沢町大字十二・二四地割七 妻ミヨ	
復員	雇		菊池今朝雄	岩手県江刺郡藤里村広瀬字平一九一 父喜右エ門	

26.

区分	届	氏名	生年月日	本籍・住所 / 続柄	備考
復員	届	菊池邦三郎	大7.3.25	岩手県江刺郡梁川村字桝沢五三 父 喜代右エ門	
復員	届	菊池恭治	明45.4.2	岩手県東磐井郡八沢村徳田字野田六八 妻 ヨシヱ	
復員	届	菊池末吉	大7.11.1	岩手県東磐井郡[illegible]田村[illegible]田字西ノ沢十九 兄 公平	
復員	届	菊池カル	大11.7.21	岩手県稗貫郡八幡村大字南寺林一三地割野田五八 兄 富[illegible]介	
召解	届	菊地ヨシヱ	大2.12.10	岩手県東磐井郡八沢村徳田字野田六八 夫 恭治	24世補北24号
復員	届	工藤与四郎	明34.2.25	岩手県紫波郡長岡村大字西長岡四地割八〇一 兄 勝右エ門	
	届	工藤[illegible]サ子	大15.6.15	岩手県岩手郡[illegible]村三三 父 勇次郎	[illegible]
復員	届	工藤長衛	大7.1.6	岩手県岩手郡[illegible]村字大里五五戸 妻 [illegible]ヱ	
復員	届	佐藤榮	明45.11.11	岩手県胆沢郡佐倉河村常盤字剣宿三 父 平治右エ門	
復員	届	佐々木金章	大3.2.15	岩手県稗貫郡内川目村五九地割六五 妻 ヨシ	
復員	届	齋藤元一	大5.5.26	岩手県二戸郡荒沢村大字[illegible]沢字石神八一一 父 駒吉	
復員	届	佐藤富雄	大8.4.12	岩手県西磐井郡永井村大字薬師沢番地 父 一	
召解	届	佐藤新治郎	明41.7.20	岩手県西磐井郡永井村字薬師沢 妻 [illegible]チル	
召解	届	佐藤三郎	大6.3.3	岩手県岩手郡沼宮内町大字沼宮内六地割七 妻 [illegible]シ	
復員	届	佐々木國三郎	大3.10.27	岩手県気仙郡廣田村字中沢二二一二 妻 ヤヱ子	

27

岩手

所屬部隊　関東軍防疫給水部　昭20、1、1調

處決	兵種	官等	氏名	本籍（留守擔當者現住所續柄名）	摘要
復員		傭人	佐藤文男	西磐井郡一関町廣街口〇　父要三郎	

28

米手

（集）25.廿4.1 23.ナ.12.3.

項目	記入
所屬部隊	関東軍防疫給水部（満六五九）
處決	復員 20.8.26 召解
兵種	雇 技手
官等	
氏名	佐藤宗太一 大4.11.13 父 [illegible]勘三
本籍（留守擔當者現住所續柄名）	岩手県和賀郡[illegible]村[illegible]字[illegible]九一 盛岡市仁王第四地割字大沢河原小路[illegible] （盛岡市十三日町[illegible]伏三之）父 全太
摘要	本部 廿七.五.[illegible]承認す [illegible]

29

所屬部隊　關東軍防疫給水部

原隊	兵種	官等	氏名	本籍（留守擔當者現住所續柄名）	摘要
	雇		木村秀五 昭6.1.5	岩手縣紫波郡日詰町大字日詰新田十二地割四〇ノ一 宮城縣仙台市北五番丁一九 父光二	[illegible]
20.9.2 召解	雇		黒沢次華 昭5.10.27	岩手縣西磐井郡涌津村字熊ノ倉九七ノ一 父松治	
復員	雇		金野隆一	岩手縣西磐井郡涌津村字下町二一 父庄治	
復員	雇		佐藤文男 昭5.9.16	岩手縣西磐井郡一関町字大槻一四口 父五郎	
召解	雇		佐々木昭吾 昭5.9.1	岩手縣西磐井郡永井村字三本木九六 父栄一郎	
復員	雇		高橋良夫 昭5.4.29	岩手縣西磐井郡平泉村大字平泉字志羅山一八ノ一 父寅藏	
復員	雇		千葉智 昭6.2.13	岩手縣西磐井郡平泉村平泉字泉屋一二六 父長兵衛	24.[illegible]
召解	雇		高橋光夫 大七.五.一	膽澤郡太田村才八地割字[illegible]田一二八 父福治	

30

30.

未　未

所属部隊　関東軍防疫給水部林口支廠（徳二五二〇四、満天三）　済

現状　兵[illegible]　氏名　本籍（留守担当者現住所続柄氏名）　摘要

23.4.17 召解　[illegible]佐藤作次郎（大五.[illegible]）秋田県南秋田郡下新城村中野二[illegible]（〃中野二一[illegible]）妻 トヨ

25.4.7 召解　[illegible]新沢美代治　大二.一.四　秋田県北秋田郡[illegible]立村大字[illegible]（同右）兄 甚助

3.11 張家口[illegible]（重[illegible]）　土浦栄蔵　大9.11.22　秋田県由利郡矢島町本町字新町一二六　妻ヤス子

所属部隊　関東軍防疫給水部（徳[illegible]）済

現状　兵　官等　氏名　本籍（留守担当者現住所続柄氏名）　摘要

召21 解　兵長　佐藤[illegible]　秋田県仙北郡[illegible]村[illegible]　父 [illegible]太郎

23.7.4 召解　衛一　本間[illegible]　[illegible]町　清之助

23.5.31 召解　児玉勝太郎　秋田県南秋田郡天王村大川一〇二　父 昌吉

31

所属部隊　関東軍防疫給水部

20.1.1 調製

処決	兵種	官等	氏名	本籍（留守担当者現住所続柄・名）	摘要
復員		雇	天川谷謙吉	秋田縣仙北郡六郷町六郷字上町四八　妻ナヲ	
召解		雇	植馬（そうま）美代治（みよじ）大七.一七生	秋田縣河辺郡仁井田村仁井田字天野直下三八四（秋田、能代市[illegible]）　父兼藏	
役場証書アリ		雇	相原次郎 大七.一.十生	秋田縣南秋田郡大平村日長崎五ノ一　秋田市川尻町新町一三二　父重太郎	
20.8 召解		雇	阿部貞一 大三.二.八生	秋田縣鹿角郡小坂鉱山字古館一〇　妻セツ	
復員		雇	池田巳作	秋田縣由利郡直根村猿倉字根下八一　母スエノ	
復員		雇	石塚長次郎	秋田縣由利郡西目村字海保八三　妻ミサ	
復員		雇	伊藤彌市	秋田縣由利郡上川大内村小栗山字芦渕六七　妻アツ	
召解		技手	石田正弘 大七.三.一九生	秋田縣北秋田郡大館町向町五　横浜市本牧町四ノ七三九　兄正忠	ハルピン北[illegible]作隊
20.9.? 召解		傭	池田サキ 大三.三.一生	秋田縣由利郡直根村猿倉字長根下八一　夫巳作	未だ家の[illegible]の行[illegible]による
帰還		傭	石塚ミサ 大一三.三.五	秋田縣由利郡西目村字海保八三　夫長次郎	
召解		傭	伊藤邦子 大八.八.28	秋田縣秋田市土崎港町将軍野六七　母フジエ	
復員		雇	奥山與助	秋田縣雄勝郡西成瀬村祖半内乙一〇八　父房吉	
復員		傭	小川禮	秋田縣雄勝郡院内町下院内芳形町九　父二郎	
召解		雇	加藤辰藏 大五.一〇.一〇生	秋田縣平鹿郡八澤木村八澤木字滝ノ沢八　父孝之松	上官により[illegible]入
復員		雇	工藤源三郎	秋田縣南秋田郡五城目町鵜ノ木大四ノ二　妻美代子	〃

32

復員		雇	工藤金七	秋田縣由利郡大正寺村繋字上野二〇	妻敏子
復員		雇	工藤兼次郎	秋田縣由利郡子吉村藤崎字大町一七	妻しのぶ
復員		雇	熊谷敏雄	秋田縣平鹿郡十文字町新田字大道東十三ノ三 / 秋田縣雄勝郡湯沢町平清水九	妻テル
復員		備	工藤トシ	秋田縣北秋田郡早口村早口字岩野目六	父與四郎
復員		雇	小林利男	秋田縣南秋田郡昭和町大久保字北野白洲野二〇ノ二	妻ナツ
[illegible]	20.8.31 呂解	雇	兒玉富太郎 大10.6.10	秋田縣山本郡浜口村芦崎字追泊四五ノ二 / 秋田縣南秋田郡若西村野口字大山一	叔父與一
復員		雇	小林利七	秋田縣南秋田郡大久保町字北野白洲野二〇ノ二	父利七郎
25.4.17 呂解		雇	小坂多三郎 大7.5.30生	秋田縣北秋田郡大館町四七七 / 秋田縣能代市下川田町一四四	兄虎三郎
復員		雇	今野武二	秋田縣由利郡象潟町字四丁目塩越二五九	養母長谷子
20.8.22 呂解	衛	少佐	佐藤鉄之助	秋田縣鹿角郡花輪町字下川原二四 / 秋田縣鹿角郡花輪町字大小路一〇	妻ヨネ
復員		雇	佐々木謙治	秋田縣仙北郡横堀村福田字川原道下二五	兄四大之助
復員		雇	佐藤七郎	秋田縣雄勝郡湯沢町字平清水新町五九	弟勇太郎
復員		雇	佐藤辰三	秋田縣鹿角郡（平鹿）黒見村東里字東里一二七	父長治
復員		雇	佐藤平	秋田縣仙北郡四ツ屋村高関上郷字杉本一三九	父貞次
20.8.30 於[illegible]死		雇	佐々木三郎 大7.12.18	秋田縣仙北郡神宮寺町四一	

牡丹江支[illegible]

[illegible] 20.8.30 [illegible] 死亡

2524 2322

26

復員		雇	工藤金七	秋田縣由利郡大正寺村繋字上繋二〇	妻敏子
復員		雇	工藤兼次郎	秋田縣由利郡子吉村藤崎字大町一七	妻しのぶ
復員		雇	熊谷敏雄	秋田縣平鹿郡十文字町新田字大道東十三ノ三	妻テル
復員		傭	工藤トシ	秋田縣北秋田郡早口村早口字岩野目六	父與四郎
復員		雇	小林利男	秋田縣南秋田郡昭和町大久保字北野白洲野二〇ノ二	妻ナツ
指ナン	20.8.31 召解	雇	兒玉富太郎 大10.6.7	秋田縣山本郡浜口村芦崎字追泊四五ノ八 秋田縣南秋田郡潟西村野口字天山一	叔父與一
復員		雇	小林利七	秋田縣南秋田郡大久保町字北野白洲野二〇ノ二	父利七郎
25.4.17 召解		雇	小坂多三郎 大7.5.29生	秋田縣北秋田郡大館町四七七 秋田縣能代市下川田町一四四	兄虎三郎
復員		雇	今野武二	秋田縣由利郡象潟町字四丁目塩越二五九	養母長谷子
20.8.22 召解	衛	少佐	佐藤鉄之助	秋田縣鹿角郡花輪町字下川原三四 秋田縣鹿角郡花輪町字史小路一〇	妻ヨネ
復員		雇	佐々木謙治	秋田縣仙北郡横堀村福田字川原道下二五	兄四六之助
復員		雇	佐藤七郎	秋田縣雄勝郡湯沢町字平清水新町五九	弟勇太郎
復員		雇	佐藤辰三	秋田縣鹿角郡黒見村東里字東里一二七	父長治
復員		雇	佐藤平	秋田縣仙北郡四ツ屋村高関上郷字杉本一三九	父貞次
20.8.30 戦死		雇	佐々木三郎 大7.12.18	秋田縣仙北郡神宮寺町四	妻キエ

佐藤鉄之助: [illegible] 20.3.[illegible]日死亡

小坂多三郎: 牡丹江支[illegible]

佐々木三郎: 22.1.18(公)

25242522

28

33

所屬部隊　関東軍防疫給水部

処決	兵種	官等	氏名	本籍（留守担当者現住所続柄、名）	摘要
復員		傭	佐々木八十	秋田縣仙北郡横堀村福田字川原道下三五　夫　諒治	
復員		技手	柴田重蔵	秋田縣平鹿郡醍醐村下樋口字館ノ下五七　妻　郁	
復員		雇	鈴木武治	秋田縣仙北郡花館村字黒瀬一五　秋田縣四ツ屋村小若場　叔父　松蔵	
復員		雇	高梶竹治	秋田縣北秋田郡大阿仁村四一二　父　松三郎	
引揚		雇	高橋隆志	秋田縣仙北郡長信村小神成字北田ノ處一一二　兄　潔	
還送　20.9.10		雇	高橋弘治　大七.四.一生	秋田縣雄勝郡稲庭町字稲庭一六三　父　貞吉	
復員		雇	高橋宏太郎	秋田縣仙北郡千屋村浪花字山根一七一　兄　文一郎	
[illegible]　日不詳		雇	高階二郎　大五.十二.十六生	秋田縣平鹿郡睦合村睦合字左馬一二三　父　政次郎	
復員		雇	高階哲雄	秋田縣仙北郡十屋村黒沢字西野二九　妻　律子	
		属	花田正一　大四.十一.四生	秋田縣北秋田郡澤口村協神字脇神園内九九　妻　富美	
復員		雇	前田嘉次郎	秋田縣北秋田郡山瀬村山田字義屋古屋敷一三　兄　嘉平治	
復員		雇	村上義雄	秋田縣由利郡上郷村横岡字仲田四九　母　トクヨ	
還送　2.25	輜	上	山田鐵太郎　大九.九.五生	秋田縣山本郡柳村字田子向一〇二　父　作太郎	
還送		雇	八木秀吉　明四十	秋田縣平鹿郡角間川町字木内七七　妻　いわ	
復員		傭	山方六以	秋田縣雄勝郡院内町上院内字荒町三五　兄　照男	

10　9　8　7　6

34

21.6. 召解

区分	氏名・生年月日	本籍・住所	続柄
庶	和田福治 大十一.五.一五	秋田縣鹿角郡毛馬内町毛馬内字八幡平一一ノ一	妻リエ
備	畠山猛 大五.五.一	秋田縣北秋田郡上小阿仁村大林字お廻八二 青森縣弘前市大字新町二三五	父定吉

35

秋田

所屬部隊	関東軍防疫給水部				
處決	兵種	官等	氏名	本籍（留守擔當者現住所續柄名）	摘要
重複 削除		傭人	畠山猛	北秋田郡上小阿仁村大林字週八二（弘前市新町二三五） 父 定吉	

36

所属部隊	関東軍防疫給水部本部（満七三一）		
処遇	兵種官等	氏名	本籍（留守担当者現住所続柄名）
23.6.21 四解	衛 上	高橋真男	北村山郡横山村大字国沢七二六 父 真次郎
〃	曹 伍	佐藤富治 大八.二.二四	西田川郡温海町鈴両一九、（同右）曽母 [illegible]
21.8.18 四解	〃	今野繁 大一〇.二.二生	東田川郡上郷村大字新田一九一八 兄 力雄
20.10.10 戦病死		菊地泰 大五.三.二〇	西村山郡白岩町幸生七八〇 父 槇蔵
23.6.24 四解	騎 兵	松村政一	寒河江町本郷仲町五 叔父 清助
20.11.30 関57 病死 戦病死	歩 二	渡辺久太 大一四.二.七	西村山郡柴橋村大字柴橋一五五七 父 辰五郎

所属部隊	関東軍防疫給水部牡丹江支部（満六四三）		
処遇	兵種官等	氏名	本籍（留守担当者現住所続柄名）
28.12.1 解	歩 上	水戸光治 大七.七.七生	宗村山郡左沢町大字左沢二三七二 父 喜作
20.12.20 戦病死	軍属	鈴木庄助 大8.9.22	西置賜郡 [illegible] 兄 俊太郎

摘要

22.11.2 現召 [illegible] 工兵隊 [illegible]

21.7.14

21.6.20 [illegible]

22.5 スイソフカ収 十五ツ労働 スイソフカ

骨

名

所属部隊 関東軍防疫給水部林口支部（満一九三）

處分	兵種官等	氏名	本籍（留守担当者現住所續柄名）
20.9.1 戰病死	軍屬	赤松清美（大八.一.一六）	[illegible]郡[illegible]村大字[illegible]十七 死 23.1.30 公
21.9.5 戰傷死	[illegible]	田村政司（大九.三.一九生）	[illegible]村[illegible]町[illegible]（政吉） 20.8.[illegible] 23.6.30
23.5.5 戰病死	軍屬	渡邊定治	山形県山形市大字[illegible]町一八九八（一一九）妻 文子

38

所属部隊　関東軍防疫給水本部（満七三一）

兵種官等氏名	柏倉虎夫
処決	20.10
本籍（留守担当者現住所續柄名）	山形縣西村山郡柴橋村一六七六　仙之助
摘要	（所属不明ヨリ）

39

済

所属部隊　関東軍防疫給水部

20.1.1調製

処決	官等	氏名	本籍・留守担当者現住所続柄	
届なし 復員	軍属	阿部正志	山形縣東村山郡相模村大字根際三二九 兄 久次郎	○
届なし 復員	猫上	稲毛忠人	〃 南村山郡中川村大字仙石三七八 父 茂七	○
届なし 召解	軍属	伊藤新吉 大八.一.四生	〃 東置賜郡宮内町二一八六 父 三助	○
届なし 20.8.31 召解	〃	板垣正 大四.三.九生	〃 北村山郡西郷村大字名取五 妻 アキ	○
届なし 復員	〃	伊藤堅三	〃 西村山郡西山村大字睦合丙一六五 父 倉次郎	○
届なし 20.9.3 召カイ	〃	今井鶴治 大七.六.二〇生	〃 東田川郡泉村大字戸野宇福内六二 兄 福次郎	○
届なし 19.6.19 戦死	〃	岩谷義司 大七.四.二生	〃 東置賜郡宮内町三四五六 母 さくの	○
届なし 復員	〃	井上三郎	〃 南村山郡東村大字放野八一三 父 甚右エ門	○
召解	〃	伊藤健二 大七.三.一三生	〃 山形市村木町字池松町三五七 妻 千代	○
届なし 召解	〃	五十嵐正男 大七.一〇.一三生	〃 最上郡眞室川町新町一三〇 母 リツ	○
届なし 20.8.26 召解	〃	梅津成美 明四〇	〃 南置賜郡山上村大字[illegible]根一四七九七(南置賜郡[illegible]村[illegible]) 妻 キヌ	

1915 14 1312 1110

40

備考	区分	階級	氏名	生年月日		本籍	留守家族	備考
居なし	復員	〃	梅津はつゑ		〃	西置賜郡東根村大字[illegible]五三九一七	大 正吾	
居なし	復員	〃	海老名恭次		〃	西置賜郡白鷹村大字滝野一一[illegible]	兄 幸次	
	20.8.30 召解	〃	江口恒雄	明四〇.一二.一生	〃	山形市小姓町七	妻 つね	17
居なし	復員	衛生曹	大友丑雄		〃	最上郡萩野村大字泉田一五二ノ四	父 丑蔵	
	召解	軍属	大瀧善司	大四.五.二五	〃	東村山郡金井村志戸田九五ノ四	妻 幸	(山形市香澄町旭町山田方入) 18
居なし	復員	〃	小川やゑ		〃	西村山郡西山村大字網取二一三	父 梅治	
居なし	復員	〃	小埜よし		〃	北村山郡尾花沢町大字尾花沢二六〇一	父 権三	
24.12.26呼 調による	20.8.26 召解 (ち)	〃	海藤惇	明四四.六.[illegible]	〃	最上郡大蔵村大字清水二五三	父 昇	(北村山郡尾花沢町二五一三 ハルピン[illegible]) 19
	召解	〃	神藤才太郎	明四四.五.二五	〃	山形市七日町一一口	妻 たま	20
居なし	復員	〃	金子定実		〃	東置賜郡大塚村西大塚一一二九	妻 ヤエ	
居なし	復員	〃	片倉庄之助		〃	西村山郡西山村大字水沢八七四一番	父 福蔵	
居なし	復員	〃	川越花吉		〃	西村山郡高松村大字谷沢一九三	父 賢治	
	召解	〃	神藤みよ子	大五.六.五	〃	山形市七日町一一口	母 徳江	21
	復員	〃	熊谷栄		〃	西村山郡槙山村大字青柳九二七	父 鉄造	
ハルピン[illegible]	20.8.26 召解 (ち)	〃	敷持辰吉	大七.二.一	〃	西田川郡黒川村大字黒川落林四	妻 文子	24.12.16呼 調により[illegible] 22
居なし	復員	〃	今野義廣		〃	北村山郡東郷村大字泉郷甲二五二六	妻 千エ	

41

59

防給部

復員	軍属	小池要一	山形県東置賜郡糠目村福沢之町六十二	父 小太郎
20.9.12 召解	〃	小浦安子 大三.二.	〃 西置賜郡長井町小出五三〇	父 惣次
ハルビン左より召 20.8.26 解	〃	後藤武雄 明四八.二.	〃 米沢市南町六二〇	妻 ときよ
復員	〃	齋藤和勝	〃 北村山郡尾花沢町大字尾花沢五四二六	養父 岩次郎
世 21.10.8 召解	〃	齋藤寅三 大四.二.	〃 北村山郡亀井田村大字次年子八三一	父 之
世 20.7.16 召解	〃	真田村雄 明四三.	〃 東田川郡東栄村大字添川楯ノ沢五四	妻 みや
復員	〃	佐藤誠徳	〃 東村山郡高楯村大字高楯北二〇六	妻 さわ子
復員	〃	佐々木一	〃 北村山郡楯岡村楯岡三七六九	妻 千代
復員	〃	斎藤金吾	〃 東田川郡立谷沢村大字肝煎字横山一二	父 甲吉
世 召解	〃	佐藤朝雄 昭三.	〃 東村山郡千歳村長町一五二	父 吉次郎
復員	〃	佐々木千代	〃 北村山郡楯岡村大字楯岡六九	父 左作
復員	〃	柴崎光二郎	〃 北村山郡尾花沢六一八〇	父 賢治

24.12.16 呼出調査の結果

27 26 25 24 23

42

60

居なし　居なし　居なし　居なし　居なし　居なし　居なし　居なし　居なし

摘要	所属部隊	階級	氏名	本籍（留守担当者現住所続柄）
	所属部隊	慶 淡兵庫守	氏名	本籍（留守担当者現住所続柄）
月9ホ 召解㊞	防給部	軍属	進藤常蔵 大二.九.一三生	山形県酒田市十王堂町四一（酒田市本町七ノ四）父 駒作
復員	〃	〃	菅野武	西村山郡西山村羽崎五六七 妻 キミ
復員	〃	〃	瀧口重二郎	北村山郡山口村大字山口四四五 父 亀之助
復員	〃	〃	武田政一郎	東村山郡長崎村小塩五〇 祖父 九郎兵衛
世 22.3.11 召解	〃	〃	中山敏子 昭二.二.十六生	東置賜郡宮内町四三五 父 忠次
世 召解	〃	〃	原三郎 大七.七.二〇生	米沢市東寺町古外地 妻 よしの
世 召解	〃	〃	船山留太郎 大九.一二.五生	米沢市神明丁町七一二 妻 とら
復員	〃	〃	布施市三郎	東村山郡大郷村中野四二九 妻 キクヨ
復員	〃	〃	布施直敏	東村山郡山寺村山寺二三四 父 兵左エ門
復員	〃	〃	九藤四郎	飽海郡一條村大字市条字仙本三一 妻 アイ
召解㊞	〃	〃	三原松雄 大七.二.二〇生	最上郡大蔵村南山入四九 父 七之助

32　31　30　29　28　43

61

延	派遣部隊 官等	氏名	防給部 本籍（留守担当者現住所続柄名）
復員	軍属	森谷喜七郎	山形県東村山郡長田村金沢八〇 妻 フサ
20.9.26 召解	〃	吉田猛雄 大七、四、二八生	〃 東村山郡相生村安富五六 兄 軍司
召解	〃	吉野源吉 大七、十、〇生	〃 山形市三日町四五七 従兄 定之助
召解	〃	吉田政義 昭三、十、一生	〃 東村山郡千歳村長町一一六 父 市助
復員	〃	高田孝二	〃 西村山郡宮宿町和植四一八 父 孝一郎
20.10.31 戦病死	〃	高梨義一 大8.3.14	〃 東村山郡楯山村字十文字80（山形市宮町80 四よし）

新雅掘 28.11.30

353433

44

16

第一二一師団防疫給水部

山形

所屬部隊 關東軍防疫給水部（滿六五九）

處決	兵種	官等	氏名	本籍（留守擔當者現住所續柄名）	摘要
石録	傭		今井うめの 大一〇、三、二八生	山形県東田川郡泉村大字戸野一六（東田川郡藤島町字[illegible]）父[illegible]太郎	○
復員、	雇		柏倉勇	山形県西村山郡左沢町大字左沢六〇六 婦[illegible]	
復員、	傭		小池トク	〃東置賜郡糠野目村福沢二三二 夫[illegible]	
	雇		佐藤林治郎	〃東村山郡高楯村大字清池一四五 兄[illegible]	
復員	〃		佐藤照雄	〃西村山郡西山村字間沢三三九 父鉄蔵	
復員、	傭	人	設楽清三	〃東村山郡千歳村大字長谷[illegible] 父[illegible]	

画本一　　画本一

45.

117

山形

所屬部隊 関東軍防疫給水部 昭20.1.1調

處決 兵種 官等 氏名 本籍（留守擔當者）現住所 續柄名） 摘要

復員 唐 渡邊英三 山形市… 妻…

46

宮城

所属部隊 関東軍防疫給水部海拉爾出張所（徳二二二二五満二四三）

階級 兵種 氏名 本籍（留守担当者住所続柄氏名） 摘要

衛少 佐藤田之一 宮城県名取郡岩沼町 … さと

世 通報 法依 調査不能 兵2677

22.11.18 召解	曹長 一	白鳥伊就	宮城県栗原郡志波姫村堀口字中平 兄 初男	（本部）
20.8.31 召解	雇員	橋浦熊治	宮城県名取郡（閖上町）閖上一四一 妻 八重子	
〃	〃	葉坂源四郎 大2.12.9	〃 柴田郡（村）（柴田町）村田下一番地 父 源之助	
23.10.21 召解	上兵	高橋謙次 大6.3.21	〃 黒川郡粕川村字北小屋1/1 父 清之進	ドルクメン収容所より（本部）
23.5.9 復召解		佐藤廣一 明38.3.24	〃 仙台市鈎取町一八九ノ二	ウオロシロフ収容所（牡丹江支部要）

47

宮城

所屬部隊 関東軍防疫給水部 (満六五九)

處決	兵種	官等	氏名	本籍（留守擔當者現住所續柄名）	摘要
ハルビン支部 診療所 20.8.17 仙崎上陸 召解	技手		青木玖雄 明三六.九.四	宮城県仙台市北八番丁一二八 (〃宮城郡[illegible]村[illegible]) 妻 つね	(24.12.12 呼掛による)
21.5 召カイ	〃		秋山政雄 大四.十.十	宮城県伊具郡筆甫村[illegible] (仙台市[illegible]) 母 [illegible]	
20.10.1 召カイ	〃		相沢幸夫 大六.[illegible]	宮城県宮城郡根白石村西田中[illegible]	
21.2.10 召カイ	雇		赤間義雄 大五.十.四	〃宮城郡利府村春日[illegible] 数子	ハルビン支部 南方派遣
20.12.5 召カイ	雇		阿部正信	〃志田郡鹿島台村[illegible]	
20.9.8 召カイ	〃		阿部清 大八.四.一九	〃亘理郡亘理町字館南一[illegible] 吉	
21.10.5 召解	〃		浅野恒夫 大六.十.十[illegible]	〃登米郡米谷町字[illegible] 秋郎	
20.8.26 召解	傭		赤間まさ子 大四.六.[illegible]	〃宮城郡利府村[illegible]	ハルビン支部 (呼掛による)
11.6.23 解雇	〃		芦名いわ子 大五.十.十	〃伊具郡筆甫村[illegible]	
	〃		青木清子 大十二.[illegible]	〃仙台市北八番丁一二八 母 [illegible]	
20.10 召カイ	雇		石川隼人 大七.三.三	〃登米郡新田村[illegible]	
20.8.26 召解	〃		伊沢長一郎 大七.三.一九	〃栗原郡[illegible]	ハルビン支部 (呼掛による)

48

宮城 2

関東軍防疫給水部（満六五九）

所屬部隊 處決	兵種	官等	氏名	本籍（留守擔當者現住所續柄名）	摘要
20.8.26 召解	雇		今須武雄 大七.三.二八生	宮城県桃生郡大川村福地字[illegible] 父 林吉	ハルピン東[illegible] (28.12.16 呼調による)
20.10.27 召解	傭		伊藤小一 大一〇.八.一九生	〃 柴田郡大河原町本町 父 豊次郎	
召解	雇		遠藤豊五郎 大七.七.二十生	〃 名取郡高舘村中沢字中沢屋敷 妻 [illegible]	
20.8.26 召解	技手		大槻金税 明四三.二.一〇生	〃 刈田郡越河村大字平 五七 妻 たか	ハルピン東[illegible] (24.12.16 呼調による)
ポ合 [illegible]	〃		大友幸吉 大五.十.三生	〃 名取郡下増田村下増田字熊野 六〇 妻 [illegible]	
ポ合 [illegible]	雇		大内好 大七.八.八生	〃 伊具郡小斎村字山崎 四六 父 千代治	
ポ合 召解	〃		小川信二郎 大七.八.二十生	〃 宮城郡多賀城村東田中字山崎四 父 平太郎	
召解	〃		小川文[illegible]郎 大七.九.[illegible]生	〃 黒川郡落合村舞野字[illegible] 四六 母 さき	
召解	〃		大友勇三郎 大七.九.[illegible]生	〃 仙台市長町北町一六二 父 文吉	
20.10.27 解職	技手		加藤重一 明四四.一.[illegible]生	〃 仙台市大町二丁目八二 妻 小く	
召解	雇		桂島長治郎 明三九.八.二〇生	〃 宮城郡七北田村市名坂字[illegible]六九 妻 ケサ	
召解	傭		桂島勝雄 明四四.[illegible]生	〃 宮城郡七北田村市名坂字町 六九 [illegible]	

49

宮城 3

所属部隊：関東軍防疫給水部

処決	兵種	官等	氏名	本籍（留守担当者現住所續柄名）	摘要
21 召解	雇		木村 [illegible]（明三一.七.生）	宮城県亘理郡荒浜町字[illegible]四五 妻 タマヨ	ハルピン市[illegible]
20.8.26 召解	〃		菊地利三郎（明四〇.四.生）	〃 柴田郡沼辺村大字沼辺七三 妻 [illegible]子	ハルピン市[illegible]（[illegible]）
	衛		黒須好み（大七.六.八生）	〃 桃生郡矢本町字矢本河[illegible]	
21.1.2 召解	技師	×	今野信治（明[illegible]生）	〃 加美郡宮崎村宮崎字坂下二七	ハルピン[illegible]（[illegible]）
20.9 召解	主	中	佐藤武司（大八.[illegible]生）	〃 志田郡志田村保柳字城水一二 妻 綾子	
復員	衛	伍	斎藤[illegible]	〃 伊具郡[illegible]町[illegible] 妻 [illegible]	
召解	雇		佐々木和郎（大[illegible]）	〃 遠田郡田尻町大沢字金田 妻 きの	
21.6.20 召解	〃		酒井良一（大七.一〇.[illegible]）	〃 伊具郡筆甫村字[illegible] [illegible]	
召解	〃		櫻井繁（大四.八.[illegible]）	〃 宮城郡松島町松島[illegible] 妻 [illegible]	
	〃		佐藤新一（明四[illegible]）	〃 仙台市原町苦竹字南裏二一 [illegible]	
	〃		佐藤浩雄（大十五.[illegible]）	〃 [illegible]郡岩沼町字[illegible]一二 [illegible]	
21.2.15 召解	〃		斉藤清一（大四.七.二十）	〃 志田郡鹿島台村平渡三一 父 [illegible]	

50

宮城

仙台市　白石　仙台市

重複

20.4.1 第二師団 防給部

所屬部隊　関東軍防疫給水部（満六五九）

處決	兵種	官等	氏名	本籍（留守擔當者現住所續柄名）	摘要
	雇		菅智	宮城県伊具郡西根村大字高倉字高畑八　父 松井 [illegible]	
20.9.1 召解	〃		佐藤大質 大正.四.一〇	〃遠田郡沼部村大沢字柳之沢南二五ノ二	
召解 23.5.9			佐藤 [illegible]	〃仙台市 [illegible]	削除
召解	傭		佐久間和子 昭二.十.二八	〃伊具郡金山町字町五一　母トメヨ	
20.8.26 召解	技手		庄子正 明四四.五.一〇	〃塩釜市中新田八ノ五　妻キミ	ハルピン [illegible]　(26.12.16 呼出ある)
20.8.20 召解	雇		庄子房吉 大七.九.二〇	〃宮城郡大沢村芋沢字荒屋敷 [illegible]	(26.12.16 呼出ある)　ハルピン [illegible]
	革工手		鈴木寅雄 大三.九.一二	〃仙台市南小泉字鍛治屋敷四五 [illegible]	
	雇		菅原祐次 大八.一.一五	〃仙台市五町六〇　父 [illegible]吉	
召解	〃		鈴木忠良 大元.[illegible].二五	〃柴田郡沼辺村大字沼辺字 [illegible]	ハルピン [illegible]
20.8 召解	軍属	少尉	高橋忠治郎 大九.一〇.五	〃志田郡古川町大柿字 [illegible]	
	技手		千葉武雄 大四.二.一八	〃遠田郡小牛田町中 [illegible]　父 [illegible]	
	雇		高橋 [illegible] 昭四.五.二四	〃仙台市蒲生字屋敷一　妻ちよ	

38　37　40　41　42　43　44　45　46　[illegible]

51

所属部隊 関東軍防疫給水部

處決	兵種	官等	氏名	本籍（留守擔當者現住所續柄名）	摘要
復員	衛生		千田鐵男 大	宮城県本吉郡気仙沼町 三三七 千田	
20.8 召解		雇	千葉兵次 大九.三.一九	〃 登米郡米山村中津山新井場 三七 父 千葉兵衛	
召解		〃	千葉文吉 大八.一二	〃 栗原郡鶯沢村 四四 妻 千葉	
召解		〃	鵜鷹志 大六.八.二九	〃 黒川郡富谷村 四四 父 鵜兵衛	
21.4.5 召解		〃	永野善雄 明四	〃 仙台市 八番 永野利子	
20.9.1 召解			中鉢卯一 大四.二.八	〃 玉造郡川渡村名生定字小室五 妻 子	

口 口 口 口 口

52.51.50.49

52

宮城縣

所屬部隊　關東軍防疫給水部

處決	兵種	官等	氏名	本籍（留守擔當者現住所續柄名）	摘要
21.2.21 召解 ㊞	傭	員	沼倉俊雄	宮城縣栗原郡栗駒村上畑 父 義三郎	
20.9 召解 ㊞	〃	〃	日野吉雄	〃栗原郡若崎村大川口二三 父 福治	
20.8.26 召解 ㊞	技手		松野武男 明四〇.八.二四	〃伊具郡丸森町一八二 妻 玉子	ハルピン女ヘリ 24.10.16時調による

53

(1)

宮城

所屬部隊 関東軍防疫給水部 昭20.1.1調

處決	兵種	官等	氏名	本籍(留守擔當者現住所續柄名)	摘要
20.10.1 召解㊤		雇	松本栄	仙台市茶町一四五 父 亀蔵	
20.10.1 召解㊤		雇	三原一雄	栗原郡若柳町屋敷三二 妻 幸	
20.8.26 召解㊥		〃	村上路二	刈田郡円田村平沢字山ノ入一六三 妻 美代志	ハルピン出張(20.8.16時調による)
20.8.26 召解	薬	少佐	白黒正彦	伊具郡大内村伊手字下梅ヶ作四二 妻 豊子	同右
20.8.26 召解	衛	見習士官	目黒庸雄	仝 四一(大阪府池田市室町八七) 妻 敏子	同右
	医	中尉	守田一郎	仙台市八幡町一九七 妻 不二	
20.8.26 召解		雇	八重樫三治郎	加美郡中新田町苗館一ノ二 父 銀一郎	ハルピン出張(20.8.16時調による)
20.10 召解㊤		兼務雇員	安田原八	柴田郡村田町字末広町一二六 妻 かね	
20.10 召解㊤		技手	渡辺勇	伊具郡角田町南三八 妻 ハツ子	
召解㊤		傭人	亀山義治	桃生郡桃生村太田字駅田三 父 留三郎	
		〃	神賀信衛	仙台市北材木町七八(立町十三軒丁七) 妻 房子	
20 召解㊤		〃	菊池金助	志田郡古川町稲葉西館三五 父 金次郎	

54

(2)

宮城

所屬部隊 関東軍防疫給水部 昭20.1.1調

處決	兵種	官等	氏名	本籍（留守擔當者現住所續柄名）	摘要
昭解		雇人	菊地年男 昭六.一一.八	仙台市柳生古川ノ尺 父卯三門	要追加ニ掌握 誤記アリ
昭21.1.2 解		〃	今野忠馬 昭五.四.二一	桃生郡桃生村太田字関前七九 父冬次郎	
昭解		〃	佐々木荘六 昭五.十一.十六	仝 細谷二一 父勝造	
昭解		〃	佐々木正義 昭六.二.一五	仝 字倉埣字沢山口八 父鶴吉	
20.9.分 昭カ		〃	鈴木耀男 昭五.二	志田郡古川町大神七日町四 父音治	
20.8 昭カ		〃	伏見信男 昭五.四.一	仝 大柿北甲三一 父甚五郎	

追加分

93 92 91 70 69 68

55

55-10

防給[illegible]

14—2

[illegible]

防护　

14—3

三班

将近已知代

1-55-11

新潟縣南魚沼郡	伍	畔上英一	生
〃北魚沼郡	中尉	飯塚幸作	ム
〃佐渡郡	見士	笠原藤三郎	生
〃北蒲原郡		小林忠司	ム
〃北蒲原郡	傭	小泉俊作	ム
〃西蒲原郡	伍	森田春三	生
〃西蒲原郡	雇	藤井勇四郎	ム
〃東頸城郡	軍	鈴木梯[illegible]	ム
富山縣下新川郡	曹	大田幸作	23.6 ハバロフスク
〃東砺波郡	大尉	琴坂旭	21.5 ハバロフスク 生

名 来 アリ 林 ○

名 来

名 来

所属部隊 關東軍防疫給水部（滿第六五九、滿六五九）

区分 嘱託 官等 看護婦

氏名 菅野キミヨ

本籍（留守担当者）現住所続柄氏名 福島県田村郡瀬川村大字新田字曲山二九三

福島市仲間町二八 館 新松

摘要 生確 21.8.4 入院 看護婦

○ 31.9.5 帰 遺

兵 中尉 秦 正代 [illegible]

伊達郡[illegible]町一二

（東京都北多摩郡田無町[illegible]住宅2号）妻 上村梅

生確 20.10.15 ハルピン 一九五二年春天[illegible]生 印 雇 日中 22.4.10 [illegible]

来 24.5.21 二級 二軍ヘ衛生 [illegible]

[illegible] 松本 義雄

信夫郡[illegible]上[illegible]町二三 父 [illegible]

（照会中）

（26 満ヘ）

23.9.26 解 退 一条 正吉

伊達郡藤田町字北[illegible]二 マサ

所属部隊 關東軍防疫給水部林口支部（滿二五〇四、滿 一六二）

区分 雇 官等 [illegible] 24.6.17 召解

氏名 [illegible] 部 [illegible] 進

本籍（留守担当者）現住所続柄氏名 福島県河沼郡[illegible]村[illegible]口[illegible] 父 [illegible] 一

摘要 生確 23.12.5 [illegible]

181

56

164 済

所属部隊　関東軍防疫給水部孫呉支部（徳二五三六・満六七三）

衛生兵種官等　主 伍 曹

23/11/23 召解

氏名　鈴木勝一

本籍（留守担当者現住所續柄名）　福島県田村郡瀧根町大字菅谷字安土前　父　勝吉

渡　要

ハイラル所属

163

5

部隊留守

年　月　日

補修年月日	留守宅渡有無	氏名 生年月日	役兵種官等級俸月給額 發令年月日	任官年	徴集年	留守担当者 住所 續柄 氏名	本籍地（在留地）	前所属部隊及其編入年月日	編入年月日

57

関東軍防疫給水部 名簿　21.1.1 調製

所属部隊	兵種官等級	氏名	本籍（留守担当者現住所續柄名）	摘要
㊀ 召解 20.8.19	雇	安部定重	福島県相馬郡中村町新沼字観音前一五 兄 善松	○
復員	〃	沢澤六男	〃 耶麻郡駒形村大字高世字西町六六六 妻 ミヨシ	○
復員	衛 准	今泉利勝	〃 岩瀬郡鏡石村字鏡田字鏡沼二〇五 （栃木県那須郡那須湯本 父 幸平）	○
	雇	飯沼賢	〃	
復員	雇	今田一巳	〃 平市字堀小路四 父 義恵	○
復員	〃	板倉宗史	〃 相馬郡大田村大字字堀内八五 妻 トミ子	○
㊀ 召解	〃	歌川庸	〃 安達郡下川崎村大字沼袋字北原五八二	
復員	〃	満川敏教	〃 安達郡新殿村大字西新殿字一本木一四 妻 みわ	
㊀ 召解	〃	歌川みわ子	〃 安達郡下川崎村沼袋北原八一二五 妻 テツ子	
復員	〃	遠藤慶二	〃 田村郡都路村大字古道字寺ノ前一一 兄 父 寅一	
復員	島	小澤清市	〃 耶麻郡上長瀬村大字六府字下大作五百六八 妻 ヤミヨ	
復員	境	大竹亀代	〃 石川郡蓬田村大字上蓬田字神九一 母 シゲ子	

58

2.

関東軍防疫給水部

所属部隊	官等	氏名	本籍（留守担当者現住所続柄名）	摘要
復員	技手	佐藤 淳	福島県安達郡上川崎村大字上川崎字上ノ内 妻 [illegible]	
復員	〃	佐野 一衛	〃 伊達郡富野村大字[illegible]字[illegible] 妻 [illegible]子	
解雇	〃	斉藤 勝雄	〃 伊達郡小坂村大字[illegible]字[illegible]	
復員	〃	遠藤 次光	〃 双葉郡請戸村大字中浜字[illegible] 父 萬太郎	
	〃	鳥[illegible] 清 明三五.四.一五	〃 [illegible]大字大里[illegible]番地	
	雇	鈴木 勝一	〃 山口県[illegible]郡[illegible]町 妻 光子	
	〃	須田 一男	伊達郡青木村[illegible] 父 勝[illegible]	
七 21.2.12 召解 20.8.21 召[illegible]	〃	鈴木 忠太郎 明四三.八.二生	〃 石城郡[illegible]村大字[illegible] 妻 [illegible]子	
復員	〃	蒼井 迪之進	〃 岐阜県[illegible]郡[illegible]村大字小野[illegible] 妻 [illegible]	
復員	〃	鈴木 比良丈	〃 河沼郡[illegible]村大字[illegible]	
復員	〃	鈴木 三代松	〃 岩城郡[illegible]村大字[illegible] 父 善正	
復員	〃	鈴木 タケヨ	〃 石川郡[illegible]村大字北山字[illegible] 妻 十七 母 [illegible]	

調査中

59

関東軍防疫給水部

所属部隊	階級官職	氏名	本籍（留守担当者住所氏名）	摘要
復員	傭	鈴木初子	〃 石川郡[illegible]畑北山一〇二 母 [illegible]	
復員	傭	高橋木[illegible]子	〃 石川郡小平村大字小平字足澤一 父 [illegible]吉	
復員	〃	近内[illegible]	〃 石城郡平市[illegible]町四五 母 [illegible]	
復員	傭	富塚民夫	〃 田村郡[illegible]村大字[illegible] 父 清作	
復員	〃	仁田常雄	〃 相馬郡日立木村大字[illegible]畑二 妻 [illegible]子	
復員	傭人	濱松芳子	〃 石城郡[illegible]村下[illegible]田二 満洲[illegible] [illegible]	
復員	雇	橋本正男	〃 田村郡[illegible]町[illegible]一四 [illegible]	
復員	医[illegible]少佐	樋口虎喜一	〃 大沼郡[illegible]町一 [illegible]	
復員	雇	藤野徳義	〃 安達郡小浜町[illegible]	
	傭	[illegible]	〃 [illegible]市[illegible] [illegible]	
解	傭	古川美代子	〃 安積郡三和村下[illegible]五九 母 [illegible]	
復員	雇	[illegible]一	〃 大沼郡[illegible]村大字[illegible] 父 [illegible]	

済

調査中

60

4

関東軍防疫給水部　本部（部隊名満洲第六五九部隊）

所属部隊	兵種官等級	氏名	本籍（留守担当者）	摘要
復員		満井貞一	福島県石川郡石川町字南町二六ノ一　妻 ナヨ	
復員		宗像茂	〃 安積郡[illegible]高村福良当町二　妻 富子	
復員	技	川島顕義	〃 田村郡船引町[illegible]新町三四　妻 美枝(?)	
七 20.9.20 解雇	雇	柳原与三郎(?)	〃 田村郡大越村上大越字[illegible]町六二　東京都豊島区池袋[illegible]二ノ[illegible] 桜井[illegible]吉方	〔満〕不明
20.8.22 戦病死 公入	病	吉川清蔵 大七.五生	〃 若松市山栗町[illegible]四六　妻 サヨ子	
復員		吉田獅太郎	〃 田村郡常葉町常葉四重坂四三　妻 房子	
復員		吉田広明	〃 岩瀬郡鏡石村成田向畑五一　兄 義雄	
復員		渡部金光	〃 南会津郡田島町大字[illegible]　兄 [illegible]	

留名あり

1317

調査

61

76

福島

所屬部隊 関東軍防疫給水部（満六五九）

處決	兵種官等	氏名	本籍（留守擔當者現住所續柄名）	摘要
復員	雇	浦山[illegible]	福島県安達郡新殿村大字西新殿[illegible] 妻チヨ	
復員	傭	遠藤[illegible]文	〃田村郡[illegible]村大字[illegible] 妻[illegible]子	
復員	雇	遠藤方十	〃田村郡都路村大字古道[illegible]	
復員	〃	菊地正之極	〃相馬郡中村町[illegible]	
復員	〃	草野富[illegible]	〃西白河郡小田川村大字[illegible]地字谷地	
	技手	佐藤沛 明四五、五、七	〃安達郡上川崎村大字上川崎字[illegible]	
(七)(ヱ) 21、2、20	雇	斎藤孝之吉	〃安達郡岳[illegible]村大字[illegible] [illegible]文子	
21、2、26 死亡		佐藤利雄 大11、3、28	〃田村郡[illegible]村[illegible]	
復員	技手	日坂信己	〃東白川郡鮫川村大字[illegible]	
復員	傭	棚田タケ子	〃石川郡[illegible]	
召 ハルピン 本部 [illegible]	傭	先崎秀一（せんざき） 大3、11、19	福島県田村郡大越村[illegible] （〃 〃 小水沢村[illegible]）母さき	（本年[illegible]より[illegible]）

A A A H H A H A A A

調査 調査

62

福島

所屬部隊　關東軍防疫給水部　昭20.1.1調

處決	兵種 官等	氏名	本籍（留守擔當者現住所續柄名）	摘要
復員	衛 軍曹	森田廣	相馬郡中村町中村字大手先四八	父 定吉
復員	技手	矢吹源次郎	石川郡…村大字…京…四二	母 ヤツ
21.2.4 召解	雇	柳沼清一 大七.六.二七	西白河郡…村大字…矢見二	祖父 良次
復員	〃	渡邊良雄	石城郡小名浜町吉…六三	父 義正
復員	〃	渡部金光	南会津郡田島町長野三〇	兄 廣
21.7 死亡 重樹	〃	渡部進	河沼郡…野木村…之口一八三五	父 彦一
江	屬	渡部彦[illegible] 大2.9.2	仝	兄 彦一

縁七同胎

A F A A X A A

8

63

轉 169R へ

23.8.28 於舞鶴召解

所属部隊	関東軍防疫給水本部第七三一部隊
官等	輜
氏名	鳥見茂男
本籍（留守担当者現住所氏名）	茨、筑波郡真瀬村真瀬山田二〇四ノ一 父 義吉
摘要	

1

歩270連へ

24年8月 於舞鶴除隊

所属部隊	関東軍防疫給水部林口支部（第一五二〇四部隊）
官等	歩上
氏名	今泉友治
本籍	茨、新治郡玉川村六八 父 義雄
摘要	24.9.9

歩270 4A

2

64

所属部队 関東軍防給部牡丹江出張所（第六七三部隊）

23.8.22

呂

卿

属

長谷川誠一

茨城県新治郡長岡村小鶴一七七九ノ二

父 政一

留担 ハイラル病院

妻 長谷川富美子

所属部隊 関東軍防疫部大連出張所（第三一九部隊）

歩

一八

飯島小一郎

茨城県筑波郡吉沼村牛縊四五四

飯島藤一郎

二

飯田恒男

〃 土浦市永國三四三

父 賢次郎

3 4 5

65

關東軍防疫給水部

昭和二十年　月　日調製

摘要	兵種官等級	氏名	本籍（留守担当者現住所続柄）
20.8.30 復員	傭人	石塚建市	茨城県結城郡大花羽村大字大輪二〇二九　父 石塚正三郎
召解	仝	浦井 大八.九.一九	茨城県西茨城郡南山内村大字　一番屋敷　父 浦井菊治
21. 召解　通報済	仝	植竹元一 大七.二.一九	茨城県真壁郡真壁町大字田七二四ノ二　妻 植竹小さ
召解　通報済	仝	大森御一 大元.二.七	茨城県那珂郡檜澤村大字上檜澤三三八　妻 大森ゆか
20. 復員	仝	大塚弘一	茨城県猿島郡飯島村大字左衛門新田三七　妻 大塚美登里
20.8.10 召解	仝	小口啓治 大七.五	茨城県真壁郡関本町分中一〇三　妻 小口こきん
20.9.5 復員	仝	大塚佳子	茨城県結城郡五箇村大字三段新田一三六八　父 大塚庄三郎
復員	仝	香川千万治	茨城県多賀郡本湯町中町　妻 香川はる子
20.8.26 召解	仝	菊地一郎 大七.二.五	茨城県真壁郡樺穂村大字白井二二二　妻 菊地時子
復員	仝	木村眞五	茨城県新治郡石岡村大字石岡一八〇〇　兄 木村仁一
召解　通報済	仝	小林正六 大七.二.十六	茨城県猿島郡古河町大字古河二三八　兄 小林和一
召解　通報済	仝	小山智隆 明四四.四.二八	茨城県真壁郡下館町甲七五七　妻 小山くら

66

所屬部隊 関東軍防疫給水部

處遇	兵種・官等	氏名	本籍（留守擔當者現住所續柄氏名）	摘要
20.8.26 召解	傭人	小室常男 大四・二・一	茨城県水戸市藤沢小路三六八 仝東茨城郡石崎村大字中石崎一三〇ヶ 妻 小室春子	
復員	仝	小平吉雄 大八・三・九	茨城県結城郡石下町大字新石下二二六 父 小平善次郎	
	仝	小林政吉	茨城県猿島郡古河町大字古河二三八 父 小林福松	
召解	仝	小山八 大七・九・二七	茨城県真壁郡下館町甲七五七 夫 小山智隆	夫婦共軍属
復員 21.4.2	仝	下村誠	茨城県稲敷郡朝日村大字荒川本郷九八三 父 下村長三郎	
復員	仝	丹野三郎	茨城県多賀郡多賀町大字鳥町二二 父 丹野七造	
復員	仝	高野ちよ子	茨城県東茨城郡白河村大字世楽六七 夫 高野竹彦	
召解	仝	堤正義 大八・十二・二	茨城県真壁郡雨引村大字羽田五三四 妻 堤よし	夫婦共傭人
召解	仝	堤よし 大一〇・一・一七	茨城県真壁郡雨引村大字羽田五三四 夫 堤正義	右同
20.6.28	仝	中村喜八 大八・八・二七	茨城県真壁郡上妻村大字大三〇九 父 中村要吉	
	仝	長岡義夫 大八・五・七	茨城県那珂郡山陸郷村大字鷲子一 群馬県山田郡梅田村二渡 父 中島利平	
削除	仝	根本正 大九・三・一〇	茨城県稲敷郡河内村大字浦宮寺一四四 父 根本金太郎	

13 14 15 16 17 18 19 20

67

558

③

三名あり、㊥より名票提出済とあり。

㊂ 1051 復員

㊥ 1049 鎮 昂、

㊞ 1050 復員 20.8.

関東軍防疫給水部

所属部隊	階級	身分	氏名	本籍（留守担当者現住所続柄名）	摘要
		傭	鳥野[illegible]信一郎	茨城県多賀郡磯原町大字磯原七一四	ハルピン市卅一
		仝		仝 多賀郡多賀町大字河原子一三七 妻 野上はま	
		技手	星野次男 明四三.十一.五	茨城県筑波郡筑波町大字臼田一一七七 父 星野信吉	
		仝	山木力	茨城県東茨城郡酒門村大字酒門一九七四 妻 山木みさを	
		仝	吉田昌男	茨城県結城郡結城町大字結城一九八二 父 吉田茅三郎	

十三 より

68

58

③

関東軍防疫給水部

所屬部隊	階級	氏名	本籍（留守擔當者現住所續柄等）	摘要
復員	軍属	高野[illegible]信一郎	茨城県多賀郡磯原町大字磯原七〇四 / 仝 多賀郡多賀町大字河原子一三二七 高野上はま	ハルピン東卿
復員	仝 技手	星野次男 明四二・一・一五	茨城県筑波郡筑波町大字沼田一一七七 父 星野信寿	
復員	仝 仝	山木力	茨城県東茨城郡酒門村大字酒門一九七四 妻 山木みさ江	
復員	仝	吉田昌男	茨城県結城郡結城町大字結城一九八二 父 吉田茅三郎	

1050 1059 1059 1059

68

茨城

所屬部隊　関東軍防疫給水部

昭20.1.1調

處決	兵種	官等	氏名	本籍（留守擔當者現住所續柄名）	摘要
8.26 戦		雇	増子定男 大九.九.十三	双葉郡中里村大字四間五一八（双葉郡手鴻村東町五） 母はつの	ハルピン東郊 20.8.16 呼蘭にて[illegible]
20.8.26 [illegible]		仕人	益子スミ 大十八十十	仝 全郡全鄕村中利員八二（仝上小川大鉄一五二） 父 清	同右 関東軍
復員 21.2.25		技手	路川兵衛	筑波郡田水山村水守六一〇 母わか	
復員 21		雇	箕輪四郎	鹿島郡豊郷村田荒六八五 妻ふみ	
20.9.1 [illegible]	衛	中尉	谷田部[illegible] 明[illegible]	多賀郡高萩町安良川一一 妻はつ	×
復員 21.5		雇	山室道之助	猿島郡新郷村お下辺見九〇 妻美代子	関東軍
復員		〃	渡邊幸吉	結城郡江川村七五三ノ七三 父清[illegible]	

69

茨城

関東軍防疫給水部

昭20.1.調

處決	兵種	官等	氏名	本籍（留守擔當者現住所續柄名）	摘要
20.8.26 召解		雇	増子定男 大九.九.十	久慈郡中里村(四間五一八)（多賀郡手綱村東町五） 母はつの	ハルビン軍 20.10.16 呼蘭
20.8.26 召解		傭人	益子スミ 大十.八.十	仝 金郷村中利員八二（仝 宗川大字 五二） 父 清	同右
21.2.25 復員		技手	路川兵衛	筑波郡田水山村水守一一〇 母みか	
21 復員		雇	箕輪四郎	鹿島郡豊郷村田尻六八五 妻ふみ	
20.9.1 召解	衛	中尉	谷田部揆之 明三.十.十	多賀郡高萩町安良川一一 妻はつ	
21.5 張		雇	山室道之助	稲敷郡?村?下辺見九〇 妻美代子	
復員		〃	渡邊章吉	結城郡江川村七五三坪七三 父清	

22

⑦ 1059 万

所屬部隊 関東軍防疫給水部

處決 召解

兵種

官等 傭

氏名 中山政吉

明四五年生 十五

本籍（留守擔當者現住所續柄名） 茨城県結城郡岡田村岡田 新田六〇 妻 中山ナカ

摘要 ハルピン東中山四ノ（水治治時調査多）

⑦ 調査中

茨城

70

23

本務ニ非ズ

③ 1159

②

茨城縣

所屬部隊 関東軍防疫給水部

處決	兵種	官等	氏名	本籍（留守擔當者現住所續柄名）	摘要
20.8.26 復員	傭	員	長島清松	茨城縣久慈郡大子町[illegible]三六 父 梅吉	
	〃	〃	高橋熊治	〃香取郡関上町関上一四八 妻 八重子	
	〃	〃	葉坂源四郎	〃葉田郡葉田町村田木一番地 父 源之助	宮城縣ノ部ニ記載
29.9.30 復員	雇		堀江利四郎	〃真壁郡大田村大字[illegible]	

71

茨城

所屬部隊　関東軍防疫給水部（満六五九）

處決	兵種官等	氏名	本籍（留守擔當者現住所續柄名）	摘要
復員	雇	入江平夫	茨城縣真壁郡樺穂村大字白井[illegible]	
21.6.20 復員	〃	石塚朝右エ門	〃西茨城郡東那珂村大字友部一五三五	
20.9.3 復員	技手	小野瀬隆久	〃東茨城郡上野合村神谷九[illegible]	
[illegible]	雇	小平政右エ門	〃結城郡石下町大字新石下[illegible]	
21.3. 復員	技手	小沼四郎	〃鹿島郡中野村大字荒野[illegible]	
20.12.20 復員	雇	斎藤平正	〃那珂郡上野村大字泉八三[illegible]	
復員	〃	鈴木勇	〃久慈郡金砂村大字[illegible]	
20年 復員	〃	鈴木元義	〃筑波郡谷田部町大字上横場九二五	
21.[illegible] 復員	技手	竹内信一	〃鹿島郡鹿島町大字宮中[illegible]	

72

防給部其一

所属部隊　関東軍防疫給水部本部（満七三一、徳二五二〇二）　ス之

異動	兵科	階級	氏名	本籍・備考	
25.4.17 召解（東）	医		山本良雄 大七.二.七	栃木県上都賀郡菊沢村…（上都賀郡北押原村…）母 鈴…トミ	22.4.26 受信
24.11.07 召解	医	中尉	蓬田三子 明41.9.1	〃河内郡明治村…三四五（河内郡薬師寺村仁良川一四四四…）	
24.6.30	輜	上兵	中村三義 大14.5.28	〃上都賀郡落合村小倉 文…三郎	
22.4.28 召解			亀田林夫	〃塩谷郡北高根沢村花岡七四四 文菊之丞	丁
22.1.16 召解	医		篠原亀三郎	〃河内郡薬師寺村仁良川一四〇五	

所属部隊　関東軍防疫給水部牡丹江支部（満一四一）　ス之

異動	兵科	階級	氏名	本籍・備考	
22.9.7 召解	医		知久斉	栃木県那須郡七合村一四六〇	
19.4.7 戦死	衛	一兵	遅沢喜三男	〃那須郡…村…遅沢九二 文冬吉	
24.11.5 召解	歩	二兵	金子清一郎 大13.…（同右）	〃芳賀郡大内村…新田一三… 文熊次郎	24.10.25 …コリ…モリ…

73

所属部隊 関東軍防疫給水部 林口支部（満一六二、徳二五二〇四）ス二

一三五広独代 十九六（転）

歩 稲葉迪夫 栃木県下都賀郡国分寺村小金井六〇八 （同）[illegible]

㊞

所属部隊 関東軍防疫給水部 海拉爾支部（満四三、徳二五二〇五）ス二

23.3.3 呂 解 [illegible] 高橋義節 明[illegible]四五.[illegible]九 （同）

栃木県上都賀郡 [illegible] 一三三 文寅吉

23.3.23 名簿と照合済 [illegible]

74

①

1

1枚

名　名　名

所属部隊　関東軍防疫給水部（徳二五二〇一満六四三(一)）　[illegible]

処決	兵種	官等	氏名	本籍（留守担当者現住所続柄氏名）	摘要	
21.4.1 [illegible]		軍属	石塚芳信（大七.[illegible]）	栃木県塩谷郡阿久津村大谷一三三　父　徳一郎	○	13.
召解 20.9.1		雇	大村真治（大七.三.一四）	〃　那須郡那須村豊原甲八六　父　忠吉		18
召解 20.9.1		〃	神永守一（昭三.二.三）	〃　栃木市万町四九四ノ一　父　[illegible]一		19
召解 20.9.1		〃	坂本幸子（大一四.五.二五）	〃　芳賀郡清原村満美穴九八　母　キサ		14
召解 22.9.20		〃	篠崎道三郎（大七.九.[illegible]）	〃　河内郡薬師寺村薬師寺一四九　[illegible]　妻　サダ		15
		〃	鈴木武次（大三.八.[illegible]）	〃　宇都宮市塙田町九一　母　クマ	[illegible]不明 25	20 3
召解		傭	鈴木郁夫（昭二.一.四）	〃　上都賀郡菊沢村玉田八五　父　順一郎		21
召解 20.8.14		雇	廣瀬藤左エ門（明三[illegible]）	〃　佐野市高山一三〇三　母　フデ		16
召解	技手		福地覚蔵	〃　宇都宮市四條町四四三　父　源蔵		24 (十)
		雇	渡辺勝二（明34.8.12）	〃　〃　大工町一六三　妻　[illegible]	[illegible]不明	25 7.3

96

所屬部隊 關東軍防疫給水部

名簿調製年月日 二〇、一、一

處決	兵種官等	氏名	本籍（留守擔當者現住所續柄名）	摘要
復員	軍属	青木文雄	栃木県下都賀郡寒川村一一三九ノ一号 父 哲次	索引追加
復員	〃	天谷大四郎	〃 下都賀郡豊田村中泉七三 妻 アサ	索引追加
復員	〃	稲葉章	〃 下都賀郡豊田村大字小宅四二七ノ二 父 幸五郎	索引追加
重名	〃	石塚芳信	〃 塩谷郡阿久津村大字大谷一八三三 父 福一郎	索引追加
復員	〃	飯田良一	〃 那須郡大田原町三、三 父 基吉	〃
復員	〃	伊藤馨	〃 塩谷郡矢板町扇田町一二七九ノ一 妻 キミ	〃
復員	〃	岩崎半四郎	〃 安蘇郡三好村大字岩崎二二四 父 政吉	〃
復員	〃	薄井光團	〃 那須郡荒川村小白井四八 妻 サク	〃
復員	〃	遠藤武雄	〃 那須郡小川町三輪一五二 仝 古谷村中山森林方 妻 喜久江	〃
復員	〃	遠藤喜久江	〃 那須郡小川町三輪一五二 夫 武雄	〃
復員	〃	大島榮	〃 入舟町一八 父 權四郎	〃
復員	〃	大屋正一	〃 足利郡葉鹿町七一六 父 宗吉	〃

77

2

二梅五〇一

一東二部五三

二梅一五〇一部

所屬部隊　關東軍防疫給水部

處決	兵種	官等	氏名	本籍（留守擔當者現住所續柄名）	摘要
復員		軍屬	大木國三郎	栃木縣芳賀郡物部村大字物井四八　父　與平	青羽追加
復員		〃	大越政吉	那須郡芦野町芦野一町五三　妻　七ツ	〃
復員	衛	〃兵	金田芳郎	芳賀郡市羽村大字市羽三七九四　妻　梅子	〃　資材班
復員		軍屬	亀沢金次郎	宇都宮市泉町二九四七四　父　民五郎	〃
復員		〃	金子徳三郎	下都賀郡稲葉村上稲葉二六〇　兄　作市	〃
復員		〃	加藤亀雄	那須郡西郷村河原一四一四　兄　才治	〃
復員	衛	大尉	古川巖	塩谷郡喜連川町字葛城一五五八　妻　トミエ	〃
復員		軍屬	倉井弘武	那須郡黒羽町前田無番地　妻　薫	〃
復員		〃	倉林栄一郎	足利郡山辺町八幡四七　父　徳次郎	〃
復員		〃	久賀義雄	宇都宮市西四條町一三七　妻　ミヨ	〃
復員		〃	倉林トミ子	足利郡山辺町八幡四四七　父　栄一郎	〃
復員		〃	小浜定	那須郡荒川村大里四九八　父　博次	〃

78

3

所属部隊	処・洪	兵種官等	氏名	本籍（留守担当者現住所続柄名）	摘要
関東軍防疫給水部	復員	軍属	小林勇吉	栃木県栃木市下町一六〇一（栃木市泉町三〇三八） 父 元治郎	索引追加
	復員	〃	小林義雄	〃 足利郡毛野村山川一〇八七 父 房治郎	〃
	復員	〃	小池保	〃 塩谷郡氏家町二四三六 父 勇	〃
	復員	〃	佐藤邦重	〃 河内郡姿川村大字下砥上八五三 妻 登美子	〃
	重復	〃	坂本幸平	〃 芳賀郡清原村大字[illegible]八九八 母 キサ	索引追加
	復員	〃	島田清	〃 上都賀郡足尾町赤沢六五七〇 父 啓太郎	索引追加
	重復	〃	篠崎道三郎	〃 河内郡薬師寺村薬師寺一七四四 父 松太郎	索引追加
	復員	〃	鈴永承雄	〃 塩谷郡藤原町大字滝一四九 菊地方 妻 サダ	索引追加
	復員	〃	高[illegible]平	〃 塩谷郡泉村山田一〇七八 妻 セツ	〃
	復員	〃	高橋光一	〃 芳賀郡清原村大字上篭谷一四三一（東京都城東区亀戸町六ノ三五） 父 幸作	〃
	復員	〃	長信男	〃 下都賀郡国府村惣社二〇 父 保三	〃
	復員	〃	小山勉	〃 那須郡荒川村大字八代六七 父 利勝	〃

医 14

79

関東軍防疫給水部

二十一五〇部

陸報ゲ 報済ゲ

所属部隊	兵科官等	氏名	本籍（留守担当者現住所続柄名）	摘要
重複	軍属	廣瀬藤左エ門	栃木県安蘇郡界村大字高山一三〇三 母 フデ	索引追加
編員	〃	福地武三 〃	宇都宮市四條町一四四 父 演[illegible]	索引追加
編員	〃	福田幸三郎 〃	上都賀郡落合村大字小代三五 妻 入重	〃
編員	〃	松本勝男 〃	下都賀郡豊田村七二六 父 三郎	〃
編員	〃	室井俊郎 〃	那須郡葛林村八〇八 祖父 米吉	索引追加
編員	〃	村上武夫 〃	那須郡野崎村一七三 妻 イチ	〃
編員	衛	東柳松之進 〃	芳賀郡田野村芳沢九〇四 妻 サワ	〃
編員	軍属	山中健二郎 〃	下都賀郡大谷村大字東野田二二九五 茨城 結城郡上山川村上山川岩田方 妻 せい江	〃
重複十七号	衛	[illegible] 〃	河内郡[illegible]村大字[illegible] 妻 [illegible]	

16

.80

栃木ノ

栃木縣…

関東軍防疫給水部（満六五九）

所属部隊	處決	兵種	官等	氏名	本籍（留守擔當者ノ住所及氏名）	摘要
	召解 … 26	雇	✓	枝嘉平（大七．二．十七）	栃木県河内郡上三川町大字上三川四九三 父 長三	該当者不明
	重復	〃	✓	大村真治	〃那須郡須賀川村大字豊原四八八 父 忠吉	索引追加
	復員	〃	✓	柏木元三郎	〃河内郡豊岡村大字岡本五九八 父 昇	索引追加
	復員	〃	✓	数間運	〃塩谷郡矢板町大字木幡一三七 父 耕作	〃
	重復	〃	✓	神永幸一	〃栃木市[illegible]町四九四 父 幸一	〃
	復員	〃	✓	大銀東	〃上都賀郡[illegible]村今市町八〇二 父 [illegible]吉	索引追加
	重復	雇		鈴木武次	〃宇都宮市塙田町一九二 [illegible]	〃
	復員	〃	✓	鈴木和三郎	〃塩谷郡[illegible]町大字滝四九 兄 元	索引追加
	復員	傭	✓	鈴木保	〃下都賀郡吹上村大字吹上五六九 父 [illegible]男	〃
	重復	〃		鈴木硝夫	〃上都賀郡[illegible]村大字[illegible]田 父 [illegible]	〃
	復員	雇	✓	瀬下正一	〃下都賀郡富山村大字富田三六四 兄 [illegible]	索引追加
	復員	〃	✓	高橋末次	〃那須郡七合村大字滝田六八 父 [illegible]	〃

21　20　19　18　17

81

栃木2

所屬部隊	関東軍防疫給水部（満六五九）
處決	復員
兵種 官等	雇
氏名	高久山忠
本籍（留守宅番地現住所）	栃木県那須郡黒羽町大字[illegible]
摘要	[illegible]

處決	[illegible]
氏名	高橋光夫
本籍（留守宅番地現住所）	同県[illegible]郡大田原町[illegible]
摘要	他部あり

復員後[illegible]留[illegible]館野[illegible]市 栃木県 東名[illegible]

重[illegible]

[illegible]

22

82

栃木

所屬部隊　関東軍防疫給水部

昭20.1.1調

處決	兵種	官等	氏名	本籍（留守擔當者現住所續柄名）	摘要
復員		雇	真瀬五郎	下都賀郡野木村丸林三七九　父 祥就	本籍追加
復員		〃	松島將佐久	安蘇郡新合村閑馬一、三五四　妻 キク	〃
軍属	×	〃	渡辺勝二	宇都宮大工町十一三　妻 藤	〃

23

83

栃木県

所属部隊	関東軍防疫給水部				
処決	連絡	留、重復 召解 22.1.18	留重復 召解 22.1.18	留 重復 召解 22.1.18	留重復 召解 22.2.28
兵種	技	雇	雇	雇	傭
官等	手		傭		傭
氏名	福地 濱一	日向野 實 大8.12.1	人見 登 大4.10.30	人見 米吉 明21.2.15	室野井 啓子 昭4.1.21
本籍（留守担当者住所氏名）	栃木県宇都宮市西塙田町四四三 父 濱吉	栃木県芳賀郡久下田町大字下大曽根六一六	〃 芳賀郡南高根沢村大字下高根沢三三五	〃	〃 塩谷郡矢板町矢板九〇四
摘要	葉書返送	身上申告書より	身上申告書より	〃	身上申告書より

24

84

群馬

名替

召解（軍）

所属部隊　関東軍防疫給水部（満二五二〇一、満六五九）

処分　兵技軍曹　氏名　小林健次　大九．三．三

本籍（留守担当者現住所続柄名）　群馬県新田郡太田町古戸一五四一　父　健蔵

摘要　23.11.15 ハバロフスク 健

所属部隊　関東軍防疫給水部孫呉支部（満二五二〇六、満六七三）

処分　衛生兵長　氏名　□澤小次郎　明治三．七．二

本籍（留守担当者現住所続柄名）　群馬県碓氷郡西横野村八城一〇七四　妻

摘要　生不 20.8.11 孫呉陣地にて 20.8.10 以亡 本人確認

済

21.6.18 死亡確認

一連番号

関東軍防疫給水部

20.1.1 調製

区分	兵種官等	氏名	本籍（留守擔當者氏名）
復員	衛曹	石川義雄	群馬県高崎市成田町三五 妻 静子
復員	歩上	今井武司	〃 北甘楽郡下仁田町大字吉崎一七七 父 辰五郎
復員	尚	井平德樹	〃 利根郡東村大字平川九八九 父 道
召解	〃	栗田茂	〃 新田郡太田村古戸七六六 兄 維好
	〃	佐藤明詞	〃 群馬郡中川村大字大八木三九 叔父 良治
復員	〃	境原富作	〃 碓氷郡八幡村大字剣崎甲一二五
20.3.20 召解	〃	作宮清夫	〃 多野郡鬼石町大字鬼石一〇八 母 ミセ
召解	〃	坂本益三	〃 碓氷郡磯部町大字大竹九六五 妻 ミツヱ
復員	〃	渋沢栄一	〃 伊勢崎市大字茂呂二一六 兄 信雄
召解	〃	島崎信之	〃 多野郡鬼石町大字鬼石 妻 とよの
復員	〃	重野松雄	〃 群馬郡渋川町五三〇 妻 ヤス 兄 野呂
復員	薬少尉	高木二郎	〃 群馬郡岩鼻村大字岩鼻三一六 父 新次郎

（ハルピン市ニ [illegible]）

86

2

関東軍給水部

所屬部隊・處決兵種・官等	氏名	本籍（留守擔當者現住所氏名）
復員 雇	高橋喜市	群馬県利根郡川場村大字天神二五二 妻 [illegible]美子
20.8.26 召解 〃	高山撫一（明三九.七）	〃 前橋市一毛町二三五 妻 千代
復員 〃	田中三實郎	群馬郡古巻村大字中田一一八九 妻 トヤ
復員 〃	高橋和三郎	北甘楽郡小野村大字[illegible]四七 父 粂吉
復員 〃	千野幸太郎	吾妻郡中之條町大字市城二 妻 あい子
〃	永井寅幸（大二.五.五）	利根郡沼田町大字沼田一五五 妻 八重子
復員 〃	中村今十	利根郡白沢村大字生枝二二 妻 初枝
20.9.5 [illegible] 〃	西須福次郎（大八.八.二六）	前橋市前代田八之 兄 正直
復員 〃	野村啟夫	群馬郡金古町大字金古一一三三 従弟 良作
20.8.26 召解 〃	林 米丸（明四五.六.二）	北甘楽郡小坂村大字下小坂三 妻 シゲ
20.8.26 召解 衛生准尉	樋口武雄（大五.一.一）	吾妻郡嬬恋村大字今井乙一五二 妻 那雄
復員 雇	樋口上秋	〃 利根郡桃野村大字[illegible]一八五 妻 はな

同右

20.8.10 ハルピン [illegible]

20.8.10 ハルピン [illegible]調による

87

万　名 ハイラル 方面

本部　3

所属部	階級 兵種 官	氏名	本籍	備考
関東軍給水部	伍	福田米吉	群馬県吾妻郡中之條町大字中之條町四三 弟 要人	[illegible]
	〃	松村秋象 大正七生	〃 勢多郡大胡町大字堀越村甲四七二 (新田郡太田町東矢島町) 義兄 直一郎	23.2.10 ウランウデ [illegible] 死亡 [illegible]
	〃	茂木正己	〃 新田郡尾島町大字大館一五二 母 マス	復員
	〃	安田利平 大二・十一・十	〃 桐生市末広町一丁目一一七 妻 ベン	20.8.25 召解 (20.8 ハルピン市 [illegible] 哈爾濱 [illegible])
		吉田幸太郎 明43.11.6	〃 甘楽郡小野村字後賀243 (叔父 吉田年男)	究明カードより把握 ⑦

88

F

群馬

所屬部隊	関東軍防疫給水部（満六五九）
處決	復員
兵種	技師
官等	六
氏名	荒木三郎
本籍（留守擔當者現住所續柄名）	群馬県碓氷郡板鼻町八九 埼玉県浦和市仲町五丁目 妻 秒子
摘要	

處決	
兵種	嘱託
官等	
氏名	金沢謙一 明四三.一.七
本籍（留守擔當者現住所續柄名）	群馬県北甘楽郡高瀬村大字高瀬二三八 妻 平代
摘要	名簿ニ無シ

3

89

群馬縣

所屬部隊	關東軍防疫給水部	
處決	日解	
兵種	技	
官等	手	
氏名	橋本政男 (大4.4.12)	新井正美 大15.6.12
本籍（留守擔當者現住所續柄名）	群馬縣前橋市播川町四四 妻 スイ	〃多野郡方城町…一〇五 細一
摘要	㊄	所屬不明者

未 11.2.寄 第2883連へ 轉屬（名簿）

4

90

防給綴

14-4

四班

武藏

90-10

處決	兵種 / 官等	氏名	本籍（留守担当者現住所）/ 続柄	備考
25.4.7 召解	軍	新井 勇 大九.二.五	東京都牛込区富久町一一八 / 淀橋区東田町一ノ三一 / 父 鉄吉	T21.11.4 スミンコガ 健
20.8.13 戦死	憲 伍	青木 徳七 大七.九.二一	北多摩郡小平町野中新田善左衛門六四六 / 父 清十郎	
24.9.1 召解	憲 上	牛丸 戎 大9.4.10	東京都日本橋区蠣殻町一ノ三ノ四 / 目黒区自由ヶ丘二四六 牛丸実 / 母 あや	21.10 [illegible]
20.8.14 戦死	少佐	河上 清 大五.一〇.三	日本橋区室町四ノ六ノ二 / 父 清	死 [illegible] 通報
23.10.26 B解	[illegible]	河野 [illegible] 治	[illegible] 郡 [illegible] 一二七三 / 兄 太一	
	医少佐	加藤 恒明 明四二.一〇.三	練馬区豊玉南六ノ八 妻ミヤ	22.11.10 [illegible] 健
24.12.4 召解	上	[illegible] 藤 [illegible] 治 大9.4.30	[illegible] 区 [illegible] 七ノ [illegible] / 妻 [illegible]	PW [illegible]
22.11.28 B解	兵	島田 三郎	[illegible] 区 [illegible] 六ノ三四 / 母 [illegible]	
		高山 富佐男	日本橋区江戸 [illegible] / 横浜市西区 [illegible] 町四ノ二五 / 叔父 武	（大連 [illegible] 所ニ居）
23.7.25 召解	兵	山本 知己 大八.[illegible]	品川区南品川 [illegible] / 田園調布 [illegible] 二八 / 兄 [illegible]	（本部所属者）
24.9.5 召解	兵	和田 豊治 大七.九.一三	下谷区入谷町一一五四 / 小石川区大塚 [illegible] / 父 [illegible]	28.10 [illegible] 健

独立自動車第二大隊 名簿 カード

91

名

二〇

22年2月2日 資料 認定の社
27年7月23日 死亡とみなさる 認定の日
広

蒲生秀一郎
明治39.9.16
渋谷区幡ヶ谷笹塚町一〇〇八
（〃 〃 〃 〃）
妻 九六四 子
新 了

所属部隊 関東軍防疫給水部牡丹江支所（満二五二〇三 満六四三）

近親者等氏名 本籍（留守担当者現住所続柄氏名） 摘要

本国丸
本籍 文京区本郷駒込神明町二四 母つね
北海道山形田町長井島津方）

一

22.11.1 呈解
28.9.1 鑑籍召解

岳山 大城 八一八 巳
渋谷区幡ヶ谷本町七八九
妻 第一 安藤治郎

22.6.1 ビロビジャン
不破建 PW 23 573

八九四〇本部 長友隊
豊島区千早町一ノ二八
（同右）
五之助

乎
25.1.22 了解
江
岳
長 岩本 一 大
大正2.2.6

令主山領陸戦より

92

所屬部隊	處決兵籍	官等	氏名	本籍（留守擔當者住所氏名）
	28.10.1 召解	技師	笠原四郎 明36	東京都葛飾区下小岩町一三五四（留守 ...） 東京都 ... 喫
	22.4.6 召解		久保ラル	東京都南多摩郡川口村

（満　　）

大連支部

93

所屬部隊　関軍防給水海拉爾支所

23.10.21 召解

屬　鈴木重藏　明39.8.17

東京都墨田区東駒形四ノ三

右葛飾区本田渋江町四四（妻 ... ）

給水班

（補遺）

名

軍属

所屬部隊　関東軍防給水部孫呉支所（満六七三）

屬　浅子登　大4.3.20

東京都荒川区尾久町三ノ二二（七六 妻みち）

（新本籍 ... 中山手通 ... ）

⑦生 20.8 孫呉 ... 北安 ... 甲 ...

91

関東軍防疫給水部 二五二〇一 20.1.1調製

處決區分	職(官)等級	氏名	留守擔當者現住所氏名	摘要
22/1/26 佐世保上陸	軍属	阿達萬吉	東京都渋谷区氷川町三三 妻スミエ	
召解	軍三少佐	有田正義 明四八.三	世田谷区北沢四丁目三六九 妻久枝	世 よりの資料 23.9.30
召解	軍属	相島岩松 大五.三.一	荒川区尾久町九ノ二六一二四 妹トミ子	
召解	〃	浅野信太郎 明四〇.十.六	荒川区日暮里町八ノ五七九（田端新町二ノ二三） 妻しず	
召解	〃	秋山丑吉 大元.一二.二	杉並区和田本町六〇八六 妻ゆき名	
復員	〃	浅野子澄 大四.十.十	荒川区尾久町三ノ二三七六（長野県更科郡川中島） 妻みち	
20.9.13 召解 21.3.20 (文)	〃	家田達之 大七.九.九	杉並区阿佐ヶ谷一ノ八六五（愛知県葉栗郡木曽川町） 父廣一	
召解	〃	石井左五郎 明四四.七.一〇	淀橋区東大久保二ノ二（茨城県筑波郡谷田部村稲中） 妻近子	世
召解	〃	今度実 大二.九.五	牛込区早稲田南町四四（水戸市外浜田村字塩川） 妻富美子	
20.8.21 召解	〃	飯島多一 明四三.二.五	豊島区西巣鴨一ノ二九九七 妻靖子	世 資料
召解	〃	稲毛正壽 大二.三.二	本郷区駒込坂町二一（茨城県北浦村 世田谷二ノ二九） 父初太郎	
召集	〃	飯島多一	豊島区巣鴨一ノ二九九七 妻清子	

94

関東軍防疫給水部　二五二〇一

所属部隊	決兵	職官等	氏名	本籍（留守担当者現住所続柄氏名）	摘要
20.8.26 召解	軍属		浦山徳蔵 大七・一・一四	東京都荏原区[illegible]町五ノ一三九・五 兄 禎蔵	ハルピン東部 （[illegible]による） 調査中
20.8.26 召解	〃		江島真平 昭三・五・六	品川区上大崎一ノ七六八（新潟県中頸城郡[illegible]） [illegible]	同右 （東京より名古屋[illegible]）
21.2.1 召解	軍医	少尉	小川博 大七・六・二五	牛込区市ヶ谷柳町四〇 父 馨	
23.8.20 召解	衛生	軍曹	大崖武二 明三五・一二・二九	板橋区志村清水町一ノ一（東京府[illegible]市[illegible]） 妻 幸子	名古屋の附箋により召解
20.8.20 召解	通	伍長	尾崎三郎 大九・六・二三	渋谷区下通五ノ二六（目黒区[illegible]ヶ崎町[illegible]九） 父 阿久郎	
召解	軍属		岡田正義 大三・十・十三	豊島区要町二ノ九ノ六 妻 [illegible]	
召解	〃		大野幸三郎 明四二・九・二	足立区千住四ノ二（福島県安積郡[illegible]） 妻 [illegible]	
（重複削除） 召解	〃		武田昌[illegible]	葛飾区下小松町一三五（茨城県筑波郡小田村） 妻 洋子	23.7.15 大連[illegible]
30.2.24 召解	〃		笠井久雄 明二八・三・[illegible]	芝区白金台町一ノ三九 妻 瀧子	
22.4.[illegible] 召解	〃		関原勤 明三九・五・[illegible]	小石川区原町一ノ二六 妻 スズ	
召解	〃		鎌田昭子 昭二・[illegible]	世田谷区大原町一一三五 父 [illegible]右郎	
20.8.26 召解	〃		木津光和 大[illegible]	浅草区新吉原京町一ノ一八 父 仙之助	

95

②

2

1枚

関東軍防疫給水部

所属部隊	階級（官等）	氏名	本籍（留守担当者現住所氏名）	摘要
	軍属	白井幸三郎 明四三.八.一四	東京都城東区大島町二ノ五四二 妻 政子	
20.8.27 召解	技 少佐	鈴木重夫 明四六.一二.二	本所区緑町四ノ一三ノ三（仙台市…） 妻 文子	
[illegible]	軍属	須貝国平 明四四.四.二二	淀橋区淀橋五二六 妻 町子	
召23.10.21解	〃	鈴木重三蔵 大九.八.一	本所区東駒形町四四三 妻 サヨ	
	〃	関根彦吉 大八.一〇.一五	深川区門前仲町二ノ七 兄 秀雄	
召解	技 大尉	高橋祝 大四.一〇.一	城東区北砂町四ノ一三三七（山形…） 妻 [illegible]	
召解	軍属	竹内正太郎 大一.八.一	北多摩郡大和村大字狭山一五三五 妻 秀子	
召解	〃	高橋正光 大六.六.一〇	葛飾区堀切町六五四 父 賢太郎	
召解	〃	田中勘三蔵 大六.六.二〇	浅草区吉野町一ノ六 父 吉衛	
21.8.31 召解	〃	田中栄治 大四.一.一	王子区志茂町三ノ一（栃木、上都賀郡今市町小倉方） 兄 耕作	
召20.8.30解	〃	田中[illegible] 明四三.七.二七	王子区志茂町三ノ一（栃木県上都賀郡今市町小倉方）	
召解	〃	珍田隆範 明三九.五.九	江戸川区春江町三ノ二〇（平井区…三ノ一二 宮本方） 妻 [illegible]	

97

名 | 簿　　名

重 制

関東軍防疫給水部

所属部隊	階級	官等	氏名	本籍	留守担当者現住所氏名	摘要
	軍属		白井幸三郎 明四三、八、一四	東京都	城東区大島町二ノ五四二 妻 政子	調査中
20.8.27 召解	技	少佐	鈴木重夫 明四〇、三、一三	〃	本所区緑町四ノ一三（仙台市[illegible]） 妻 文子	ハルピン[illegible]
召解	軍属		須貝国平 明三四、四、二二	〃	淀橋区淀橋五二六 妻 時子	（26.12.16 呼掛の結果）
23.10.21 召解	〃		鈴木重蔵 大九、八、二	〃	本所区東駒形町四ノ三 妻 サヨ	調査中
	〃		関根彦吉 大八、一〇、一五	〃	深川区門前仲町二ノ七 兄 秀雄	
召解	技	大尉	高橋祝 大四、一〇、一二	〃	城東区北砂町四ノ一三三七（山形[illegible]） 妻	遠藤方
召解	軍属		竹内正太郎 大一、八、一二	〃	北多摩郡大和村大字狭山一五三五 妻 秀子	
召解	〃		高橋正光 大六、六、一〇	〃	葛飾区堀切町六五四 父 賢太郎	
召解	〃		田中勘蔵 大六、六、二〇	〃	浅草区吉野町一ノ六 父 芳衛	
21.8.31 召解	〃		田中栄治 大四、一、一	〃（栃木、上都賀郡今市町小倉方）	王子区志茂町三ノ一〇 兄 耕作	
20.8.30 召解	〃 名票		田中[illegible] 明四一、七、二七	〃	王子区志茂町三ノ一〇（栃木県上都賀郡今市町小倉方）	
召解	〃		珍田隆範 明三九、五、九	〃	江戸川区春江町三ノ二〇（平之区[illegible]三七二 宮木方） 妻 よし美	

97

関東軍防疫給水部

区分	兵種官等	氏名		留守担当者現住所続柄氏名	摘要
21.3. 召解	軍医少佐	根津尚光 大四.一二.一	〃	東京都麻布区箪笥町六七 妻 田鶴子	世 済 21.10.4
福岡へ移籍	〃	中尉 秦正武 明四三.一二.九	〃	渋谷区幡ヶ谷笹塚町一〇六七（福岡県…郡…） 姉 …子	世 福岡へ…
鉄二〇六隊へ転属		上 馬場勘市 大一〇.八.…	〃	南多摩郡川口村大月一〇一〇 父 和助	世 留…在り
召解	軍属	荻原福太郎 明四五.一.一	〃	本所区吾妻橋一ノ二五 妻 千里	
召解	〃	廣田孝 明四五.二.一五	〃	目黒区下目黒三ノ六三一 妻 七十子	世 済 21.10.4
20.10.15 召解	療	軍属 別所辰一郎 大五.六.十一	〃	四谷区坂町一二 父 新吾	
20.8.26 召解	軍属	堀口鉄夫 明四三.七.一〇	〃	渋谷区代々木上原町一一三四 妻 梅	ハルピンで… 24.10.10 …の結果
召解	〃	堀内文雄 明四三.三.五	〃	滝野川区田端町一五一四 妻 ヒサ子	
	〃	本多林之助 明三五.四.二〇	〃	~~板橋区…~~ 母 ノブ（大森区…五ノ一二）	死亡…
21.4.6 召解	薬	少佐 増田美保 明四一.七	〃	牛込区水道町三四 父 与之助	世 済 …
21.1.21 召解	軍属	牧田仁太郎 明三四.三.一〇	〃	芝区西久保広町一 妻 さり恵	
21.2.27 召解	医	中尉 宮川正 大二.一.八	〃	芝区栄町一六 妻 貞子	世 済 24.10.5

98

所屬部隊　關東軍特殊通信部

處置	兵種	官等	氏名	本籍（留守擔當者現住所氏名）	摘要
20.9.1 召解	軍屬		三笛光男 明四〇.一〇.一〇	東京都品川区五反田六丁目一九一 父 留吉	〃
召解	〃		村田鏈子 明四一.八.二一	〃 渋谷区千駄ヶ谷三ノ五三三 父 通恵	〃
20.8.24 召解	〃		本橋清治	〃 北多摩郡小平村大沼田新田四三九 妻 きよの	
召解	技	大尉	山田修治 明四二.六.二九	〃 王子区志茂町一ノ八二七（[illegible]郡大濠村） 妻 勝子 山田方	
召解	軍屬		山本義晴 明四一.二.七	〃 浅草区北清島町一二七（京都市上京区[illegible]寺町七六） 妻 まさ子	
20.8.28 復員	〃		渡辺長次 明三八.五.二四	〃 [illegible]区[illegible]町一ノ三四（[illegible]） 妻 トキ	調査中
20.9.6 召解	〃		渡辺春吉 明四四.一.二六	〃 向島区日出町一ノ一五二（杉並区東田[illegible]） 父 福太郎	〃
[illegible]	主	軍[illegible]	新井博 大九.二.五	〃 牛込区市ヶ谷富久町一一八 父 留吉	復員
召解	軍屬		内海薫 明[illegible].一〇.二〇	〃 荒川区町屋三ノ一三八三 妻 みつい	
19.9 營召職	〃		宇野誠 大四.一二.一七	〃 杉並区阿佐ヶ谷三ノ五七六（神奈川県鎌倉[illegible]） 母 芳枝	〃
20.8.26 召解 29 内[illegible]	〃		梅田徳次郎 明四〇.一.七	〃 下谷区金杉町一丁目二ノ五（京橋区湊町[illegible]） 妻 アイ	〃

99

所屬部隊　関東軍[illegible]小部

處決年月日	兵種	官等	氏名	本籍（留守擔當者現住所續柄氏名）	摘要
20.9.1 召解	軍属		三苗光男 明四〇.一〇.一〇	東京都品川区五反田六丁目一九 父 苗吉	〃 [illegible]
召解 20.8.14	〃		村田鍵子 明四〇.九.二一	〃 渋谷区千駄ヶ谷三ノ五三三 父 通恵	〃 [illegible]
召解	〃		本稿清治 明四二.一二	〃 北多摩郡小平村大沼田安田四三九 妻 きよの	
召解	技	大尉	山田修治 明四二.一二.九	〃 王子区志茂町一ノ八二七（茨城県真壁郡大宝村） 妻 時子 山田方	
	軍属		山本義晴 明四〇.二.一七	〃 浅草区北清島町一二七（京都市上京区等持院町七六） 妻 まさ子	
	〃		渡辺長次 明三八.五.四	〃 豊島区西巣鴨[illegible] 妻 トキ	[illegible]
20.8.28 [illegible]	〃		渡辺春吉 明四四.一.二	〃 豊島区日出町一ノ一五二（杉並区東田飯島八ノ二） 父 福太郎	〃 [illegible]
20.9.6 召解	主	軍	新井勇 大九.二.五	〃 牛込区市ヶ谷富久町一一八 父 苗吉	復[illegible]
召解	軍属		内海薫 明三六.一〇.一〇	〃 荒川区町屋三ノ一三八二 妻 みゑ	
19.9 [illegible]	〃		宇野誠 大四.一二.一七	〃 杉並区阿佐ヶ谷三ノ五〇六（神奈川県鎌倉[illegible]） 母 寿枝	〃 [illegible]
召解 20.8.26 29 [illegible]			松田徳次郎 明四〇.一.一七	〃 下谷区金杉町一丁目二ノ五（京橋区[illegible]町五ノ五） 妻 アイ	〃 [illegible]

99

東京

所屬部隊：関東軍防疫給水部（満六五九）

處決	兵種	官等	氏名	本籍（留守擔當者現住所續柄名）	摘要
24.10.4 召解	技師	三等	安[illegible]洪次 昭二.十二.二〇	東京都大[illegible]区[illegible]町五五三 妻 [illegible]（京都市左京区下鴨北園町七〇ノ八 村瀬由郎方）	24.12.1 処理済 大連引揚
20.10.[illegible] 召解	〃	五等	[illegible]正二郎 大六.六.十	〃 淀橋区戸塚町三丁目一二三 妻 芳子	ハルビン 京卯
召解	嘱託		秋元寿恵夫 明四一.三.一三	〃 小石川区大塚窪町一一 妻 [illegible]	
	雇		大塚昇	東京都[illegible] 妻 [illegible]	
	医	少将	北野政次	〃 世田谷区代田一丁目六五二 妻 八重子	
20.8.26 召解 ⑦	雇		小宮宗次郎 大三.七.十五	〃 荏原区中延町五〇二 妻 スミ	ハルピン 京卯
20.9.1 召解	医	少佐	作山元治	〃 渋谷区代々木富ヶ谷一一三八 妻 [illegible]	ハルピン 京卯
20.8.26 召解 ㊴	技	准	坂井金太郎 大三.十一	東京都杉並区西荻窪 北多摩郡国分寺[illegible]	ハルピン 京卯
召解	雇		藤原[illegible] 明三八.八.一〇	〃 杉並区方南町一一二 妻 君子	
22.3.14 召解	嘱		宮野[illegible] 昭二.五.[illegible]	〃 下谷区上根岸町[illegible] 父 運則	[illegible]
関化学部隊ニ転属	〃		高橋[illegible]	東京都	
22 召解 ㊸			田上[illegible] 大十五.十.十四	東京都豊島区西巣鴨[illegible] 父 [illegible]	通報

100

東京都、

關東軍防疫給水部、

處決	兵種	官等	氏名	本籍（留守擔當者現住所續柄名）	摘要
20.10.20 召解	衛	上	長谷周一 明四二.一一	東京都牛込区◯◯町一八（杉並区天沼三ノ七四三）妻 澄子	調査中
	〃	雇	成田和子 大一三.三.一二	〃 大森区雪谷町六八九 父 二郎	調査中
21.6.2 召解	傭		福村彦三 明三五.四.五	〃 本所区横網五番地 養母 せん	
21.9.25 召解		雇	高木光一郎 明四四.九.一四	〃 淀橋区下落合三ノ一三三三 妻 富美子	
24.9.22 召解	現・技 從・衛	少佐	大川靖純 大6.4.20	東京都四谷区新宿三丁目一〇八番地（〃 四谷区役所気付）	（東京都） 24.10.2記入

101

所屬・部隊	處決兵種	官等	氏名	本籍（留守擔當者現住所續柄名）	摘要
関東軍防疫給水部	召解	雇	遠山美子 大九.十.二八	東京都[illegible]丁目一〇三 夫 遠山美之雄	[illegible]解任 [illegible] 24.10.4.

~~井島田十郎方 [illegible]板橋区板橋~~

102

東京

所屬部隊 関東軍防疫給水部　昭20.1.1調

處決	兵種	官等	氏名	本籍地・留守担当者現住所續柄氏名	摘要
20.8.26 召解		傭人	宮村かね 大二・二・二〇	渋谷区千駄ヶ谷二ノ四ノ四　父 米次郎	ハルピン京河 [illegible]
20.9 召解		雇	村田道淳 大七・一二・三	仝 区 仝 三ノ五三三　父 道憲	世 [illegible]
20.9 召解	薬	中尉	山口一孝 明四五・七・二八	淀橋区角筈三ノ五九一四八 (世田ヶ谷一ノ三六大場信續方)　妻 典子	(20.2.20)
歩ク連八 重病(名)	衛	上	山田幸衛 大三・五・五	板橋区豊玉北五ノ一五　父 文次郎	
召解		雇	山口武夫 明四〇・一・一	小石川区小日向町五八 (石川県鳳至郡輪島町 [illegible])　妻 花子	
歩ク 20.10.1 戦病死 [illegible]	衛	兵	山田三 大13.5.5	東京都練馬区豊玉北町5丁目1508の1 (同右)　父 文次郎	20.9.15 (公) 死亡者東京GO(4)508による / 20.11 [illegible]

101 100 99 98 97

103.

[illegible] 26.12.14

所属部隊	関東軍防疫給水部（満一五五、徳二五二〇一） 調
処決	24.10.30 召解
兵種官等	
氏名	渡邊富作 大7.3.20
本籍（留守担当者現住所続柄氏名）	山梨県[illegible]郡[illegible]村二五四 富之助
摘要	山世発二〇一九〇号 未決記入す 山世発 26.3.14 関係人名簿により

104

所属部隊	関東軍防疫給水部孫呉支所（満六七三） 調
処決	四平神武屯陸病へ 21.5.10 送付
兵種官等	衛一
氏名	高見澤光男 大12.3.1
本籍（留守担当者現住所続柄氏名）	山梨県北巨摩郡清春村片嵐一六一 養父 爵重
摘要	21.9 北安(死)

（117）

所属部隊	関東軍防疫給水部（満六五九） 佐々
処決	了解
兵種官等	軍属
氏名	中込義則
本籍（留守担当者現住所続柄名）	山梨県中巨摩郡田富村山之神三四六二 父 近義
摘要	

所属部隊	関東軍特設情報隊撫河監視所（満一五九） 防疫給水部 佐々
処決	
兵種官等	
氏名	渡辺富作
本籍（留守担当者現住所続柄名）	山梨県南都留郡忍野村二九四四 父 富之助
摘要	

(102)

105

所属部隊　關東軍防疫給水部（六五九）

歸還年月日	階級官等	氏名	本籍（留守擔當者現住所續柄名）	摘要
年 月 日 還 濟	雇員	相川富男	山梨縣中巨摩郡野之瀬村下市之瀬一四六 父 鉄太郎	
20年9月27日 還 濟	衛中尉	内田應	〃 東山梨郡荒山村一四番地 妻 志な子	○
20年 月 日 還 濟	雇員	萩野貞一	〃 中巨摩郡三惠村赤部二二一六 妻 かねじ	
年月日不明 歸還 濟	雇員	小俣者明	〃 北都留郡島田村鶴島一〇三四 父 隆藏	
20年9月18日 還 濟	雇員	田原文次郎	〃 南巨摩郡鰍澤町八〇 妻 とく	
20年9月 還 濟日	傭人	立川一郎	〃 東八代郡市川大門町一三六七 父 勘雄	
年 月 還 濟日	技 雇員	千島德藏	〃 甲府市廣庭町一 妻 通	
召解 10.4	技師	中込[illegible]	〃 中巨摩郡飯野村三三七八 妻 和 父 晋一	大連[illegible]
歸還 濟日	理 上	藤田清	〃 北都留郡岩殿村八澤大八一 父 公吉	
21年9月4日 還 濟	雇員	古屋進	〃 東山梨郡西保村中四二〇 父 義澄	
21年2月20日 還 濟	〃	藤森竹雄	〃 甲府市上一條町一八 妻 花	
年不明	傭人	森本[illegible]	〃 中巨摩郡田富村今福一九九 父 眞一	

20.1.1 調製

106

22

所属部隊　関東軍防疫給水部

区分	官等	氏名	本籍（留守宅担当者現住所續柄名）	摘要
22.8. 日歸		矢崎博子	山梨県北巨摩郡韮崎町二七一六 父 善[illegible]	
20.9.1 復員 現役	大尉	渡辺定友	〃 南都留郡大嵐村九〇 甲府市紅梅町六 父 卓雄	
召20.8.29 (七)	工准	植松宗一郎 大4.2.11	山梨県[illegible]郡[illegible]田村 父 順作	神奈川[illegible]

107

16

山梨

所屬部隊 関東軍防疫給水部（満六五九）

認決	兵種	官等	氏名	本籍（留守擔當者現住所續柄名）	摘要
21年6月2日 認		雇	小沢春吉	山梨県八代郡豊富村[illegible]番戸 父 [illegible]作	
21年 月 日 認 復		傭	中島庸登子	東山梨郡[illegible]荻原三一八三 父 [illegible]	

108.

15

山梨縣

所屬部隊：關東軍防疫給水部

處決	兵種	官等	氏名	本籍（留守擔當者現住所續柄名）	摘要
召解	不明	大尉	長田政男	山梨縣中巨摩郡敷島村 津村[illegible] 不明	第370造兵廠 [illegible]
備			中込義則	中巨摩郡[illegible]村山道 三四六 父 近義	
復	〃	〃	廣瀬重一	東山梨郡玉宮村平沢三〇八 妻 ○○の	

109

氏名

東籍千葉

○

25.4.17 召解

所属部隊	関東軍防疫給水部牡丹江支部 満二五二〇三 満六四三
兵種官等	属
氏名	田邊壽 大11.6.5
本籍（留守担当者現住所続柄氏名）	横浜市西区浅間町一ノ五三 妻トシ子
摘要	P.W. 22.1.15

石井実

東籍千葉につき削除

済

110

神奈川

神奈川ノ

關東軍防疫給水部（滿六五九）

處決	兵種	官等	氏名	本籍（留守擔當者現住所續柄名）	摘要
20.9.2 解	雇		河部周藏	神奈川縣横濱市保土ヶ谷區宮田町三ノ二九一 養母 [illegible]子	
20.9.2 解	傭		阿部千代子	〃 横濱市保土ヶ谷區宮田町三ノ二九一 母 はじめ	
20.11.5 解	技手		井上政善 昭四、六、八	〃 愛甲郡中津村中津（長野縣[illegible]）妻 [illegible]子	〃 [illegible]
21.9.4 解	雇		井上祐長	〃 川崎市末長八八 妻 よしゑ	
21.2.30 解	〃		井上旅藏	〃 川崎市末長八八 妻 つね子	
22.8.22 解	〃		石井理作 大九、三、一〇	〃 足柄上郡南足柄町一三一〇 父 福太郎	〃 [illegible]
20.8.30 解	〃		石井朝雄	〃 高座郡寒川町大藏八六七 妻 タケ	
[illegible]	傭	准	植[illegible]郎 大四、二、八	〃 津久井郡[illegible]（山梨縣[illegible]）父 [illegible]作	（[illegible]）
22.5.10 解	雇		大曾根春雄	〃 足柄下郡[illegible]村[illegible]川三三四 父 文之	
22.1.29 解	〃		河田勝人 大四、三、一四	〃 鎌倉市雪ノ下六四九 妻 [illegible]子	〃 [illegible]
[illegible] 解	〃		[illegible]持嘉男	〃 小田原市緑一丁目三 父 林藏	
無	[illegible]	曹	佐藤[illegible]雄	〃 横須賀市[illegible] 兄 [illegible]	

111

神奈川 2

本人の申立
21.2.11
仙崎上陸、
㊥から ??
35.1.27.

所屬部隊 関東軍防疫給水部（二五二〇三）（満六五九）

牡丹江支部

重複 三ッ矢

百十一師団 防疫給水部

處決	兵種	官等	氏名	本籍（留守擔當者現住所續柄名）	摘要
20.12.15 解	技	大イ	鈴木二郎 大十七	神奈川県横浜市中区元町五丁目二〇三 兄 光雄（宇和島市追手通り1）	〃 白名票により返送
20.9.18 B 解	雇		田中清次	〃 高座郡座間町 ?? 又治	
21.2 B 解	〃		田辺氏夫 大三五三	横浜市西区江向町一丁目五三 妻 利江	
			田口寿	〃 西区浅間町 ??	

16件

112

23

神奈川縣

所屬部隊	處決	兵種	官等	氏名	本籍（留守擔當者現住所續柄名）	摘要
關東軍防疫給水部		雇	員	西野由蔵 大七.三.一	神奈川縣川崎市小田町二ノ六七 妻 マサエ	
		婦		影嶋トミエ 大ヒ.ニ.十九	〃 津久井郡 野竹 六八 父 寅吉	
	20.8.1 [illegible]	伍	二	野口一雄 大13.12.1	〃 横浜市中区三吉町4ノ3（山梨縣甲府市積翠寺町）	

18冊

113

名簿

所屬部隊	關東軍防疫給水部		
處決	無届	召解 無届	無届
兵種	医		
官等	大尉	雇	〃
氏名	千野[illegible] (ちの) 大八.三.壬	永島能三 三ノ	中山正四郎 大四.八.十九
本籍（留守擔當者現住所續柄名）	神奈川県横浜市西区戸部町四ノ一一〇 妻 千野壽子	〃 愛甲郡小鮎村古沢七四七 長 永島[illegible]	〃 横浜市鶴見区鶴見町七〇六 父 中山藤四郎
摘要	九	九	九

19 20 21

名

神奈川

所属部隊　関東軍防疫給水部　昭20.1.1調

処決	兵種	官等	氏名	本籍（留守担当者現住所続柄名）	摘要
無届		雇	三浦文敏	横浜市鶴見区八幡町八（南区長浜町二八九）　父　清次郎	[illegible]記入
20.8.20 召解	技	大尉	安田忠治	横須賀市汐入町二三〇　妻　綾子	〃
召解	ー	傭人	蒲生周司	横浜市西区表高島町九五四（青森県[illegible]郡野辺地町字[illegible]（一〇三））　涼[illegible]	

24 23 22

115

防紡隊

14—5

四班

北回

115-10

未名

所属部隊　関軍防疫給水孫呉支部　埼玉県

處歿

階級

官

氏名　小河原米吉

本籍（留守担当者現住所・続柄）

埼玉[illegible]四九　父　金太郎

摘要

廿日死亡者名簿中掲載者にあり　25.10.2　資料名簿　5170

埼玉

116

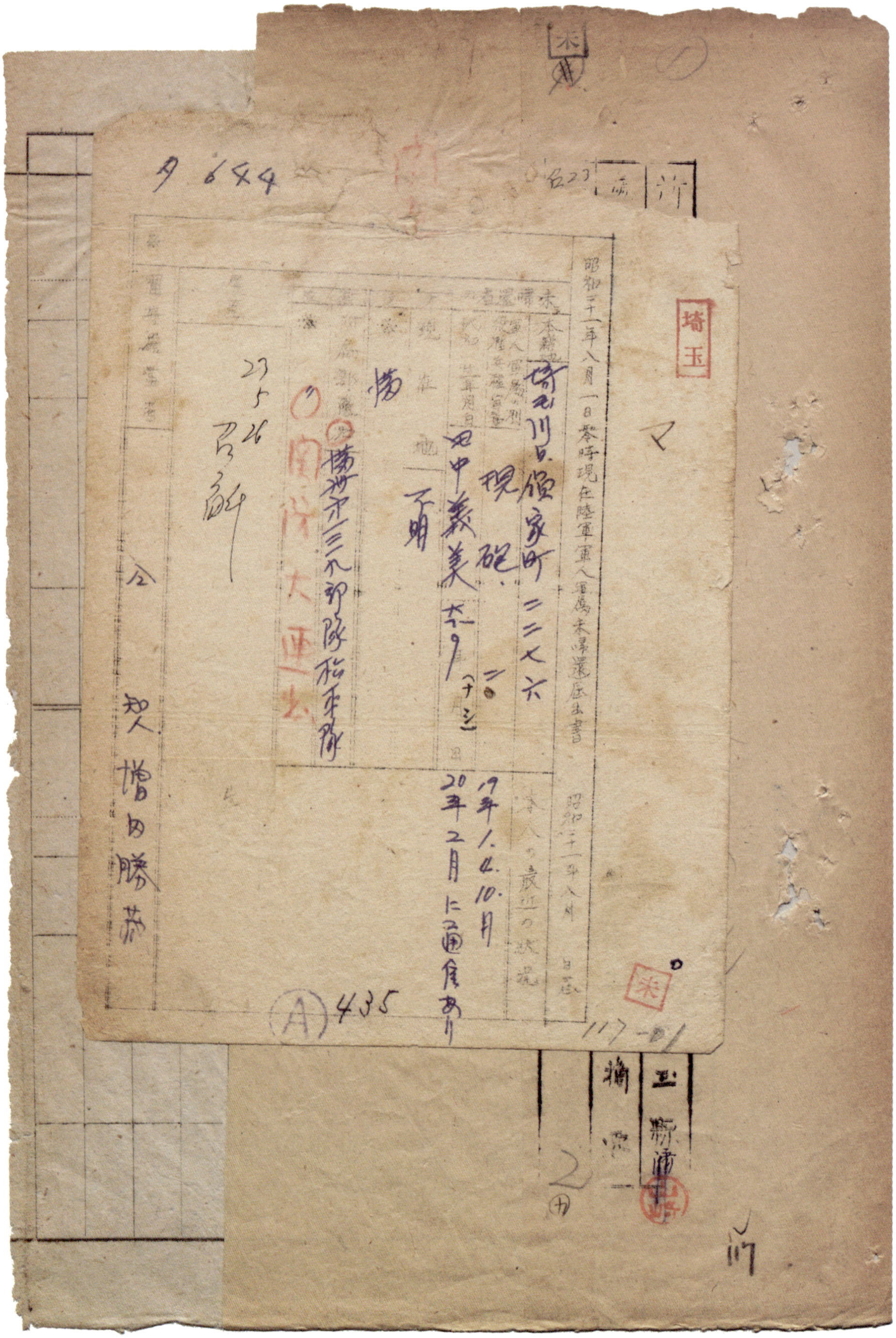
タ644
昭和二十一年八月一日零時現在陸軍軍人軍属未帰還届出書
埼玉
本籍地 埼玉川口領家町二二七六
現砲、
田中義美
大一9 二(十三)
現在地 不明
満洲第三九部隊輸送隊
関東大連出
19年1.4.10月
20年2月に通信あり
今入の最近の状況
23 5 26
知人 増田勝恭
435
117-01
マ

所属部隊	関東軍防疫部大連出張所（満ヒ一九）	埼玉縣浦和
決定兵科 [illegible]	氏名	本籍（留守担当者現住所続柄氏名）	摘要
④ 一	田中義丸	川口市領家二〇八六 婦人 増田時蔵	2

関東軍防疫給水孫呉支

所属部隊	最終兵種官等	氏名	本籍（留守宅住所氏名）	摘要
除隊 召解 ㊥	衛	志村九平	埼玉県大里郡花園村大字武蔵野一三六 妻 みな	
20.11.3 召解 ㊥	歩上	島村秋義 大正十一年	〃 北埼玉郡小寄村三六二七 父 宣吉	
20.8.26 召解 ㊥	衛	志村武夫 大正十一年八	〃 熊谷市大字原嶋七三一（伊奈村） 妻 シゲ	ハルピン東方 24.12.14 呼出調査の結果
除隊 召解	〃	清水忠三郎	〃 大里郡岡部村大字岡部八九六 父 仲太郎	
20.8.26 召解 ㊥	〃	田野文雄	〃 秩父郡白鳥村大字下田野百三五 父 新作	
召解	〃	富沢彦治	〃 南埼玉郡日勝村大字外田ヶ谷一一九 妻 文子	
召解 ㊥	歩上	野口義信 大正九年四月	〃 北足立郡石戸村大字下石戸下六一四 兄 徳善	
20.8.22 召解 ㊥	衛	野沢幸行	〃 南埼玉郡須賀村大字和戸七八（北本宿村） 父 恵吉	ハルピン東方 24.12.14 呼出調査の結果
20.8 召解 ㊥	〃	橋本榮市	〃 児玉郡仁手村大字下仁手四四 妻 まさ	
戦病死 19年7月18日	〃	土師榮	〃 児玉郡丹荘村大字肥土一〇三 妻 すい	状況 月日は廿三日に会い 場所 月日 判明 記入
召解	〃	早津喜次郎	〃 北葛飾郡富多村大字上吉妻四四五 妻 宣子	
21.6.10 召解 ㊥	〃	早船三郎 大正八年	〃 川口市大字源左衛門新田 父 治兵衛	

118

3

関軍防疫給水部 孫呉支

未　東部 20.5.23

所属部隊	兵種官等	氏名	本籍（留守担当者住所氏名）	摘要
29.9 召解	衛	橋本繁雄	埼玉県川口市金山町一六六ノ一 母 八十	ハルピン東方 20.12.16 降伏の結果
召集解除 召解 主	書	篠原隆二	〃 熊谷市大字熊谷二番ノ二 妻 直子	七三
召集解除 召解	衛	松本[illegible]正	〃 北埼玉郡田ヶ谷大字道地一六〇ノ二 父 [illegible]之助	
除 召解 准	上	町田重穂	〃 大里郡吉見村大字玉作八五ノ二 兄 [illegible]	
召集解除 召解	衛	水村徳造	〃 入間郡霞ヶ関村笠幡三三六八 父 [illegible]吉	
召集解除 召解	〃	森谷高次郎	〃 熊谷市宮瀬町大字広瀬一〇四 兄 政吉	
召集解除 召解	〃	山下光雄	〃 南埼玉郡須賀村字須賀一六六六 父 大三門	
除 召解 准	上	横田治	〃 比企郡松山町大字松山四三〇 妻 淑子	
戦 済 戦病死 19年7月1日 於マリヤナ諸島	衛	若林伊之助	〃 南埼玉郡三箇村大字三箇八七六 妻 みち	廿二.[illegible] 所[illegible]月日 [illegible] 判明ス

119

1

関軍防疫給水孫呉支　20.11.1 調製

所属部隊	兵種官等	氏名	本籍（留守担当者住所続柄氏名）	摘要
20.8.26 召解	衛	荒井大次郎 明四十二.十一.一	埼玉県南埼玉郡菖蒲町大字新堀一 妻 千代子	ハルピンより（20.10.10 呼掛の結果）
20.8 召解	〃	石川昭次 昭十四.二.二十	〃 越ヶ谷町四五五一 父 次郎吉	
20.8 召解	〃	浦野靖作 明四十.十二.十	〃 大里郡明戸村大字堀米二三七〇 父 竹三	
除 召集解除	〃	奥富克二	〃 入間郡堀兼村大字加佐志一八五一 妻 [illegible]	
20.8.26 召解	〃	大島盛行 大三.五.十四	〃 比企郡西吉見村大字長谷八〇 妻 すゞ子	ハルピンより（20.10.10 呼掛の結果）
除	〃	川合茂	〃 秩父郡大滝村大字大滝五三〇八 父 廣太郎	
除	〃	金子直	〃 大里郡私市村大字武蔵野一六八六 妻 麻子	
召集解除	〃	加藤美喜男	〃 入間郡名栗村下名栗三五六 兄 勇太郎	
召集解除	〃	笠松光雄	〃 南埼玉郡河合村大字平林寺二八一 父 義久	
20.8 召解	〃	神田昌江 明四十四.六.九	〃（熊谷市）大里郡佐谷田村戸出一〇五二 父 武蔵	
	〃	小山博 明四十五.六	〃 大宮市大字大宮三二三八 父 松次郎	読売ありし（也）
	〃	河野昭一司 明四十.十.十七	〃 北足立郡馬室村大字二ツ宮五三七 妻 よし子	埼玉なし（也）

120

埼玉

所屬部隊：関東軍防疫給水部（満六五九）

處決：20.8.24 召解

兵種 官等：雇

氏名：栗田武治郎 大二七七

本籍（留守擔當者現住所續柄名）：埼玉県大里郡寄居町大字[illegible]浦[illegible]五百六三番地

摘要：

1/2 〃 腰塚政一 〃 熊谷市大字[illegible] 兄 鶴雄

28

28.7.27

121

埼玉

所屬部隊	関東軍防疫給水部（満六五九）
處決	20.8.28 昌鐸
兵種	雇
官等	六
氏名	古川正三郎 大10.1.15
本籍（留守擔當者現住所續柄名）	埼玉県南埼玉郡越ヶ谷町四六六 兄 喜一郎
摘要	

122

名簿

No. 13

処置	兵種官等	氏名	本籍（留守担当者現住所続柄名）	摘要
二〇、八、一四 解	病	高師辰夫	千葉縣夷隅郡古澤村桑田二六九八 父 金治	
20.10.25 解	〃	常世田昭二	〃 海上郡飯岡町平松浜一五七 父 文藏	[illegible] 660号による
〃	属	大野榮一（大13.8.10）	〃 夷隅郡上瀑村横山一三四 兄 年春 父 軍治	
二一、九、八 解	軍医少佐	高橋正藏	〃 長生郡高根村本郷四九三 父 政一	

所属部隊 関東軍防疫給水部ハイラル支廠（徳第二五〇五部隊・五四三部隊）済

処置	兵種官等	氏名	本籍（留守担当者現住所続柄名）	摘要
二二、七、八 解	属	中村喜六	千葉縣市原郡湿津村潤井戸一〇三六 母 やす	[illegible]

123

済

NO. 14

所属部隊　関東軍防疫給水部牡丹江支部（徳二五二〇三部隊、六四三部隊）済

處決	兵種官等	氏名	本籍（留守担当者現住所続柄名）	摘要
召解 二〇、四、一六	工兵	石田吉五郎	千葉県印旛郡六合村萩原一一七六 妻さき	(力)
召解 （二〇、一、一六）	衛生	太田益夫	〃 長生郡太東村稚木一六六八 兄弥一	
21.6.12 召解	工	大矢寅男（大三、五、二）	〃 香取郡多古町多古二三八〇 〃 西琫郡豊栄村積 文音吉	3
戦病死 二〇、三、二八	属	島崎庄藏（大六、八、一六）	〃 長生郡一松村甲五百 兄正一	
21.5.16 召解	〃	立川好（明三八、一、三〇）	〃 安房郡健田村大貫 従兄寛治	三名により状況記入 (力)
22.1.4 召解	〃	松本幸三郎	〃 銚子市東町三七二 外川町 妻トリ	一 (力)
召解 二〇、六、二八	衛兵軍曹	峰島福次	〃 夷隅郡長者町江場土六四六 妻せつ	(力)

124

未
済

所属部隊 関東軍防疫給水部（満第二五一〇部隊・六五九部隊）本

兵種官等	氏名	本籍（留守担当者現住所続柄名）	摘要
兵長	足立榮	千葉縣山武郡瑞穂村神房四二七 兄 実	23.7.15
〃	小関重雄	〃 長生郡東浪見村四九〇四 父 繁蔵	23.3 PW（死） 24.11.5 ハバロフスク甲
〃	鈴木義夫	〃 印旛郡安食町矢口一三九 父 松次	正
〃	瀬川秀処	千葉郡鷲田村野田千文字 父 重蔵	

23.7.8 舞鶴 陸復
28.10.1 舞鶴召解
在マニラ 21.3.22
召解 三一〇七

済

所属部隊　関東軍防疫給水部林口支部(満第二五二〇四部隊)資

処決	兵種官等	氏名	本籍(留守担当者現住所続柄名)	摘要
戦病死 21.2.2	伍長	鷹中八郎 大8.3.20	千葉県夷隅郡御宿町高山田二〇四八 母うめ	ウスリ州ヴォロシロフ地区 急性肺炎
二一.一〇.一四 部	軍医少佐	細矢博	〃 長生郡鶴枝村下永吉二〇四 父寛	(カ)

126

所属部隊　関東軍防疫給水部（徳二五〇一、六五九）

處沢	兵種	官等	氏名	本籍（留守担当者現住所續柄名）	摘要	
		雇員	秋葉碧	千葉県印旛郡遠山村根木名五三（父豊）		該当なし
		〃	秋葉三郎	〃香取郡多古町多古四七一（妻静江）		該当なし
	医	中将	石井四郎	〃山武郡千代田村大里一三八二（妻清子）	現 東京都新宿区若松町77	該当なし
		技師	石井三男	〃〃（妻トシ）		該当なし
召解		嘱託	石井剛男	〃〃（妻操）		通報ニ依ル
21.4.17 召解	衛	準尉	今井言次	〃君津郡中川村横田一七〇一（妻ミヨ）		通報ニ依ル
召解		技手	石井慎一郎	〃山武郡千代田村大里九七四（妻まさ）		通報ニ依ル
召解		〃	飯田辰巳	〃香取郡多古町飯笹一三五（妻千枝子）		通報ニヨル
召解		〃	石井渡	〃長生郡関村藤島七一九（妻薫）		通報ニヨル
20.8.20 召解	歩	上	石井五郎	〃長生郡鶴枝村野牛一五三六（兄定治）		通報ニ依ル
召解	〃	〃	伊藤五郎吉	〃海上郡椎柴村野尻一九五九（母クニ）		通報ニ依ル
召解		雇	石井勇	〃山武郡千代田村大里一一〇四（母きこ）		通報ニヨル
召解		〃	飯岡誠一	〃海上郡椎柴村小船木四三五（父五郎蔵）		通報ニヨル

127

所属	召解	身分	氏名	本籍（家族）
世通報厰	召 解 19.7.14	〃	伊藤八郎（大[illegible]）	〃 匝瑳郡[illegible]賀村大字高[illegible]七三七（妻[illegible]）
世通報厰〃	召 19.3.? 解	〃	飯田信男（大十三.十二.十五）	〃 香取郡多古町島三三九（父福太郎）
世通報厰〃	召 解	〃	伊藤俊雄	〃 印旛郡富里村根木名七四三（父晴源）
世通報厰〃	召 解	〃	石井榮（明四三.五.[illegible]）	〃 山武郡千代田村大里四八六（妻民枝）
世通報厰〃	召 20.8.30 解	〃	石井隆	〃 香取郡久賀村東三倉八三三（妻たい）
世通報厰〃	召 21.2.28 解	〃	石井恒久（大十.[illegible].三）	〃 山武郡山辺村金谷郷七〇三（妻富）
世通報厰〃	召 解	〃	石井正雄（明四[illegible].七）	〃 山武郡千代田村大里一五五（妻ミツ）
世通報厰〃	召 解	傭人	石井貞子（大十五.十.七）	〃 長生郡関村移島一七九（哈爾浜満洲[illegible]官舎[illegible]三[illegible]）
世通報厰〃	召 解	雇	石井實一	〃 山武郡千代田村大里四八六（妻ヨネ）
	召 解 20.8.26	〃	石井正平（大五.[illegible]）	〃 山武郡千代田村大里一四〇〇（妻よし）
世通報厰〃	召 解	〃	伊藤定夫（大十二.十.十五）	〃 山武郡二川村芝山三三五（父幸次郎）
世通報厰〃	召 20.9.? 解	〃	石井誠（大七.[illegible]）	〃 香取郡飯高村大堀六六八（父[illegible]）
世通報厰〃	召 解	〃	井月政七（大八.二.二）	〃 安房郡神戸村藤原之九三一（父源治）
世通報厰〃	召 解	傭	岩澤甚（[illegible]）	〃 山武郡千代田村飯櫃四〇七（父寅之助）
世通報厰〃	召 解	株江[illegible] 雇	岩井環（大七.[illegible]）	〃 印旛郡大倉村松崎一〇九（妻幸子）
世通報厰〃	召 解	傭	石井登（明三二.九.二九）	〃 山武郡千代田村大里一四〇〇（母キイ）

ハルピン二〇〇 21.12.16 [illegible]

35 34 33 32 31 30 29 28 27 26 [illegible]

128

所属部隊　関東軍防疫給水部（徳二五二、六五九）

處次		兵種官等	氏名	本籍（留守担当者現住所續柄名）	摘要
世通報依〃	召解	傭人	石井ゆき	千葉縣山武郡千代田村大里一四〇ノ（滿洲七三一部隊官舎 父男）	○
世通報依〃	召解	〃	飯田幸子	〃香取郡多古町飯笹三二五（滿洲平房五九部隊 父辰巳）	○
世通報依〃	召解	技手	爪生蝶二	〃印旛郡八街町八街に二二五（妻サダ）	○
世通報依〃	召解	雇員	鵜澤小三郎	〃長生郡大東村推木一〇五二（父小平治）	
(A)	20.8.21 召カイ	〃	内山勝	〃長生郡茂原町茂原三八二（妻ナツ）	
(A)	21.2.27 召カイ	〃	鵜澤[illegible]	〃山武郡多古町[illegible]倉一九一（妻多か）	ハルピン方面
世通報依〃	21.2.? 召解	業務手	大木五郎吉	〃海上郡旭町イ一三（妻りち）	
香[illegible]		衛生	木村[illegible]	〃香取郡[illegible]	
世通報依〃	20.8.20 召解	雇員	小野木正三郎	〃印旛郡船穂村武西五三（妻ミサ）	
世通報依〃	20.9.10 召解	〃	大久保吉之助	〃（[illegible]）中川村行川（[illegible]）	
世通報依〃	召解	業務手	大竹金三	〃山武郡千代田村大里一五（[illegible]ハナ）	
世通報依〃	召解	雇	小川乙之	〃東葛飾郡平賀村金山[illegible]七（妻きみ）	
世通報依	召解	〃	久川[illegible]助	〃匝瑳郡[illegible]川口二七八（妻きよ）	

42 41 40 39 38 37 36

129

処 通報依頼	召 解	✓	〃	小川辰男 明四十[illegible]	〃山武郡千代田村大[illegible]二七六七（父寅吉）
処 通報依頼	召 20.12.1 解	✓	技手	加瀬理一 明四[illegible]	〃香取郡多古町[illegible]間倉一八七（妻りん）
処 通報依頼	召 20.9.1 解	✓	業務手	片岡政司 明三[illegible]	〃香取郡吉田村吉田三〇五（妻孝）
処 通報依頼	召 18.12.1 解	✓	雇	相倉富造 大五.二.十三	〃香取郡多古町多古三三四五（妻シヅ）
処 通報依頼	召 20.9.10 解	✓	〃	川口七郎 大七.二.[illegible]	〃〃〃二〇七一（父榮吉）
処 通報依頼	召 20.8.19 解	✓	〃	加瀬佐一 大五.[illegible].二九	〃海上郡嚶鳴村後草二三五五（マサ）
処 通報依頼	召 19.1.29 解	✓	〃	海保義一 大三.[illegible]	〃山武郡上堺村萩谷七（妻多[illegible]）
処 通報依頼	召 解	✓	傭人	片岡孝 明四十二.九.二九	〃香取[illegible]郡吉田村吉田三〇一五（満五六九七部隊 大延司）
処 通報依頼	召 20.8.26 解	✓	雇	木内直治 明三十二.一.七	〃香取郡多古町喜多七七三（妻たね）
処 通報依頼	召 20.8.26 解	✓	傭人	木内とく 昭十一.十八	〃〃〃（母タネ）
処 通報依頼	召 20.8.17 解	✓	雇	國藤清 大九.十.一五	〃長生郡吉澤村岩熊二〇五七（父末吉）
処 通報依頼	召 20.9.10 解	✓	技手	五木田孝 明四十.八.二	〃山武郡二川村芝山三八ノ〇（妻みき）
処 通報依頼	逓 19.8.27 解	✓	雇	小林倉吉 大[illegible].八.十一	〃匝瑳郡八日市場町イノ一二八三七（同県香取郡多古町十八[illegible]方 妹[illegible]）
処 通報依頼	召 20.8.22 解	✓	〃	越川清吉 明三十[illegible].五	〃山武郡横芝町鳥喰上三九（父清三郎）
処 通報依頼	召 解	✓	〃	近藤鐵雄 大[illegible].二.一五	〃千葉郡睦村吉橋二四五七（妻スズ）
処 通報依頼	召 解	✓	傭	越川良雄 昭二.五.[illegible]	〃山武郡千代田村飯櫃一一〇（父操）

-130-

所屬部隊 関東軍防疫給水部（德二五〇一、六五九） 20.1.1 調製

復員	兵種官等	氏名	本籍・留守擔當者現住所續柄名	摘要
世通報済 21.5.10 召解	屬	佐久間正二	千葉縣香取郡多古町喜多九〇（母とめ）	
世通報済 召解	技手	齋藤俊雄	山武郡大和田村大里一八四（妻せつ）	
世通報済 20.8.26 召解	業務手	佐藤正雄	香取郡多古町喜多九五五（妻かね）	
世通報済 召解	技 雇員	齋藤通重	〃 香取郡多古町五反田七二六（妻なみ）	
世通報済 20.8.30 召解	〃 〃	櫻井辰之助	〃 久賀村高津原二九九（妻エイ子）	
世通報済 20.8.26 召解	防疫 〃	佐久間清	〃 多古町喜多九四（妻とく）	
世通報済 20.8.26 召解	〃	佐藤清	〃 〃 九五五（祖父鶴吉）	
世通報済 召解	〃	齋藤和人	〃 山武郡大和田村大里一八四（父嘉宗）	
世通報済 20.12.10 召解	〃	坂田靖	〃 香取郡大須賀村横山五八一（父平太郎）	
世通報済 20.8.26 召解	傭人	佐藤浩一	〃 〃 多古町喜多九九二（母かね）	
世通報済 23.1. 死亡	雇員	笹子節子	〃 安房郡白浜三原村大字下三原三九〇（義 ）	世 生存所不明
世通報済 召解	鐘 〃	志賀善作	〃 匝瑳郡八日市場町八二四（妻 ）	

131

所屬部隊 関東軍防疫給水部（満二五〇一、六五九） 20.1.1 閉鎖

欄外	處決	兵種	官等	氏名	本籍（留守擔當者現住所續柄名）	摘要
㊥通報ニ依ル	21.5.10 召解	屬	〃	佐久間正二（大九・十二・二）	千葉縣香取郡多古町喜多九〇（母とめ）	
㊥通報ニ依ル	召解		技手	齋藤俊雄（明四三・…）	〃山武郡大代田村大里一八四（妻せつ）	
㊥通報ニ依ル	20.8.26 召解		業務手	佐藤正雄（明…）	〃香取郡多古町喜多九五五（妻かね）	
㊥通報ニ依ル	召解	技	雇員	齋藤通男（大三・…）	〃香取郡多古町五反田七一三（妻なみ）	
㊥通報ニ依ル	20.8.30 召解	〃	〃	櫻井猿之助（大五・十・…）	〃久賀村高津原二九九（妻エイ子）	
㊥通報ニ依ル	20.8.26 召解	防疫	〃	佐久間清（大十一・十二・…）	〃〃多古町喜多九〇四（妻とく）	
㊥通報ニ依ル	20.8.26 召解		〃	佐藤清（大…）	〃〃〃九五五（祖父鶴吉）	
㊥通報ニ依ル	召解		〃	齋藤和行（大二・二・…）	〃山武郡大代田村大里一八四（父嘉宗）	
㊥通報ニ依ル	20.12.10 召解		〃	坂畑靖皓（大八・…）	〃香取郡大須賀村横山五八一（父平太郎）	
㊥通報ニ依ル	20.8.26 召解		傭人	佐藤浩一（昭五・一・五）	〃〃多古町喜多九五二（母かね）	
㊥通報ニ依ル	召 亡		雇員	安部節子（大五・…五）	〃安房郡富三原村大字下三原二九〇（義弟[illegible]）	㊥ [illegible]
㊥通報ニ依ル	召解	調理	〃	志賀善作（大七・…）	〃匝瑳郡八日市場町八二四（妻みつ）	

62 … 66 67 68 69 70 71 72 …

131

所屬部隊　関東軍防疫給水部（満二五〇〇、二五九）　20.1.1調製

	處遇	兵種	官等	代名	本籍（留守担当者現住所続柄名）	摘要
世通報ニ依ル	20.10.30 召解		雇員	寶川作藏（明四三.二.八）	千葉県香取郡常盤村東松崎一九三（妻まさ）	
世通報ニ依ル	20.8.21 召解		〃	篠崎正男（明四四.二.九）	〃山武郡正氣町小関二三五二ノ三（妻まさ）	
世通報ニ依ル	召解		〃	椎名義雄（大七.四.二二）	〃香取郡[illegible]川町[illegible]川一六二一（妻[illegible]）	
世通報ニ依ル	召解		〃	椎名清（大五.二.十七）	〃 〃 中村北中久保三四九（妻とく）	
世通報ニ依ル	20.8.21 召解		傭人	椎名タケ（昭五.十二）	〃 〃 中村久保三〇五〇（姉とく）	
世通報ニ依ル	22.3.11 召解	写真	〃	神静江（大九.九）	〃銚子市松本町一九三九（兄喜代治）	
世通報ニ依ル	召解		〃	青水キヨシ（大八.一.九）	〃夷隅郡総元村部田十六（父文亮）	
世通報ニ依ル	20.8.31 召解	歩	兵長	杉田信治（大元.五.二四）	〃安房郡西條村色七〇六（父貞次）	
世通報ニ依ル	20.9 召解	技	雇員	鈴木進（大九.五.二一）	〃山武郡成東町沼田三二九（父仲）	
世通報ニ依ル	20.8.25 召解		〃	菅井一雄（明三八.七）	〃 〃 二川村新井田三七八（妻はま）	
世通報ニ依ル	召解		〃	鈴木堯（大八）	〃 〃 大總村中台二六五一（兄潔）	
世通報ニ依ル	召解		〃	鈴木明治（明三三.四.二二）	〃木更津市吾妻五二四（妻津彌）	
世通報ニ依ル	戦死 20.8.26 召解		〃	菅澤榮（大三.十二.二）	〃香取郡多古町飯笹二三四（妻静枝）	

82 81 80 79 78 77 76

132

所屬部隊 関東軍防疫給水部（總三五二一、二三五九）

世通報	處決	兵種	官等	氏名	本籍
世通報庶	召解		技手	菅澤操（明三十四）	千葉県山武郡千代田村大里一五〇〇（妻ひで）
世通報庶	召解		傭人	鈴村津彌（明三七·九）	〃君津郡木更津町音妻五二四（木更津市桜井[illegible] 子清）
世通報庶	召解 20.8.26		〃	菅澤静枝（大十·四）	〃香取郡多古町喜多一二三五（夫操）
世通報庶	召解		業務手	曽根清一（大二·九）	〃千葉市今井町三七三（妻好子）
世通報庶	召解		雇員	染谷霽吉（大七·二）	〃東葛飾郡七福村谷津七二（妻よし子）
世通報庶	召解	衛	曹	寶田仁（明三三·三）	〃印旛郡本埜村竹袋四二五（父唐吉）
世通報庶	召解 21.2.21		属	高橋武（大四·[illegible]）	〃長生郡日吉村榎本四三（妻つせ）
世通報庶	召解		技手	田邊衛門	〃夷隅郡千町村松丸四一（妹君子）
世通報庶	召解		雇	竹尾米藏（大二·三）	〃香取郡多古町喜多四九一（養子喜一）
世通報 20.10.21	召解	戦病死	〃	高橋七郎（大二·五）	〃千葉郡誉田村平川一二三（兄正久）
世通報 26	21.2.[illegible] 戦病死	終戦前[illegible]	世名	高倉進（大[illegible]·五）	〃香取郡久賀村西坂内一〇（妻あさ子）
世通報庶	召解 20.8.20		〃	高橋忍（大二·三）	〃香取郡久賀村谷三倉一七九（妻よし）
世通報庶	召解 20.8.25		〃	谷杉歓應（大七·二）	〃海上郡椎柴村小舟木四三三（妻マサエ）
世通報庶	召解 20.8.25		傭	竹尾ツ[illegible]	〃香取郡多古町喜多四七（父米藏）

世 ハルビン[illegible] 20.12.16 呼蘭の結果 [illegible]

133

報告	召集・解除	兵種	身分	氏名・生年月日	本籍地（留守家族）
世 通報依	20.8.25 召解		〃	竹尾いさ	〃 〃 〃 〃 四九一（同竹四一 義姉かつ）
世 通報依（重複）			雇	櫻井八郎 明三一・一〇・二	〃 [illegible]（重複）
世 通報依	召解		〃	土屋倉次 大三・一一・二	〃 長生郡五郷村早野一一六〇ノ一（母ウタ）
世 通報依	20.8.31 召解		〃	土屋武 大九・七・二	〃 香取郡久賀村次浦一九八四（妻ふさ）
世 通報依	20.8.30 召解		傭	土屋ふさ 大九・四・二二	〃 〃（満三五月卯縁 夫武）
世 通報依	召解		雇	圖澤新輔	〃 香取郡久賀村本三倉三七一（妻はは）
世 通報依	召解		業務	並木愛雄 大四・一〇・九	〃 印旛郡遠山村駒井野三里塚（父德三郎）
世 通報依	20.8.30 召解	技	雇員	並木恒三郎 明四〇・一・二	〃 香取郡多古町多古二二七二（妻きよ）
世 通報依	21.2.29 召解	・	〃	長堀正志 大二・一〇・一	〃 香取郡山倉村将里一五七二（父昌司）
世 通報依	召解		〃	成毛喜和藏 大三・一〇・八	〃 香取郡大須賀村奈土二六七二（妻姫江）
世 通報依	20.8.30 召解		傭人	並木春江 大一五・四・二五	〃 香取郡多古村多古二六七三（母きミ）
世 通報依	20.8.21 召解		技手	林壽夫 大一二・一一・二	〃 長生郡鶴枝村下永吉二八一九（妻慶子）
世 通報依	20.8.25 召解	歩	兵長	萩原挺雄 大九・六・二	〃 香取郡東大戸村関五二八（父安之助）
世 通報依	20.8.30 召解		雇員	甲川利平 大九・六・九	〃 山武郡横芝町横芝二六五の一（妻美津子）
世 通報依	召解		〃	萩原薫 明三六・三・三	〃 山武郡千代田村大里一三四二（妻ケイ）

134

所屬部隊　関東軍防疫給水部（徳二五一、六五九）

復決	兵種官等	氏名	本籍（留守擔當者現住所・續柄・名）	摘要
世 逆報依 呂 解	技手	平野毅馨	千葉県船橋市本町三丁目一〇三八（妻愛子）	
世 逆報依 呂 解	業務手	平野直	〃君津郡佐貫町佐貫四三（妻春代）	
世 逆報依 呂 解	〃	平山信太郎	〃山武郡若代田村大里一四二（妻よし）	
世 逆報依 呂 解	雇員	平山竹確	〃香取郡常磐村吉田八〇六（妻もと）	
世 逆報依 20.8.26 呂 解	〃	平山義之	〃香取郡多古町多古二六六五（妻喜恵）	
世 逆報依 呂 一解	業務手	藤田政結	〃香取郡香取町下小野一九五七（佐原町妻宿二七〇三）	
世 逆報依 呂12 解	雇員	古川一郎	〃山武郡千代田村大里一三九二（妻とよ）	
審 復員	少佐	細矢博	〃長生郡鶴枝村下永吉二七四〇（妻京子）	復七三一
世 逆報依 20.12.28 呂 解	雇員	細矢志朗	〃〃〃三三二一（父作藏）	
世 逆報依 20.12.8. 38解	〃	東多敬吾	〃香取郡多古町飯笹一〇二九（多古町五辻 清）	
21.2.1 呂カ1 （死）	〃	細矢久雄	〃長生郡鶴枝村下永吉二三五〇（父利治）	
世 逆報依 21.8.25 呂 解	傭人	屋野うた	〃香取郡多古町島二三三九（兄一平）	
世 逆報依 22.2.15 呂 解	技手	薄田豊	〃長生郡二宮本郷村山崎八二六（妻及は志）	
世 逆報依 20.8.21 呂 解	雇員	丸山久信	〃〃鶴枝村下永吉二三六二（妻なを）	

135

世 通報済	20.10. 召解		〃	前田琴司 大八.九.十	〃 安房郡豊房村作名三九二（父 幸治）
世 通報済	召解		傭人	増畑須美子 大一〇.五.十	〃 海上郡椎柴村猿田一一一〇（[illegible]太郎）
世 通報済	召解		技手	深山針八 大一二.一四	〃 千葉市星久喜町八〇三（兄 祥）
世 通報済	20.8. 召解		雇員	宮野喜重 大一〇.一一.五	〃 山武郡千代田村菱田一三二一（兄 忠一）
世 通報済	20.8.16 召解		〃	三好 惇 明四十四.七.十	〃 香取郡多古町一八八一（妻 [illegible]）
世 通報済	召解		傭人	宮本フ[illegible] 大一〇.八.六	〃 〃 豊城村錦木宿一三二（父 巳之助）
世 通報済	召解	工	工丸	松井明吉	〃 山武郡片貝町西下（ ）
世 通報済	22.8.16 召解		技手	山口 一 大三.十一	〃 香取郡多古町[illegible]九八五一（中村[illegible]）
世 通報済	召解		〃	山下 正 大九.十二.三	〃 印旛郡佐倉町[illegible]五四八（宗像[illegible]）
世 通報済	召解		業務手	山崎為吉 明[illegible]八.十二	〃 匝瑳郡八日市場町イ二四三〇（妻 コウ）
世 通報済	21.6. 召解		〃	八木 昇 明三十三.七	〃 長生郡豊岡村案野五九六（妻 キシノ）
世 通報済	召解		雇員	山畑正治 大三.十二.七	〃 木更津市[illegible]一八七二（妻 志げ）
世 通報済	召解		〃	山室恒雄 大二.十	〃 山武郡千代田村菱田三三二（妻 さた）
世 通報済	19.11.30 戦死		〃	山崎 昇 大九.七.五	〃 匝瑳郡匝瑳村松山三一八（妻 ふじ）
世 通報済	20.9.5 召解		〃	矢田部 弘 明四十三.九.二五	〃 山武郡南郷村

工 一二三 職

206 A. 123D

136

所屬部	関東軍防疫給水部（徳二五一〇二、六五九）				
處決	兵種	官等	氏名	本籍（留守擔當者現住所、續柄、名）	摘要
世通報係 21.6.召解		傭人	八木崇（昭三、一〇生）	千葉県長生郡豊岡村案生野五九二八（父 五連）	
世通報係 21.6.召解		雇員	八木一子（大一四、四生）	〃 〃（祖父 善吉）	
世通報係 21.6.召解		傭人	八木ノ（明三九、九生）	〃 〃（夫 昇）	
世通報係 21.8.26 召解	歩	伍	渡辺重晴（大九、二、一〇）	〃 海上郡椎柴村野尻二〇三二（父 於治郎）	
		属	笹川巌（大3.5.10）	〃 山武郡千代田村大里二五四七（〃 父 貞義）	昭21.11頃右部隊に所属 所より非書換 ㊞

137

千葉縣

所屬部隊	處決	兵種 官等	氏名	本籍（留守擔當者現住所續柄名）	摘要
関東軍防疫給水部	召解	傭人	早川ヤス子	千葉縣山武郡横芝町六番 父 大物	
	21.2.27 召解	雇	本多晋一郎	〃 印旛郡遠山村駒井野 父 [illegible]	

15

149

138

所屬部隊	關東軍防疫給水部
處決	召解
兵種	—
官等	庸
氏名	中西勇蔵
留守擔當者現住所續柄名	千葉縣香取郡多古町多古一七五〇 中西久良
摘要	

(カ)

139

千葉

未

處決	兵種	官等	氏名	本籍（留守擔當者現住所續柄名）	摘要
重復			原[illegible]	千葉県山武郡[illegible]村大里[illegible] 妻[illegible]	
重復			大川[illegible] 明四三.五.二〇	〃長生郡大東村[illegible] 父[illegible]	復員[illegible]あり
重復 20.9.28 復員		兵	大野宗一	千葉県夷隅郡上野村[illegible] 父 大野[illegible]	重復
召解	歩	二	小石経男	〃館山市船形一三九[illegible] 養父[illegible]吉	
召解	衛		鈴木[illegible]	〃山武郡大網[illegible]村[illegible]	
重斬 召解	〃		瀬川[illegible]丸	〃千葉郡[illegible]村[illegible] 父[illegible]	復員七月とあり
	〃		田中秀男 大七.五.一	〃長生郡土睦村小滝五七四 父[illegible]	[illegible]

所屬部隊　關東軍防疫給水部（滿第六五九 / 德第二五二〇二）

處決	區分	官等	氏名	本籍（留守担當者現住所續柄名）	摘要
22.12.23. 戰病死		軍屬	板垣喜惣太	新潟県岩船郡八幡村大字碁石七六 弟 甲平	骨 上 大連市上藤町於 腹膜炎
23年9月17日 於舞鶴召解		軍屬	笠井正義	新潟県古志郡栖吉町字一ノ渡戸三 母 トミ	大連ニテ張所ニ居
25.9.17 舞 召解（帰）		軍屬	中野耀夫	新潟県新発田市字西名柄一五三二 母 ミセ（名）	PW アリ [illegible]（ミル）
		軍屬	若月榮次	新潟県古志郡下川西村大字荷川二三七 父 又三郎	昭13 八ル宮 以後不明

大連支ヤシよ ... 南カー ...

141

関 ㊞

所属部隊	関東軍防疫給水部孫呉支部（満洲第六七三部隊）
處決	23.9.25 召解
官等	衛生軍曹
氏名	袖田信雄 大・・・
本籍（留守担当者現住所續柄名）	新潟市沼垂二二七 父 与之吉
摘要	◎一 孫呉所属（孫呉陸軍病院）

スミ

日一六三

142

所属部隊 関東軍防疫給水部大連出張所（満第三一九 徳第八四七） ス ミ 正本

氏名 處決 蘊寛平

本籍（留守担當者現住所續柄名）

24.10.4 召解 屬 大勿 大3.8.16 四 ヒラク

新潟県長岡市四郎丸本町三ノ一七一六 母 トシ

摘要

20.11.11 大連 24.12.1

乙一六五

143

関東軍防疫給水部

名簿調製年月日 二〇、一、一

所属部隊	兵科	官等	氏名	本籍（留守担当者住所氏名）	備考
		上等兵	服部治作	新潟県中頸城郡[illegible]村下平村入（高田市本町一丁目入村方）妻みよ子	復員
		〃	秋山秀晴	〃 東頸城郡安塚村大字石橋八三（北海道樺戸郡新十津川村第二十五区）妻節子	復員
		〃	五十嵐義信	〃 東頸城郡下保倉村今熊八七九 妻八千代	復員
		〃	石田井藏	〃 東頸城郡松代三九〇八 父春次	復員
		〃	井口忠太郎	〃 南魚沼郡浦佐村大字五箇四五八 妻トク	復員
		〃	大崎加藤太	〃 南蒲原郡[illegible]村鹿熊二九六 妻ヒロ	復員
	主	中尉	大越氏藏	〃 西蒲原郡角田村角田浜一四四二 母リイ	復員
		[illegible]	小嶋基	〃 北蒲原郡新発田町清水谷七一〇三（千葉県東葛飾郡野田町堤台四八九五中方）妻ヨシ	二〇、八、二五 東京陸軍病院
		〃	岡田藤作	〃 中頸城郡名香山村田切九七四 甥兵高	復員
		〃	小笠原亨	〃 西頸城郡能生谷村槇五四一（高田市西城町八四）父[illegible]	復員
		〃	大塚源吾	〃 南蒲原郡下條村下條田三七五 父大一郎	復員
		〃	小黒良男	〃 古志郡[illegible]村[illegible] 父[illegible]	復員

144

関東軍防疫給水部

名

備考	官等	氏名	本籍（留守担当者住所氏名）	続柄・氏名	
20.8.30 復員	軍属	細切千代治	新潟県岩船郡神納村下助渕一三九五	父 金八郎	なし
○ 20.8 帰還	〃	本 誠一	西蒲原郡角田村角田浜一〇四二	母 リサ	なし
20.8.31 召	〃	金田幸平（昭21.5.12）	新潟市本町通三番町二九六	父 竜義	
E 済 19.9.22 戦死	〃	春日俊男	東頸城郡菱里村二本木七九	妻 はる	
20.8 帰還	〃	菊崎英四郎	西頸城郡大和川村田伏一二三	妻 ライ	
復員	〃	菊口賢治	三島郡与板町与板四四	父 竜平	
既還	〃	桑原雄平	南蒲原郡加茂町加茂九五六	兄 松太郎	
帰還	〃	車間袈裟治	西頸城郡名立村東飛山一四八七	兄 捨	なし
20.9 帰還	衛 曹	吉良喜章	佐渡郡真野村米田一四五	父 玉義	なし
○ 20.9 召解	軍属	田島喜雄（明16.18）	刈羽郡上小国村森光九三五	妻 テイ	
帰還	〃	小林嘉一	佐渡郡畑野村畑野三六二	妻 美智	なし
22.8.8 帰還	〃	後藤長作	新潟市西湊町四ノ三ノ三	石義	

旧名簿により父状況不

145

3

関東軍防疫給水部

官	氏名	本籍（留守担当者現住所氏名）	摘要
軍属	近藤友春	新潟県刈羽郡北條村東長鳥七一四三 妻 房子	21.9.14 復員
少佐	佐藤重雄	〃 北魚沼郡川井村二五九六 妻 テイ	20.11.30 帰還
軍属	佐藤藤三	〃 中魚沼郡岩沢村一一九ノ一 妻 つや	20.11.11 帰還
〃	佐々木朝路	〃 佐渡郡両津町三七二九 妻 千代	復員
〃	坂本正人	〃 刈羽郡中鯖石村加納五四三九 妻 ミヨ	帰還
〃	坂西米作	〃 北魚沼郡広瀬村荒沢三〇四 母 アキ	20.11.30 帰還
〃	讃岐一夫	〃 東蒲原郡西川村神谷五四 兄 由之助	20.8.26 帰還
〃	桜井富雄	〃 北蒲原郡新発田下鉄砲町甲二〇七七 父 富治	帰還
〃	佐藤栄一	〃 古志郡栃尾町成七 妻 ヨシ	帰還
〃	佐藤栄之助	〃 中魚沼郡水沢村伊達九三二 父 長作	20 帰還
〃	佐藤茂 10.21 道	〃 新潟市旭町七五六ノ一（東京都杉並区大宮前四ノ四七）父 佐太郎	右翼 死亡 16 ㊆
〃	佐藤茂	〃 新潟市旭町二七五六（東京都杉並区大宮前四ノ四七）父 佐太郎	重複

146

58

関東軍防疫給水部

階級	氏名	本籍	留守担当者住所氏名	備考
軍 大佐	柴野金吾	新潟県	刈羽郡荒浜村二〇六二 妻 フエ	帰還
軍属	鈴木トク	〃	岩船郡金屋村大字長沢二四三 父 卯三郎	帰還
〃	久ヶ目文安	〃	中魚沼郡中深見甲一四七一 妻 シナエ	帰還
〃	高橋俊二	〃	中蒲原郡川東村小山田七七三 父 嘉七	帰還
〃	高木幸平	〃	刈羽郡高浜町椎谷四八〃 父 利一郎	帰還
〃	中田新三郎	〃	中蒲原郡小須戸町大字[illegible]四二四 妻 キイ	帰還
〃	富田正蔵	〃	中頸城郡旭村西野島[illegible] 父	20 帰還
〃	梨本良代治	〃	西蒲原郡漆山村二八二 妻 マサ	帰還
〃	長沼孝	〃	中頸城郡谷浜村西横山二三六 叔母 エツ子	帰還
〃	蓮沼憲治	〃	三島郡寺泊町花立二四三 養父 徳治	帰還
〃	長谷川三郎	〃	西蒲原郡米納津村大字小島一七一 父 長吉	復員
〃	林恵子	〃	中頸城郡谷浜村鬼伏七三二 父 碌十 壮作	帰還

4

147

関東軍防疫給水部

階級官等	氏名	本籍	留守宅
軍属	蓮沼アイ	新潟縣三島郡寺泊町小川町七八四九	父 徳治
〃	平賀馨	〃 南蒲原郡中之島村仙石七三四	母 ダイ
〃	古川茂一郎	〃 中頸城郡津有村上新田八五千	妻 光枝
〃	船山正七郎	〃 北蒲原郡加治村横岡四〇五一	妻 ヨシ
〃	藤田清吉	〃 中頸城郡下黒川村三代林一三地割一二〇	母 絹子
〃	町田義雄	〃 南魚沼郡六日町山泉田七三四	妻 コウ
〃	宮嶋武吉	〃 北蒲原郡金塚村中川二四	兄 寅太郎
〃	村田啓次郎	〃 北蒲原郡加治村針保小路二七九	妻 千代キ
〃	山本廣治	〃 佐渡郡水津村東平島五	兄 忠松
〃	八子彦作	〃 三島郡寺泊町須賀一三〇	父 大五門
〃	(林)山下久平	〃 新潟市本町四の二七	妻 レン子
〃	渡辺忠平	〃 西蒲原郡道上村竹越一九五	妻 キミ

25.5.ハバロフスク 一病所健甲

148

名

関東軍防疫給水部

所属部隊	官等	氏名	本籍	留守宅住所	備考
	軍属	蓮沼アイ	新潟県三島郡寺泊町小川田七八四九	父 徳治	[illegible]
	〃	平賀馨	〃 南蓮沼郡中之島仙石七七三四	母 ダイ	[illegible]
	〃	古川茂一郎	〃 中頸城郡津有村上新田八五十	妻 光枝	[illegible]
	〃	船山正七郎	〃 北蒲原郡加治村横岡四四五一	妻 ヨシ	[illegible]
	〃	藤田清吉	〃 中頸城郡下黒川村主代森十三地割ノ二ロ	妻 絹子	[illegible]
	〃	町田義雄	〃 南魚沼郡六日町西泉田七七四	妻 コウ	[illegible]
	〃	宮嶋民吉	〃 北蒲原郡金塚村中川二四	兄 寅太郎	復員
	〃	村田哲次郎	〃 北蒲原郡加治村針保小路二七九	妻 チヨキ	[illegible]
	〃	山本廣治	〃 佐渡郡水津村東立島五	兄 忠松	[illegible]
	〃	八子彦作	〃 三島郡寺泊町須賀一六六六	父 大工門	[illegible]
28.1.1	〃	(林ロ) 山下久平 明治43.1.21	〃 新潟市本町四の二七	妻 レン	[illegible]
	〃	渡辺忠士	〃 西蒲原郡道上村打越一九	妻 キミ	[illegible]

19.2.18

148

58

所属部隊 関東軍防疫給水部

處決 兵科 官等 氏名 本籍（家族ノ現住所及氏名）

[illegible]

軍属 和田太一
新潟県北魚沼郡藪神村山島八十八

大連防

[illegible]

[illegible]
新潟県岩船郡小[illegible]村大字[illegible]石七二
妻 エキノ

軍 田中平

復員了

田村武則
昭二〇.八.一六
新潟県刈羽郡石地町大字大崎二三一

二二、二、一一
召解

23.10.12

6

149

190

新潟縣

所屬部隊	關東軍防疫給水部
處決	22.5 復員
兵種	傭人
官等	〃
氏名	平賀美知
本籍（留守擔當者現住所續柄名）	新潟縣南魚沼郡中之島村[illegible] 母 ミノ
摘要	

150

171

新京

所屬部隊 関東軍防疫給水部 昭和二〇、八、一 調

處決	兵種	官等	氏名	本籍（留守擔當者現住所續柄名）	摘要
復員		傭人	野田カゾ	南魚沼郡六日町西泉田七六四 父 明治	
28 26 復員		雇	山田圭郎	中蒲原郡川内村川内一〇三六 妻 かほる	

8

きー なし

151

16-1 ✓

新潟

所屬部隊	處決	兵種	官等	氏名	本籍（留守擔當者現住所續柄名）	摘要
関東軍防疫給水部（満 [illegible]） 大田ミ						
	歸還	技手		石田好志	新潟県[illegible]郡[illegible]村大字[illegible] 妻 [illegible]	㊞
	歸還	雇		大月幸吉	新潟市[illegible]通[illegible]（広島県佐伯郡五日市町） 妻 [illegible]	
	歸還	傭		佐藤範	新潟市（[illegible]郡[illegible]村大字[illegible]） 父 [illegible]	
	既還	〃		須藤晃一	〃 中蒲原郡[illegible]村大字[illegible] 父 [illegible]	
	復員	雇		高橋高一	〃 三島郡寺泊町大字[illegible] 父 [illegible]	

152

防紀疫

14—6

四班
市川

152-10

来 来

補住所部 入

所属部隊	関東軍防疫給水本部（徳二五二〇二）

処決	兵種官等	氏名	本籍（留守担当者現住所続柄氏名）	摘要
22.10.11 B 解	軍属	川合貞三郎 大14.1.5	長野県飯田市大字飯田五八四 父 猪平	ホ 木27
24年9月1日 於舞鶴解除	〃	佐藤貞七郎 大8.8.9	〃 小県郡塩田村 一一 人 強	24.10.5 記入
19.7.18 サイパン島 戦死	〃	室賀大正 兄 大七.四.二〇.	〃 小県郡富士山村 六八二 父 入朔	24.6.28 日名簿より記入

偕之巫

153

来

所属部隊　関東軍防疫給水部（徳二五二〇一　満六四三）　ス之

處決　21.10.1 召解

兵種官等　軍属

氏名　山岡武春

本籍（留守担當者現住所續柄名）
長野県諏訪郡○○村　小田井
（同　下諏訪町矢木西　妻　はく江）

摘要

4

所属部隊　関東軍防疫給水部牡丹江支部（徳二五二〇三　満六四三）

處決　21.8.24召解（東京ノ自分名事出済シアリ）

兵種官等　歩上

氏名　保坂友信

本籍（留守担當者現住所續柄名）
長野県下高井郡○○村　三〇一九
兄　繼藏

摘要　23.6.8 インスペクト

154

[illegible] 利

所属部隊	関東軍防疫給水部林口支部（徳二五二〇四 満一六二）
處決	
兵種 官等	軍属 機工
氏名	松本田正 大7.7.12
本籍（留守担当者現住所續柄名）	長野県上水内郡浅川村北郷 三一五 兄 陳隆
摘要	〃

カ 6

二末

一〇八師輜（野戦重砲）へ
野砲七大隊に転出
照会カード[illegible]

補給 済 [illegible]
[illegible]

所属部隊	関東軍防疫給水部海拉爾支部（徳二五二〇五 満五四三）			
處決	22.2.1 死亡 済			
兵種 官等	軍属	雇	現	属
氏名	桑原茂 大6.3.1	草間等	高西沢康好	桶谷義夫 大6.7.12
本籍（留守担当者現住所續柄名）	長野県下高井郡堺村 八〇一三 兄 隆登	長野県松本市大字桐 二四二〇 父 常太郎	長野県北安曇郡八坂村一示二三八 父 幸喚	長野県松本市大字筑ヶ三六六二（へり 〃 左門町）父 助太郎
摘要	於ヤフロ[illegible] 24.5.6 世一[illegible]による	一〇八師輜へ	23.8.17 [illegible]	〃 24.5.6 世一[illegible] [illegible]記入

8

155

43
2

所属部隊	身分決	兵種官等	氏名	本籍（留守擔當者現住所續柄名）	摘要
関東軍防疫給水部（徳二五二〇一 満又四三）	昭解	雇	伊藤忠平	長野県上高井郡川田村大字小山田一六四六 妻 ひで子	
	復ロ2	整	内垣米雄	〃 北安曇郡小谷村大字[illegible]無番地 妻 きゑの	20 復ス[illegible]居る
	昭21.2.23 解	技手	太田正夫	〃 上[illegible]郡[illegible]村[illegible] 妻 つや恵	
	昭20.8.26 解	雇	小木曾十七夫	〃 下伊那郡松尾村大字毛賀一五四一 母 キノエ	
	昭21.2 解27	雇	小河原頼夫（大八.九.二四）	〃 東筑摩郡坂北村四八二六 父 操平	
	昭20.7.31 解	雇	大熊大助	〃 下水内郡常盤村大字常盤五八九九 兄 興三郎	
	昭解	雇	沖島絮遊春	〃 小県郡東塩田村大字古安曽九六八 父 末吉	
	昭20.9 解29	雇	大熊首吾	〃 下水内郡常盤村大字常盤一九〇一 妻 ハルち	第百二十一師團防疫給水部ニ轉属
	昭20.7.29 解	傭人	小口昭三	〃 諏訪郡湊村三三二七 父 繁冨	
	昭24.10.4 解	技師	春日忠善（明三九.一〇.二五）	〃 更級郡川柳村大字二ツ柳一九二七 妻 [illegible] 父 直寛	[illegible]大連出張所長
	昭21.7.10 解	技手	上條重作	〃 西筑摩郡三岳村三二 妻 春海	
	昭21.12.6 解	通訳	春日仲一	〃 上伊那郡富田村三二九九 母 朝尾	

20.1.1 調製ス

なし なし なし なし なし なし なし なし なし

156

43
3

所屬部隊　関東軍防疫給水部（德二五二〇一　滿六四三）

最終決兵種官等	氏名	本籍（留守擔當者住所氏名）	摘要	
石解 22.12.2 庸	川合貞一郎	長野縣飯田市大字飯田五九四ノ五二　父　皓	（本部）	64 ぶし
日解 21.4.24 傭	胡桃澤正郎	〃 下伊那郡上[illegible]村一一〇　妻　マチ代		65 ぶし
石解 20.3.1 庸	倉島喜亀	〃 埴科郡松代町一二九　父　直治		66 ぶし
庸	桑原茂	〃 下高井郡[illegible]村大字[illegible]見一九六〇　兄　隆盛	復 七ア	67
石解 20.9.1 衛	小林壽雄	〃 更級郡共和村大字岡田一〇四九　母　きちの		68 ぶし
石解 21.2 傭	小林信	〃 諏訪郡富士見村四〇八二　妻　トヤ		69 ぶし
石解 20.9.1 庸	小坂井忠男	〃 上田市大字中之條三三九　父　安男		70 ぶし
石解 20.10.15 庸	越定男	〃 長野市大字長野東町一六〇　妻　美也子		71
石解 20.9.30 庸	小池春吉	〃 小縣郡中鹽田村大字五加一三九八　妻　伊勢代		72 ぶし
石解 20.9.27 庸	小池秀代	〃 下伊那郡山本村大字箱川一三四一　妻　ツヤエ		73 ぶし
日解 21.4.10	郷原壽八（大六九四）	〃 東筑摩郡廣丘村大字堅石八八五　父　要一		74
石解 20.8.30 傭	小池伊勢代	〃 小縣郡中鹽田村五加一三九八　夫　春吉		95 ぶし

157

所屬部隊 關東軍防疫給水部（德二五二〇一 滿六四三）

決	兵種官等	氏名	本籍（留守擔當者現住所名）	摘要
召 20.8 解	傭	五味勝惠	長野縣埴科郡本郷村大字上町 五七八之二 父 尚次	
召 20.9.5 解	技手	佐藤忠輔	〃 小縣郡和田村 一五七 妻 田鶴子	
召 解	雇	眞田茂男	〃 上田市大字諏訪形 四五七 口号地 父 次作	長男にて引揚済(?)
召 20.2.1 解	傭	櫻山辰（大八.四.一二）	〃 北佐久郡北岩村田町勝久保 二八八 父 好四郎	
召 20.8.21 解	傭	城取啓良	〃 上伊那郡西箕輪村 七五三九 母 つる	
召 21 解	雇	柴野熊三郎（大七.三.一六）	〃 南安曇郡温村 三四三二 父 守平	
召 21.1.20 解	雇	城取良昭（昭三.一〇.一八）	〃 上伊那郡西箕輪村 七五三九 父 啓良	
	傭人	萩場章二（昭十九.一一.四）	〃 飯田市大字飯田 二九三一 父 九平	
召 21.3 解	傭人	須永鬼久太	〃 北佐久郡軽井沢町大字長倉 三一五八 父 福作	
召 21.3.2 解	技師	関取武治	〃 下高井郡日野村大字間山八一五ノ一号 妻 ハツ(?)	
召 解	技師	関博夫	〃 小縣郡東塩田村大字古安曽 一七一八 妻 ふみ	
21.10.30 六連到着	傭	関智子（昭二.十一.一）	〃 松本市大字北深志町 一一二四 父 正文	

63 62 61 60 59 58 57 56 55 54 53 52 [illegible]

ナシ ナシ ナシ ナシ ナシ ナシ ナシ ナシ ナシ ナシ ナシ なし

158

所屬部隊 關東軍防疫給水部（德二五二〇一 滿六四三）

處決	兵種官等	氏名	本籍（留守擔當者現住所續柄氏名）	摘要
召20.9 解6	衛	竹内友衛	長野縣埴科郡中之條村八五四ノ号 妻 喜美野	
召20.8 解30	衛	竹内一郎	〃 小縣郡長久保新町一五〇〇 父 竹千代	
召20.8.28 ナイ	衛	武居源一郎 大七.一〇.一〇	〃 松本市大字筑摩四七ノ口 父 寅安	
召21.10 解11	衛	田中米作	〃 上高井郡須坂町大字須坂一六一九 父 芳藏	
召22.6 解30	衛	田中信一	〃 埴科郡杭瀬下村大字新田四七三 父 康喜	
召20.9 解	衛	高野英助	〃 北安曇郡[illegible]村大字[illegible]一三五〇 母 ひさ	
召20.8 解21	衛	竹内操	〃 小縣郡長久保新町一五〇〇 父 千代松	
召21.2 解21	衛	土屋軍治	〃 上高井郡[illegible]高村二〇三 父 清助	
召20.8 解26	衛	广谷正廣	〃 上水内郡鬼無里村大字鬼無里一九三六 父 益己	
召22.12.3 解	衛 少尉 准	中村高明 大四.四.一	〃 埴科郡森村一三〇八 妻 安子	[illegible]
召20.8.27 ナイ	衛	長沼久夫 昭三.六.七	〃 飯田市大字飯田下馬場町二九四 兄 祐次	
召20.8 解26	衛	西澤忠光	〃 北安曇郡平村九一八三 父 一隆	

51 50 48 47 46 45 44 43 42 41 40

159

所属部隊　関東軍防疫給水部（徳二五二〇一　滿六四三）

原隊決兵種官等	氏名	本籍（留守宅通信所在）	摘要
雇	原田廣吉	長野縣南佐久郡中込町一九九七　父　功	
雇	花里豊	〃　北佐久郡高瀬村大字鳴瀬八四五　兄　順一	
雇	林芳三	〃　西筑摩郡楢川村大字奈良井四二〇　妻　美代子	
衛　雇	隆旗武臣	〃　南安曇郡温村二八一　妻　和子	
雇	町田玉志	〃　北佐久郡五郎兵衛新田村大字上原一三三　父　清一	
雇	松本由正	〃　東筑摩郡[illegible]村大字[illegible]二三九　妻　美代子	
傭	松澤綾	〃　下伊那郡喬木村六二〇　父　久雄	
雇	三浦逸治	〃　上伊那郡伊那富村大字辰野一六三一　妻　[illegible]	
雇	宮下忠明	〃　埴科郡南條村大字入横尾三七七　父　博	
傭	宮澤てる	〃　更級郡塩崎村長谷二五三　兄　富吉	
傭	三井文子	〃　諏訪郡[illegible]村大字乙事五三四　[illegible]	
雇	室賀大正児	〃　小縣郡富士山村久保二八二　父　八[illegible]	

大七四三

160

43 井

関東軍防疫給水部（徳二五二〇一 満六四三）

番号	解決年月日	兵種	官等級	氏名	本籍（留守擔當者現住所氏名）	摘要	
16	⑦ 呂 20.8.23 解	庶		両角静	長野縣諏訪郡宮川村一四八七 父 權右衛門		よし
17	⑦ 呂 20.9.1 解	衛	軍	小田寅雄	〃 長野市大字[illegible]六一 父 正治		ふし
18	⑦ 呂 20.8.23 解	補		矢崎善太郎	〃 上伊那郡伊那富村[illegible]二〇三一 母 わさ		ふし
19	⑦ 呂 20.8.24 解	庶		小田五郎	〃 東筑摩郡中山村四〇二四 父 [illegible]		まし
20	⑦ 呂 20.8.25 解	庶		山崎榮次	〃 北佐久郡岩村田町五八一 父 茂助		まし
21	⑦ 呂 20.8.26 解	傭		小田サワ	〃 西筑摩郡[illegible]山村大字北[illegible]原四〇二四 父 初男		まし
22	⑦ 呂 20.8.24 解（任 22 衛死）	傭	准	湯澤一夫	〃 上伊那郡赤穂村大字赤穂一〇六四四 妻 七サ子	遺 調 30.1.19	ふし
23	呂 20.10.20 解	庶		吉澤貞次	〃 埴科郡西條村四二五七 母 さい		まし
24	照会中［illegible］回答なし ⑬	庶		横林廣（大七 二二 / 廿七 五一八）	〃 松本市大字筑摩五三〇一 父 豊		まし
25	⑦ 呂 20.8.30 解	傭		有賀武士	〃 上伊那郡宮田村五四 父 正一		ゐし
26	呂 21.8.28 ⑦	傭		小林文雄	〃 飯田市大字上飯田四二八六 父 信	南方へ	ふじ
27	⑦ 呂 20.8.2 解	傭		北原忠義	〃 上伊那郡東春近村二五〇六 母 つぎ		ふし

161

経

F.

A 満

所属部隊	関東軍防疫給水部（徳二五二〇一 満六四三）
最終兵種官等	⑦ 召解 傭
氏名	小町谷 博己
本籍（留守担当者住所氏名）	長野県上伊那郡赤穂町大字赤穂五一三一 父 靖
最終兵種官等	⑦ 召解 20.8.30 傭 20.8.30 召カイ
氏名	後藤 吉一
本籍（留守担当者住所氏名）	〃 飯田市大字上飯田一一二 父 文太郎
最終兵種官等	⑦ 召解 20.8.30 傭
氏名	清水 英男
本籍（留守担当者住所氏名）	〃 上伊那郡富県村五一七一 父 富三
最終兵種官等	⑦ 召解 21.5.30 傭
氏名	田中 秀男
本籍（留守担当者住所氏名）	〃 上伊那郡西箕輪村六五八三 父 穂太郎
最終兵種官等	④ 召解 22.5.30 傭
氏名	友野 英夫
本籍（留守担当者住所氏名）	〃 上伊那郡富県村二九四六 父 隆道
最終兵種官等	⑦ 召解 21.8.30 傭
氏名	数原 忠徳
本籍（留守担当者住所氏名）	〃 上伊那郡西箕輪村六九七五 父 義儀
最終兵種官等	⑦ 召解 傭
氏名	熊谷 忠良
本籍（留守担当者住所氏名）	〃 下伊那郡[illegible]村大字[illegible]五七〇 父 [illegible]雄
最終兵種官等	29.9.27 戦病死（牡丹江陸軍病院） 上
氏名	櫻井 一之助 大14.7.20
本籍（留守担当者住所氏名）	〃 下伊那郡清内路村三四六の一（同右） 父 治門

摘要：スミ

死亡者名票[illegible] 23.1.7 公 [illegible]

15 14 13 12 11 10 9

なし なし なし なし なし なし

162

遺二十

所属部隊　関東軍防疫給水部牡丹江支部　（満二五二〇三）

井下　廣　八名郡八名村大字黒田字穂高四三番地ノ一

第一二　鈴木慶次郎　八名郡[illegible]村字[illegible]場一二　（大明寺）

24年9月2日

井[illegible]　24.8.26　[illegible]

所属部隊　関東軍軍馬防疫廠　（満二五二〇七）

獣医大尉　鈴木良次　豊橋市札木町五一
（〃　岩田町字若松一二三）（大家本家）

木橋八十郎　名古屋市[illegible]区[illegible]崎町[illegible]　母はる

死亡確定　上申　死亡　21.4.28

昭二六八（転出）　照会カード

アムール州ミハイル[illegible]にて死亡

済

163

部隊　関東軍防疫給水部大連出張所　（歴六〇七満二八三）

23.6.2 解除　属　技 軍 満州　清　熱田区一番町一丁目三三
（西加茂郡保見町上伊保地内）　（四十一）
不明

所属部隊　関東軍防疫給水部孫呉支部　（満二五一〇六）　不明

21.6.2 北安陸病 戦病死 発疹チフス

属　小野田茂　大9.5.6生
北設楽郡段嶺村田峯　小野田治郎方（母はま）

復員局調の未帰還者名簿による
（24.12.15 記了）留守宅交付　26.12.28（公報発送）

号270尺へ

了解

早田　薫

関東軍防疫給水部林口支部（満二五年〇四）愛知

愛知縣名古屋市[illegible]町[illegible]

〃 〃 北区杉村町四·七五

引A岩毛（五二）四[illegible]

165

愛知

関東軍防疫給水部

昭20.1.1調

[illegible]	兵種	官等	氏名	本籍（留守擔當者現住所續柄名）	摘要
召解		業務手	水野周一 明四〇.十一.八	名古屋市東区鍋屋上野町三三二一 妻 花	
召20.7.27 解	歩	上二	三木金作	瀬戸市西一三緑町二〇（東春日井郡水野村上水野四〇五） 妻 よね	
召20.9.20 解	薬	少尉	山田文男	名古屋市瑞穂区御器所町字亀口一八 父 良次郎	

987

4回

166

愛知

所屬部隊	處決兵種 官等	氏名	本籍（內守備當番道府縣名）	摘要
関東軍防疫給水部	屬	所瑤子	名古屋市昭和区山□町一ノ八 □□文郎方	一八 二

21
所屬部隊 関東軍防疫給水部（徳二五二〇一） 愛知
23.7.17 復員召解
技師 屬
山内 誠
明四二・十・十
（愛知県名古屋市西区上仲町一ノ六）
（東京都渋谷区代々木上原町一三八七）
奈可
大連市□□□

21
所屬部隊 関東軍防疫給水部牡丹江支部（徳二五二〇三） 愛知
関南信濃 復員制済
24.1.22
屬
小出清高
（愛知県名古屋市中区城代町三ノ一
中村区中村町柳原七八）
さわ
昭二八.五.九より 轉入

167

愛知縣

未

所属部隊	関東軍防疫給水部（満二五二〇二）		
歩一	大橋公一郎	南巨摩郡末田崎町字四七五（母ヤス）	
22.10.31 召解 歩一	吉田東一	東京都外坂町二ノ二（父吉田太郎）	歩 衛生連 20.8.16 （カ）
	大橋公一郎	南巨摩郡末田崎町字四七五	

又三

168

所属部隊 関東軍防疫給水部　昭20.1.1 調製

処決	兵種	官等	氏名	本籍（留守担当者）（現在所在）	摘要
召解 20.7.1	勤	上	杉浦正利	愛知県東海郡高横須賀町西海戸五三 妻 はつゑ	
21.2 帰還		雇	田中初男	〃 渥美郡福江町古田馬道下一六 父 剛一	
21.2 帰還		〃	田中庄八	〃 幡豆郡西尾町蔭市五四 妻 きく子	
21.2 帰還		傭	谷奥昭生	〃 名古屋市東区出来町一ノ五五 父 五惠	
21.2 帰還	医	中尉	所安夫	〃 名古屋市東区瓦川町五丁目一ノ一 東京都杉並区井荻一ノ一四 妻 香那	
21.2 帰還		傭人	内藤靖子	〃 一宮市伊畑町三丁目三 父 己助	
21.2 帰還		技手	野間兼松	〃 海部郡宮田村前田村東六三 妻 シマ	
21.2 帰還 2.20		〃	伴野恒	〃 一宮市花園町三丁目二 妻 はな	
召解 23.7.17		技師	山田誠	〃 名古屋市西区上中町一〇六 妻 沖ゑ	所在不明
召解 21.9.15		雇	山本徳四郎	〃 名古屋市昭和区御器所町閑屋敷五 〃 三重県北牟婁郡引本町 母 シウ	
21.2 帰還		傭	大六 芳金信行	〃 半田市東小馬場一三 父 實	
21.2 帰還		〃	横山はな	〃 名古屋市瑞穂竹田町四三四 弟 米田男	

169

關東軍防疫給水部　昭20.1.1調製

所屬部隊

處決	兵種	官等	氏名	本籍（留守擔當者現住所）（名）	摘要
21.2 帰還	輸	技手	矢林春芳	愛知県知多郡小鈴谷村上野間越智七　妻 君枝	
21.2 帰還		一	江端正三	〃 碧海郡高浜町高浜五九　母 よね	
重刑		雇	小野田茂（大7.6.9生）	前〃 北設楽郡段嶺村田峯鐵次屋　母 はま	
21.2 帰還		技師	加藤康久	〃 愛知郡長久手村岩作三二九　妻 好子	
21.2 帰還	輸	兵	加藤鉄美	〃 瀬戸市西谷町二九　兄 剣	
21.2 帰還	〃	〃	加藤紀彦	〃 〃 赤津町八五　父 作助	
21.2 帰還	〃	〃	加藤公児	〃 東古瀬町三二　妻 久子	
21.2 帰還		雇	神谷圭吾	〃 碧海郡高濱町宮在一色三三　父 栄太郎	
	衛	准尉	兒玉辰雄（大6.4.1）	20.8.16 戦死 33.3.31　海部郡津島町津島西愛宕一八三　母 ぶん	
21.2 帰還		雇	榊原昭二	〃 名古屋市東區車道東町二四　父 [illegible]	
21.2 帰還		〃	櫻井三郎	〃 西春井郡西枇杷島町下小田井堤新二三　父 秋治郎	
21.2 帰還		〃	酒井正次	〃 宝飯郡小松井町平井小倉五四　父 荒太郎	

170

③

3

1枚

愛知

所屬部隊　關東軍防疫給水部（滿六五九）

處決	兵種	官等	氏名	本籍（留守擔當者現住所續柄名）	摘要
召21 解	雇		安藤乙一	愛知県東春日井郡篠岡村大字[illegible]九三	
召21.2.27 解	薬	少尉	井上知己	〃愛知郡[illegible]村大字[illegible]野二一八	
召21.3.27 解	主	中尉	井戸田花代一	〃西春日井郡新川村大字[illegible]町[illegible]	
召20.8.26 解 ㊆	技師	六等	飯田政行	〃名古屋市西区下園町四丁目五	
召22.6.7 解	傭		磯村大和 明四二.六.五	〃碧海郡川合[illegible]大字元[illegible]	
召20.10 解	軸	工	大嶽正輝 明四十一.一.二.	名古屋市昭和区[illegible]洲[illegible]町四.五五（名古屋市瑞穂区石川町二－九）母太津	ハルピンにて
召20.8.30 解	雇		風間寛一	〃海部郡[illegible]田村大字三田[illegible]	二名により記入
召21.2.25 解	〃		加藤善隆	〃東春日井郡小牧町大字小牧七三[illegible]	
召20.8.4 解	〃		神谷実	〃宝飯郡一宮村大字大木字新町通九八	
召20.8.30 解	〃		河合桂	〃丹羽郡丹陽村大字九日市場一五〇	
召20.8.31 解	〃		後藤由広 大正十二.二一.	〃一宮市大字東座敷一〇九七 父勘三郎	二名により記入
召21.5.21 解	〃		田中信夫	〃中島郡今伊勢町大字[illegible]神戸九四八	

172

愛知縣

所屬部隊	處決	兵種	官等	氏名	本籍（留守擔當者現住所續柄名）	摘要
關東軍防疫給水部、	22.8.25 解	衛	二	長江信三	愛知縣東春日井郡篠野町上半田川三六七九 勇治	
	20.9.5 解	〃	少佐	野口圭一 大元.八.四	〃名古屋市東区東芳野町二ノ二 妻 千代子	冊

2019

173

岐阜

満168入召解

六八
検閲入乾
出張135

23.6.26
舞鶴援護局
舞鶴地方復員部

移管
三方原野砲一大

所属部隊 防疫給水部海爾拉支部（徳二五二〇五満五四三）

処決 兵種官等 氏名 本籍（留守担当者現住所続柄名） 摘要

伍 坂山虎雄 大二、一二、七 岐阜市千石町一ノ四（岐阜市日野本郷 妻 三重子） ⦿八〇

伍 前田公平 岐阜郡新稲岡村二三〇五ノ二 父 和四郎 (カ)

張川清

21

済

174

2

関東軍防疫給水部

所属部隊	兵種	官等	氏名	本籍（留守担当者現住所続柄氏名）	摘要
復員	工	十	小村正夫	岐阜県土岐郡笠原町四九四 妻むつ	
復員	歩	一	小島静男	〃土岐郡土岐津町土岐口一六三 妻ゆき子	
復員		雇	佐藤忠三郎	〃多治見市長瀬一七九 妻まさゑ	
復員		〃	佐藤利一	〃郡上郡西和良村小比郡四大文七 妻綾子	
復員		〃	清水善弥	〃揖斐郡藤橋村鶴見六ノ五 妻タツ代	
復員		〃	清水美智子	〃吉城郡吉川町武ノ町一三 父文蔵	
復員		〃	国立耕治	〃益田郡小坂町坂下三〇三 母品恵	（調査中）
復員		〃	土谷武雄	〃加茂郡上米田村下吉田一三七 稲葉郡那加町字○ 義兄龍一	
復員		〃	真田武夫	〃恵那郡下○田村小田子四五 妻あさ子	
復員		〃	小谷継	〃吉城郡坂下町○内一〇四 妻	
復員		〃	内藤治	岐阜市○○二丁目一四三 父文芳	（調査中）
復員		〃	野内综一	〃土岐郡上○村上○五八四 妻とよ子	

175

関東軍防疫給水部

二〇、一、一

復員	官等級	氏名	本籍(一)留守担当者住所氏名	摘要
復員	医大尉	青木亮	岐阜県本巣郡本田村本田二九一 〃岐阜市真砂町二四三 妻 [illegible]子	
復員	〃 庚	鵜島光秋	〃土岐郡稲津村小里二〇二 〃 館[illegible]四郎	
復員	〃	市川[illegible]男	〃揖斐郡池田村六ノ井 六六四 妻 きわ	
復員	〃	乾和躬	〃武儀郡上ノ保二三六八 岐阜市[illegible] 父 徳[illegible]	
復員	〃	小栗綾蔵	〃土岐郡[illegible]村下[illegible] 〃可児郡伏見村伏見早川勝[illegible] 妻 [illegible]	
復員	〃	大竹ますみ	〃土岐郡日吉村四四一〇 父 松[illegible]	
復員	〃	岡田千鶴子	〃安八郡名森村[illegible]八六六 父 文一	
復員	〃	粥川佐太郎	〃郡上郡和良村[illegible]八五一 [illegible]文[illegible]	
復員	〃	加藤正吉	〃郡上郡弥富村釼五八二一 父 伊平	
復員	〃	金森猛男	〃大垣市[illegible]町二九八 福岡県朝倉郡大福村田町 [illegible]本房雄 妻 マツエ	
復員	〃	神野好郎	〃岐阜市下土居四〇一 母 とく	調査中
〃	〃	桑原寔雄	〃養老郡時村下[illegible]二六九三 父 [illegible]助	

5

176

3

関東軍防疫給水部

摘要	本籍	氏名	兵種官等	階級	所属部隊
	岐阜県恵那郡岩村町四三八 [illegible]	萩原両[illegible]	〃	復員	
	〃 土岐郡瑞浪町寺河戸一八六 [illegible]	橋本[illegible]	〃	復員	
	〃 益田郡下原村上津家一三三 [illegible]	大[illegible]忠三		復員	
	〃 武儀郡神淵村下大橋三二四				
	〃 加茂郡川辺町中川辺平岩[illegible] [illegible]一枝	渡邊和一	〃	復員	
	〃 養老郡[illegible]村船附七二四				
	滋賀県彦根市西[illegible]町一〇四 [illegible]太郎	伊藤[illegible]	〃	復員	

16 177

岐阜

所属部隊 関東軍防疫給水部（満六五九）

處決	兵種官等	氏名	本籍（留守擔當者現住所續柄名）	摘要
復員	軍 少尉	伊藤淳一	岐阜県恵那郡武並村竹折一〇四三（戸主 岐阜郡[illegible]三〇五 父 貫）	○
復員	雇	荒木昇一	岐阜県本巣郡清見村大字[illegible] [illegible]	○
召解	傭	宇佐美義夫	〃 武儀郡関町[illegible]五五 祖父 伝七	
召解	雇	遠藤武男	〃 加茂郡田原村西田原九六七 父 義雄	
復員	傭	江藤昭二	〃 本巣郡穂積村大字別府四五一 父 新一	
復員	雇	鈴木辰夫	〃 可児郡平牧村明智五五七 母 八重子	
復員	〃	瀬戸文一（三）	〃 揖斐郡豊木村大字[illegible]一二四八 父 源三郎	

178

岐阜

所屬部隊	関東軍防疫給水部
處決兵種官等	復員 傭
氏名	長尾兵代二
本籍（留守擔當者現住所續柄名）	岐阜県武儀郡板取村八四一 妻 長尾てるを
摘要	

(7)

179

39

23.8.30

所屬部隊	兵種官等	氏名	本籍（留守担當者現住所續柄名）	摘要
關東軍防疫給水部牡丹江支部（德二五二〇三滿六四三）済	屬	佐野正雄	靜岡県浜名郡和地村和地一七七九 兄角一郎	5A 牡丹江 三陸病
關東軍防疫給水部孫呉支部（德二五二〇六滿六七三）済	歩	水野弥市	靜岡県浜名郡三方原村四四七 父弥作	◎一

2

180

靜岡

A. 済

兵二 転属

所属部隊 関東軍防疫給水部大連出張所（満八七四七満三一九） 済

区分	兵種官等	氏名	本籍（留守担当者現住所續柄氏名）	摘要
委決	兵技	武田和夫	静岡県榛原郡萩間村男神六一三 父 啓助	◎ 21.8.30 記入
21.2.21 咸興 病死		斎藤浪好江	静岡県富士郡上野村下条（同右） 母 ミヨ	所属部隊長の死亡通報による死亡者名簿に記載されており、未帰還者名簿により 22.1. 資料補記

181

所屬部隊 関東軍防疫給水部

處決	兵種官等	氏名	本籍（留守業務者現住所續柄名）	摘要
21.2.21 召解	雇	岩田健 大七.一一.三	静岡県浜松市[illegible]町七二	
	〃	伊藤正	〃 磐田郡龍川村相沢三七二 父 恒太郎	
	・	井口孝男	〃 浜名郡小野口村平田四一七二 父 春次	第百二十一師團防疫給水部へ
復員	〃	今泉慶蔵	〃 周智郡森町森四三二 義兄 源二	
復員	〃	狩野孝一	〃 田方郡伊豆長岡町天野三 父 文吉	
復員	〃	勝間田千秋	〃 駿東郡印野村八五八 妻 ヨシ	
復員	〃	栗田正夫	〃 小笠郡土方村下土方三〇五 妻 静江	
復員	〃	栗田忠信	〃 周智郡天方村向話三一七 兄 朝平	
戦病死 19年7月18日 於マリヤナ方面	衛 軍	小井徳市	〃 榛原郡中川根村藤川九二六ノ二 伯父 外八	済 E 世〻谷所・月日照会シテ判明記入
復員	・	孫慶次	〃 沼津市下香貫馬場四四三 祖父 万蔵	
復員	〃	桜井百々江	〃 庵原郡蒲原町中三七六 父 熊吉	
復員	衛 中尉	鈴木司郎	〃 磐田郡龍川村相沢四一九 義父 長市 妻 トシ	

1

二十一一 綴

182

2

世連部総 22.3.10 呂解

所属部隊	関東軍防疫給水部			
處遇	兵種官等	氏名	本籍（留守擔當者現住所續柄名）	摘要
復員	属	杉本元一	静岡県志太郡高洲村大島新島　父　永吉	
復員	〃	杉浦まさの	〃　浜名郡知波田村神座九五　父　善平	
復員	〃	鈴木ヨシ（大六・六・六）	〃　榛原郡川崎町細江二六六〇　父　信平	
復員	〃	田村清士	〃　加茂郡上河津村梨本三一　妻　清	
復員	〃	永田正	〃　周智郡一宮村五川四八六　妻　ケエ	
復員	〃	中尾毅	〃　浜名郡北浜村高畑六三　父　晋平	
復員	〃	西尾治雄	〃　磐田郡上浅羽村諸井田　妻　秋子	
復員21.2.10	〃	野田国雄（明四三・六・九）	〃　駿東郡井出村小泥防四四八　沼津市　妻　千代子	満二六　文　離隊
復員	〃	野末儀一	〃　浜名郡鷲津町二〇九　父　彰依	
復員	〃	松本てつ	〃　磐田郡幸浦村湊四九〇　父　諮問	
復員	〃	宮城島宗一	〃　清水市折戸七〇五　父　宗一	
復員	〃	諸星ます江	〃　駿東郡金岡村岡宮一一七　沼津市　兄　勲	

21 20　19　18　17 16

留守現住所不明

183

所屬部隊 関軍防疫給水部

處遇	兵種官等	氏名	本籍（留守擔當者現住所續柄名）	摘要
22.5.18 召解	予衛少佐	山下健次	静岡県磐田郡二俣町 三〇六 妻 くに	
	衛	山口勲	〃 田方郡大仁町大仁四三二 義父 甲子之助	
23.6.3 召解	理	大田英一	〃 清水市入江町一九八 父 新一	
		大橋八一郎	名古屋市南区星崎町四ノ五 母 はる	

184

2322

所属部隊　関東軍防疫給水部　静岡

處決　23.7.26 召解

兵 階 官 等　屬

氏名　石神マサ代

本籍（留守担当者現住所続柄病名）　静岡県志太郡藤枝町鬼岩寺四〇八ノ四 修

摘要　（大連出張所ノ為）

所属部隊　関東軍防疫給水部大連出張所（満八七四七）　静岡

處決　23.4.9 召解　23.4.9 戦病死

兵 階 官 等　屬

氏名　石神源吾

本籍（留守担当者現住所続柄病名）　静岡県志太郡西益津村藤枝町鬼岩寺四〇八ノ四 妻マサ代
（福岡県福岡市白金町七九）

摘要

済

24.3.24

185

静岡

（南方）兵満

所屬部隊：関東軍防疫給水部（満六五九）

處決	兵種	官等	氏名	本籍（留守擔當者現住所續柄名）	摘要
23.7.11 召解	衛		石神[illegible]	静岡県志太郡藤枝町鬼岩寺四〇二 [illegible]	
復員	〃		菊地ナカ江	〃富士郡吉永村比奈六四一 兄 晴雄	
留守	〃		近藤敬子	〃磐田郡市[illegible]見付五九七 夫 政光	
留守	衛		杉山[illegible]	〃静岡市宮東二丁目五七 夫 寛太郎	
復員	歩	一	高野[illegible]	〃[illegible]村三坂村大字[illegible]一五九〇 父 伊知松	
19.7.[illegible]22	技手		田代重人	〃駿東郡高根村中尾七七 [illegible]	21.8.10
23.4.9 戦病死		判任	石神源五	静岡県志太郡藤枝町鬼岩寺四〇二 義弟 石神修	（骨）大連市、連華町於

7 6 5 4

186

靜岡縣

所屬部隊	處決	兵種	官等	氏名	本籍（留守擔當者現住所續柄名）	摘要
關東軍防疫給水部	20.8.30 召解	輜	一	坪井光（大十.[illegible]）	靜岡縣小笠郡東山村七八八 妻[illegible]	

8

187

静岡

所屬部隊 關東軍防疫給水部 昭20.1.1 調

處決兵種 官等 氏名 唐山嵩昇 復員

本籍（留守擔當者現住所續柄共）

浜名郡北庄内村堀江二三三六 父 久四郎

摘要

188

関東軍防疫給水部（満二五二〇二）

所属部隊	氏名	本籍	備考
雇員	大川 保	三重県南牟婁郡荒村大字[illegible]	[illegible] 不 24.9.20 解
〃	荘村 英雄	〃 津市大字[illegible]	召 20.8.26 解
技仕	谷 利勝	〃 [illegible]	召 20.8.26 解
嘱	中村 道夫 大2.10.10	東京都[illegible]（中村[illegible]方）	23.6.25 [illegible] 復員連(2)

189

李纸送与金河胡隆

189-10

国家社科基金抗日战争研究专项工程

侵华日军细菌战罪行史料整理及专题数据库建设（16KZD014）

关东军防疫给水部复七名簿（下）

主编：杨彦君

CCTP
中央编译出版社
Central Compilation & Translation Press

上海交通大学出版社
SHANGHAI JIAO TONG UNIVERSITY PRESS

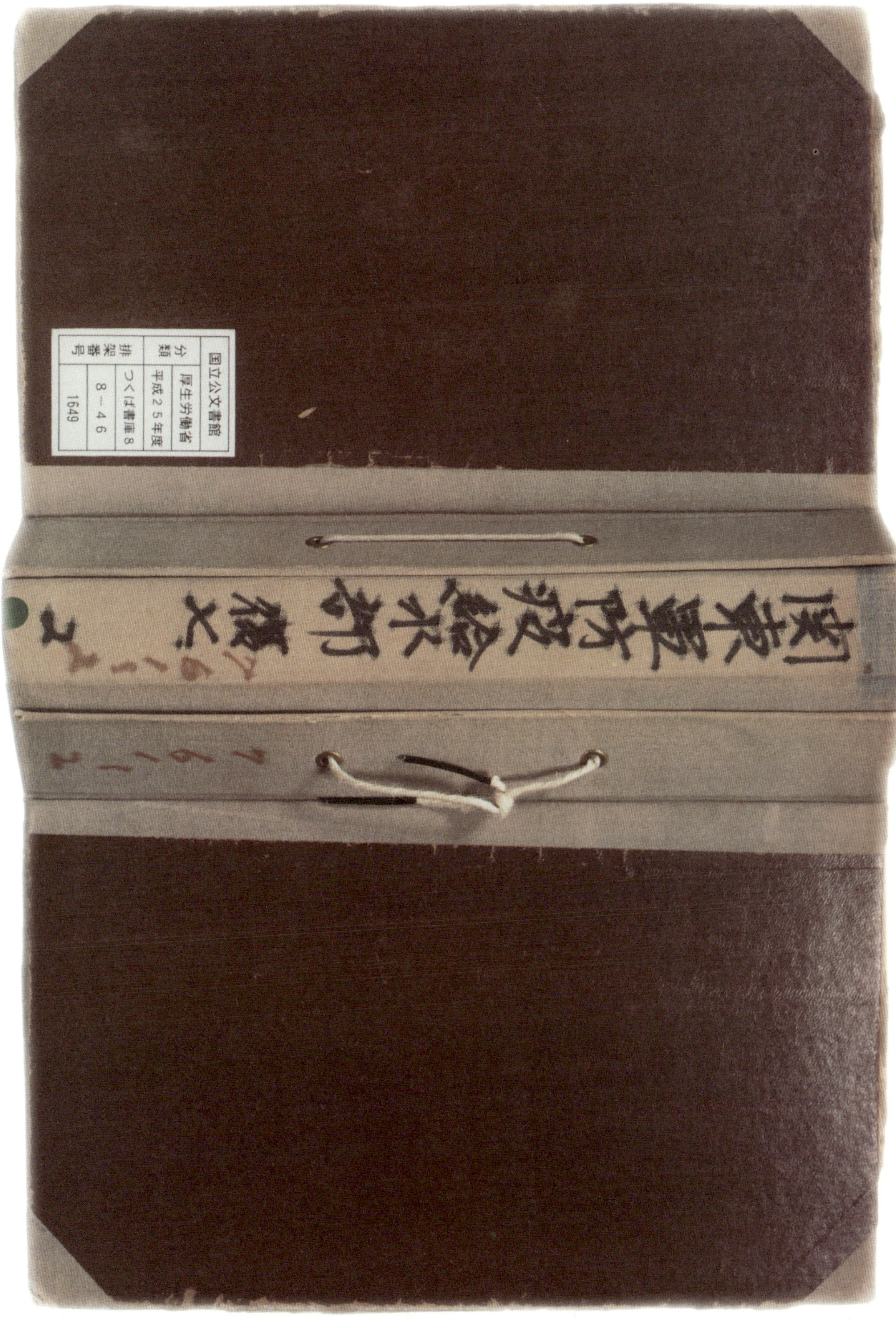
国立公文書館
分類 厚生労働省 平成25年度
排架番号 つくば書庫8 8－46
1649
関東軍防疫給水部

取扱注意
部隊名
整理番号
関東軍防疫給水部
2の内
2
関東軍防疫給水部
満洲第六五九部隊復七名簿
分類
分類

中部

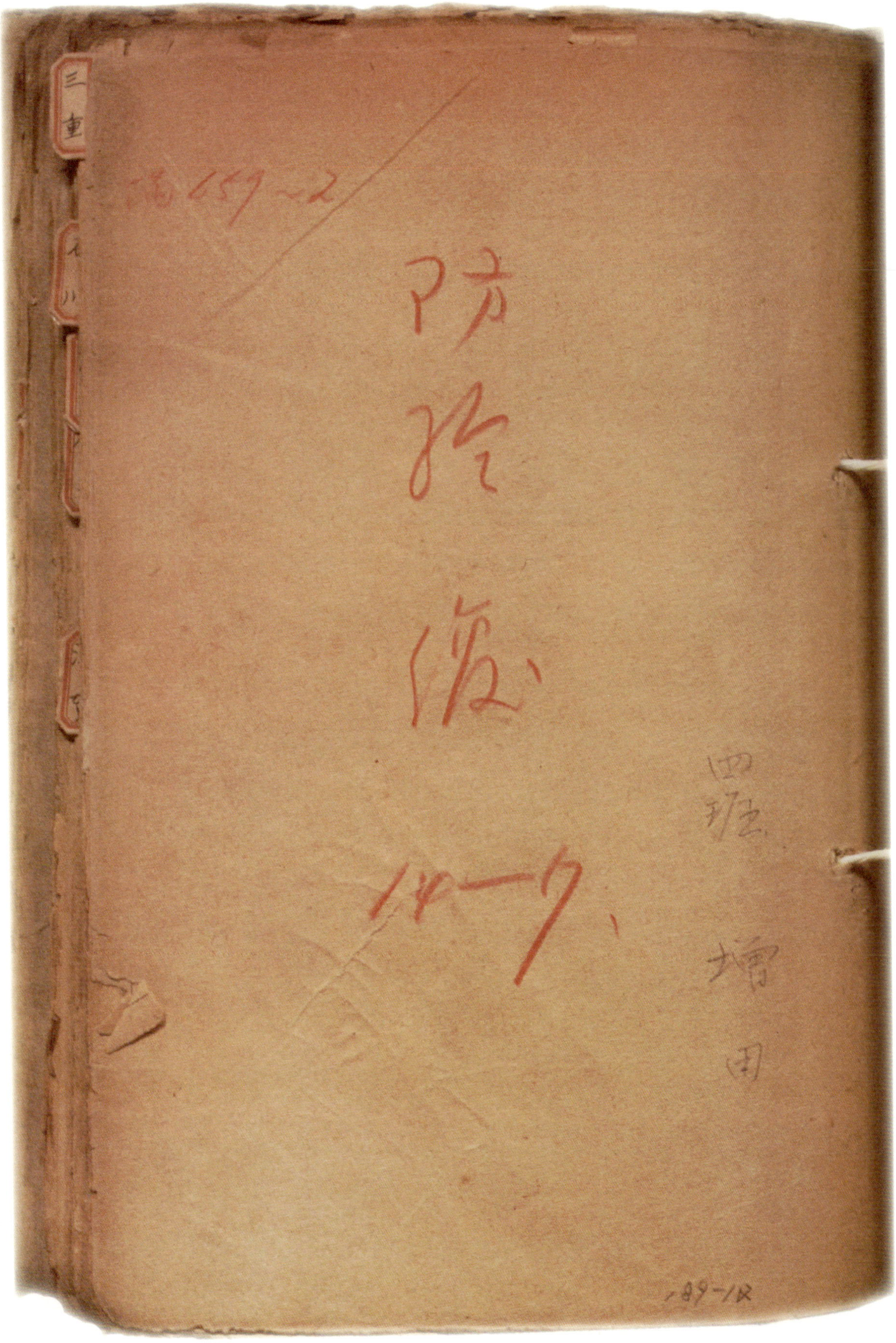
三重

	千葉縣 船橋市		川口太郎	ム
	〃 千葉市	[illegible]	渉　薪子	ム
	〃 印旛郡	上	黒澤三治	生
	〃 山武郡	上	小高正直	生
	〃 印旛郡	[illegible]	立﨑末吉	ム
〃	〃 東勝郡	[illegible]	藤平恒夫	ム
ハルビン支部	東京都 京橋區	[illegible]	赤平善智	生
〃	〃 大森區		五十嵐英	生
〃	〃 板橋區	上	石井繁雄	生
〃	〃 京橋區		伊勢田富二	生
〃	〃 本所區		稲村義男	生

情報部　十四

黒河支部	千葉縣長生郡	屬	阿井孝吉	生
〃	〃夷隅郡	少佐	鈴木喜一	死見
〃	〃山武郡	曹	美濃輪文男	生
	〃夷隅郡	屬	磯野由佐美	ム
教育隊	〃香取郡	上	伊藤馨	生
〃	〃市原郡	少尉	小宮茂雄	生
〃	〃香取郡		澤田愛三郎	生
〃	〃長生郡	中尉	富田利正	生
通信隊	〃君津郡		石村安雄	生
	〃匝瑳郡	雇	荒田忠良	ム

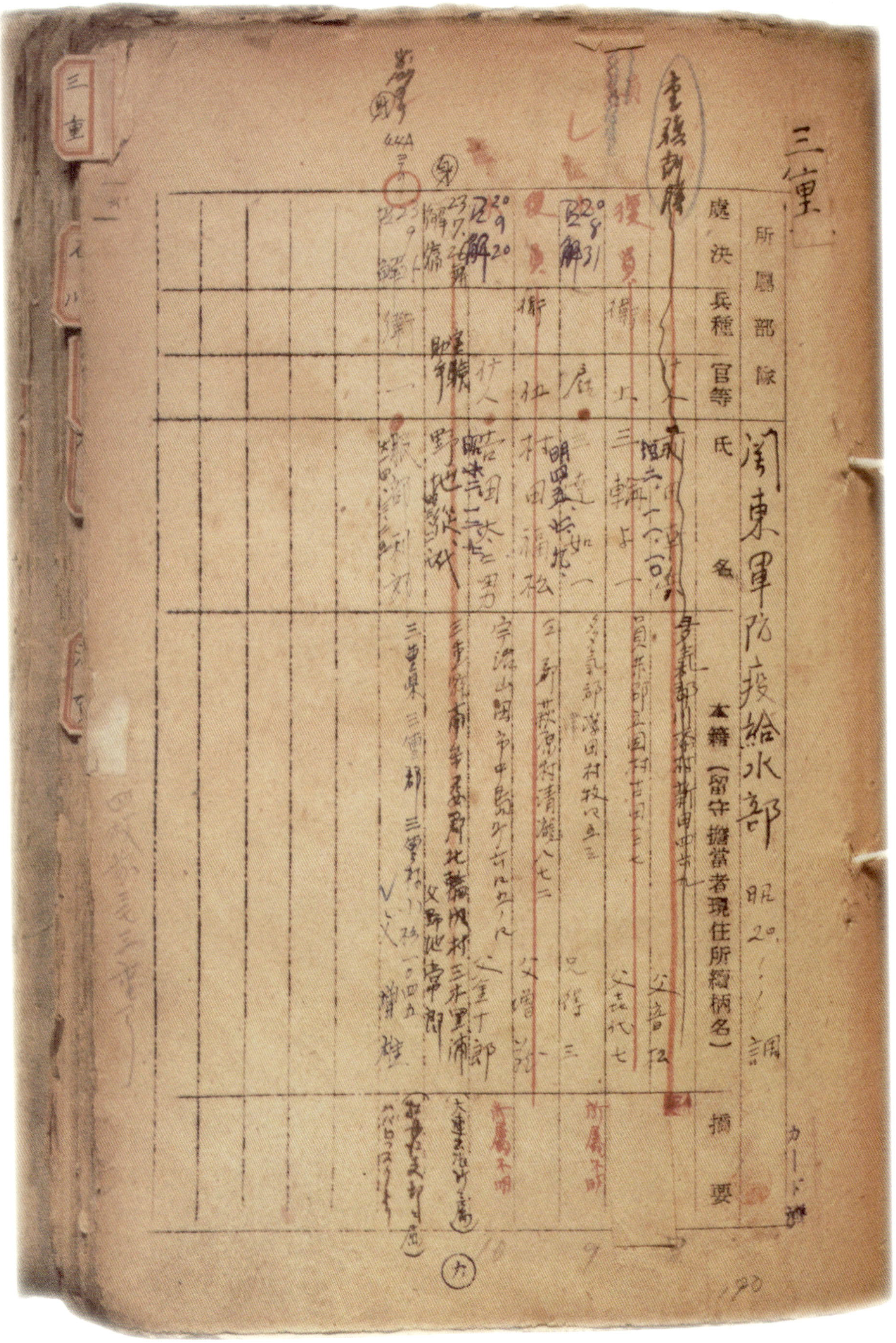

三重
所屬部隊
關東軍防疫給水部 昭20.1.1調
處決
兵種
官等
氏名
本籍（留守擔當者現住所續柄名）
摘要
カード

三重縣

摘要	本籍（留守担当者現住所氏名）	氏名	官等	兵種	所属部隊 處決
	三重縣多賀郡花垣村[illegible] 父 [illegible]	中矢高一	雇員		復員
23.6.23	〃山口県[illegible]（東京都[illegible]）妻 [illegible]	中村道夫 大正[illegible]	〃	〃	昭和[illegible]
三世[illegible]（24.[illegible]）	〃多気郡三瀬谷村上三瀬[illegible] 父 留木郎	畑山博 大正三.二.二五	〃	〃	復員
	〃多気郡[illegible]村[illegible] 妻 [illegible]	森作市	技手		復員
	増[illegible]	副士昭和[illegible]			[illegible]
	〃桑名郡[illegible]村[illegible] 父 [illegible]	[illegible]三郎 明三四.[illegible]	傭人		復員
	〃名賀郡名張町[illegible] 妻 [illegible]	[illegible]三郎 明三[illegible]	〃	〃	復員
	[illegible]	[illegible]	傭		復員
	[illegible]	[illegible]	傭		復員
	[illegible]	牧野[illegible] 明[illegible]	傭		

所属部隊：関東軍防疫給水部

191

所屬部隊	處決	兵種	官等	氏名	本籍（留守擔當者並住所續柄名）	摘要
関東軍防疫給水部	復員		傭	筒井常吉	三重県度会郡[illegible]傳村永会二七 妻 筒井小竹	
	復員	衛	大	豊住巽[illegible]	〃 上野市西山七三九 妻 豊住よしへ	

力 力

198

所屬部隊 関東軍防疫給水部（満六五九）

處決	兵種	官等	氏名	本籍（留守擔當者現住所續柄名）	摘要
	衛		[illegible]	[illegible]	
日 21.2.27 解	[illegible]	中尉	[illegible] 明治八.九.	桑名市大字[illegible]一五四二 [illegible] 文一	
	衛		[illegible]	[illegible]	
復員	衛		伊藤[illegible]	[illegible]	
復員	衛		伊藤[illegible]	[illegible]	
日 20.9.20 解	〃		大正一〇.一二 [illegible]保	〃 南牟婁郡新鹿村大字遊木 [illegible]	行衛不明
復員	衛		[illegible]	[illegible]	
復員	〃		光岡[illegible]	鈴鹿郡白川村大字小川 [illegible]	
復員	衛		加藤明夫	桑名市大字[illegible]	
	衛		大正 11.23 [illegible]進	[illegible]	
昭 21.9.? 解	衛		昭和五.六.九 [illegible]	[illegible]	[illegible]
復員			[illegible]	[illegible]	

所属部隊　関東軍防疫給水部

處決	兵種官等	氏名	本籍（留守擔當者現住所續柄名）	摘要
復員	[illegible]	[illegible]	[illegible]	
復員	[illegible]	進士[illegible]	[illegible]	
20.9 B解25 復員	[illegible]	昭五.六.十 荘村[illegible]雄	[illegible]	行方不明
復員	[illegible]	[illegible]	[illegible]	
20.8 臣解26	[illegible]	大九.六.二○ [illegible]	[illegible]	行方不明
重複削除	[illegible]	[illegible]	[illegible]	[illegible]
[illegible]	[illegible]	前田[illegible]	[illegible]	[illegible]
[illegible]	[illegible]	[illegible]	[illegible]	
[illegible]	[illegible]	[illegible]	[illegible]	
21.5.9 舞鶴復員	嘱託	小池藤太郎	〃四日市市大字中川原582	㊞に依り所把握

㋕ ㋕

194

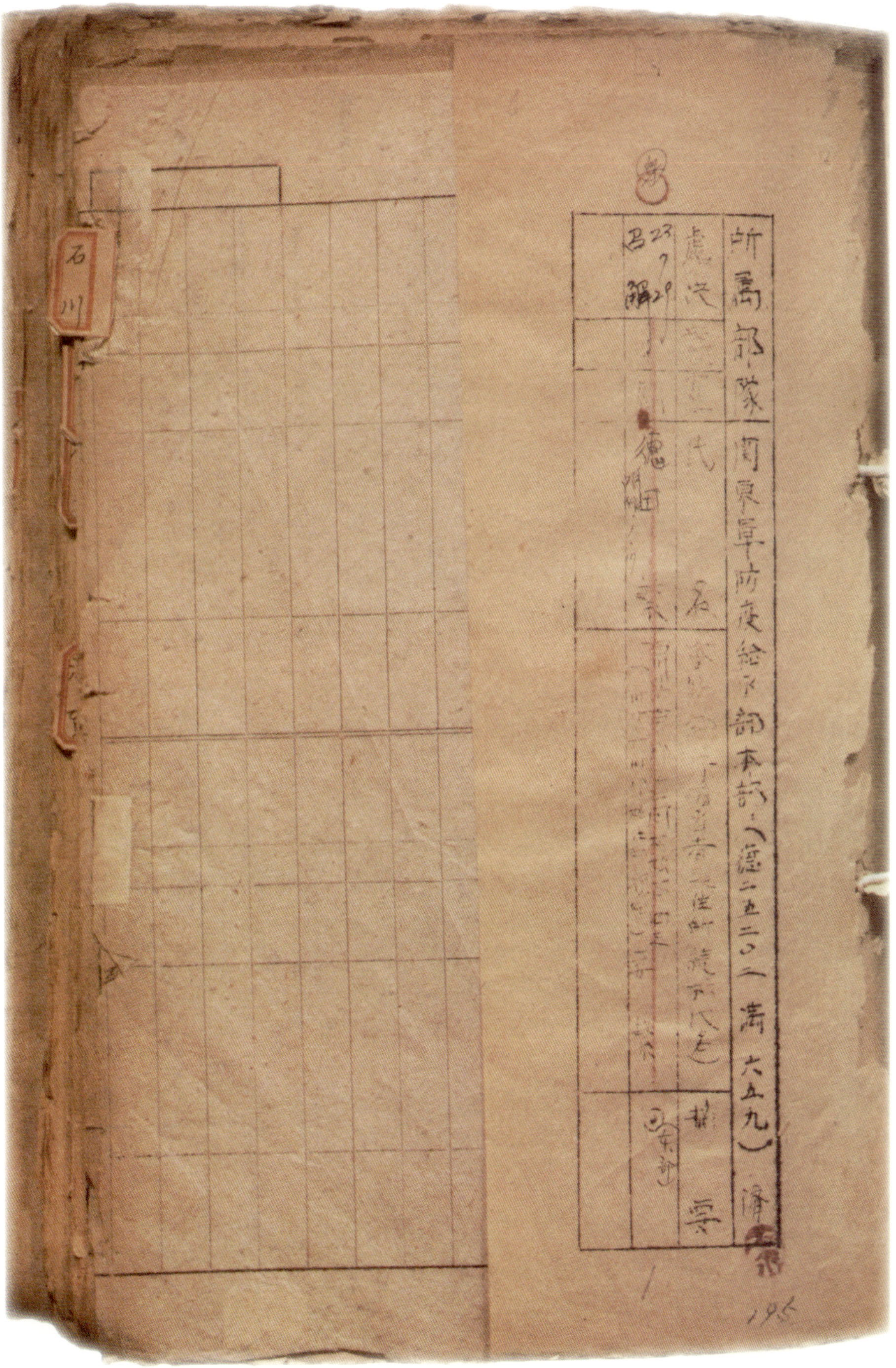
石川
所属部隊 関東軍防疫給水部本部（満二五二〇二 満六五九）
氏名
摘要
195

所属部隊 関東軍防疫給水部

区分	兵種官等	氏名	本籍（留守担当者現住所続柄氏名）	摘要
復員	雇	嵐 徳一	石川県羽咋郡粟保村 妻 澄子	
移員	薬少尉	石黒 守	〃金沢市尾張町二 父 伊六	
復員	雇	井沢豊治	〃河北郡川北村[illegible] 父 秋義	
復員		市村清一郎	〃小松市八幡[illegible] 父 兼松	
復員		大村太市	〃石川郡[illegible]東村[illegible] 父 太三郎	
召解	〃	[illegible]國三一	〃金沢市南新保町[illegible] 父 喜市	
移員	〃	小門前茂正	〃羽咋郡[illegible]村	
／		梅谷寿代	〃金沢市北石坂町三五 母 [illegible]	
移員	〃	松本喜作	〃鹿島郡[illegible]木村字上野十部 妻 [illegible]子	
20.10.28 復員	二	[illegible]	〃金沢市[illegible]町 兄 久雄	
／	雇	[illegible]田久次	〃金沢市[illegible]町 兄 久雄	
復員	〃	中[illegible]喜佐	〃鳳至郡[illegible]村 妻 [illegible]	

昭20.11.1

196

石川

復員	兵	中林重之	石川県羽咋郡西知町于子浦一九	父	十太郎	七二一
復員	〃	西倉勇	〃 能美郡鳥越村	妻	セツ	
復員	〃	蓮池範高	能美郡鳥越村	妻	喜代	
復員	〃	田西勝磨	〃 能美郡国府村	妻	政子	
復員	〃	濱中長雄	〃 鳳至郡穴水町	父	長吉	二五二〇二
復員	〃	林原正治郎	〃 珠洲郡西海村大谷	妻	ふみ	
復員	〃	畑中栄蔵	〃 鳳至郡町野村寺山	妻	いつ	二五二三
復員	〃	久木權右エ門	〃 鹿島郡西岸村	妻	八千	
帰還 復員	〃	二木秀雄	〃 金沢市長土塀一番丁三三	妻	あい子	
復員	〃	前田定義	〃 鹿島郡西島村	兄	定義	
復員		前田芳子	〃 鹿島郡西島村	兄	政吉	
復員	〃	道下喜忠	〃 金沢市大手町	兄	喜則	七三一

197

所属部隊　防疫給水部

区分	兵種	官等	氏名	本籍（留守担当者現住所続柄名）	摘要
復員	技	上	宮丸彌	石川県金沢市鍛冶町一六六 兄 三兵衛	
		雇	村上政雄	〃 河北郡花園村 妻 静子	三九〇九
復員		〃	山下清一	〃 金沢市泉野町八四 母 ミサヲ	二二二〇二
復員		〃	山下公	〃 金沢市泉野町八四 母 ミサヲ	二五二〇二
復員		〃	山口三郎	〃 金沢市備中町七二 妻 音子	二五二〇二
		〃	吉村一男	〃 石川郡蔵山村 父 寅親	[illegible]
20.8.21 空〇解		〃	金塚男二雄	〃 羽咋郡越路野村 父 益一	梱運転
復員		〃	北村清治	〃 石川郡曲千塚村 父 義治	
E名簿により除隊す		〃	中出厚	〃 小松市小島町一八 父 外松	一級介入 [illegible]
復員		〃	二羽龍夫	〃 能美郡佐上町 父 九之吉	
帰還		〃	西外茂治	〃 小松市蛭川町ヌ一五二 父 兵作	
帰還		〃	堀敬夫	〃 小松市蛭川町 母 初子	

三九〇九 復員

198

三重

石川

[illegible]帰還

役員

役員

南川利麟	石川県石川郡一木村	父 利秋
吉田連雄	〃 能美郡根上町	父 孝一
横川嘉市郎	〃 石川郡一木村	父 [illegible]

[illegible]

199

富山

20.8.14 戰死（[illegible]）

所屬部隊　關東軍防疫給水部牡丹江支部（滿[illegible]、第六四三）

處遇　[illegible]

兵種官等　衛一

氏名　●石田晴義　大4.6.30

本籍（留守担當者現住所續柄名）　富山縣婦負郡熊野村下井澤二九七（杉原村太田）　義兄　小川教正

摘要　敍勲[illegible] 23.7.26

44

200

関東軍防疫給水部（満六四〇）

20.1.1 調製

所属部隊	兵科（官等）	氏名	本籍（留守宅又ハ現住所等）	摘要
復員	軍属 雇	青木清一	〃 富山県西礪波郡[illegible]村[illegible] 妻 青木ノブ	
20.10.3 下調	〃	市岡長松	〃 下新川郡[illegible] 知人 [illegible]	
	技師	岡本辰三 明33.2.10	〃 西礪波郡[illegible]村[illegible] 妻 岡本ぬい（大連[illegible]）	所在不明
復員	〃	岡本新造	〃 富山市[illegible] 妻 岡本澄子	
復員	傭人	笹田卓次	〃 東礪波郡[illegible]村[illegible] 笹田友喜	
復員	傭	島田精一	〃 射水郡大[illegible]村中野 父 島田政次郎	
復員	〃	神田[illegible]雄	〃 東礪波郡[illegible]村 父 神田[illegible]太郎	
復員	〃	高田幸義	〃 中新川郡滑川町高月 妻 高田ヨシ	
復員	〃	太田外次	〃 東礪波郡[illegible]村太田 父 太田作蔵	
復員	〃	宝勝[illegible]七	〃 西礪波郡[illegible]村[illegible] 妻 宝勝スミ子	
20.11.7	〃	米田道子 大15.6.6	〃 富山市清水町一 父 米田源三郎	
復員	〃	大谷[illegible]	〃 下新川郡泊町大町 父 大谷久松	

44-2

201

17

所属部隊 関東軍防疫給水部

階級（兵科）官等	氏名	本籍（留守担当者現住所・氏名）	備考
雇	岡本繁院	富山県下新川郡泊町草野八七〇 文 岡本源院	20.8.24 召解
〃	松越隆	〃 婦負郡野積村東底三〇八 文 松越一郎	
〃	大谷五郎	〃 下新川郡泊町七七 文 大谷久松	
〃	岡本		
軍属 雇	板垣幸惣太	新潟県岩船郡八幡村大字塩谷石七二 第・甲第	22.12.22 戦病死

20.8.17 召解 前在隊

県誤記 林清

23.9.2

未届

富山

所屬部隊　関東軍防疫給水部

處決

兵種 官等　衛

氏名

本籍（留守擔當者ノ住所氏名）

摘要

死

復員

203

富山縣

所屬部隊	關東軍防疫給水部
處決	ロシア移
兵種	送
官等	少佐
氏名	西田重衛
本籍（留守擔當者現住所續柄名）	富山県東礪波郡東太美村寺家二四 父 為田
摘要	

204

富山

所屬部隊	關東軍防疫給水部 昭20、4、1調		
處決兵種	氏名	本籍（留守擔當者現住所番地）	摘要
雇人	吉田静	富山市千泉町三七三	父 正治
〃	福居稔	婦負郡黒瀬谷村小長谷三八六	父 兼見
〃	岡本繁治	下新川郡泊町草野八二〇	父 源治　同隊軍復
〃	松越隆	婦負郡野積村業山領三〇八	父 一郎　同隊軍復

21
復員

8

9

205

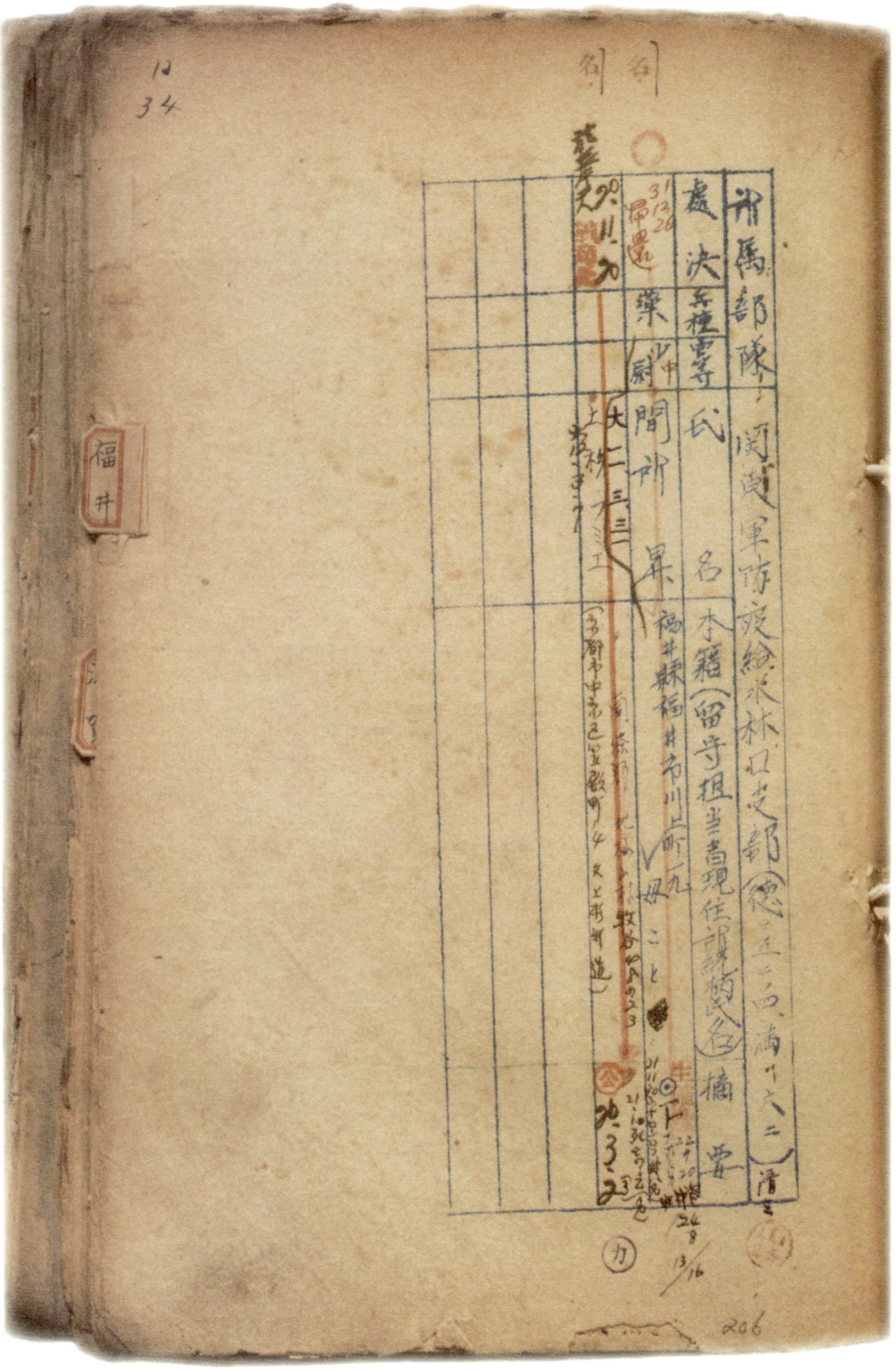

12
34
所属部隊　関東軍防疫給水部林口支部（満二五二〇二）
兵種官等　薬　少尉（中）
氏名　間所　昇
大二、三、三
本籍（留守担当者現住所氏名）摘要
福井県福井市川上町一九
母　こと
処決
31.12.26 帰還
29.11.20
福井

34—1

関東軍防疫給水部　20.1.1調製

處決兵籍	官等	氏名	本籍住所、続柄、名
復 技	雇員	石田忠義	福井県三方郡十村井崎四一号七　父　新三郎
22.2 復	雇	岩本篤志	〃今立郡服間村相木一五号九　弟　志人
召解	傭	上野金次郎 [illegible]	〃坂井郡鷹巣村　兄　辨二
召解	雇	上野米藏	〃坂井郡北潟村番堂野二八号三　妻　スサヲ
20.8.30 引揚	雇	香取志人	〃今立郡服間村相木一五号九　父　兼松
20. 復	雇	斉藤一三	〃丹生郡天津村円巻　福井市乾新町一七五　父　与作
召解	傭	[illegible]	敦賀市松島町一〇三号一二　父　金次郎
召 20.8.30 解	傭	[illegible] 照子	敦賀市松島町一〇三号一二　父　金次郎
召解	雇	千鮒一郎	福井県大野郡大野町清水二八号二　妻　たみ子
21. 復	雇	竹澤正二	福井県吉田郡志比谷村諏訪間一号　父　駒吉
22.11 復	雇	高山一男	福井市乾新町五〇　福井県今立郡服間村字… 妻　松枝
復	雇	出口瀬平	〃丹生郡朝日村… 父　仁
召解 20.8.30	雇	畑正一	〃吉田郡森田町下森田一〇号九　妻　光尾

34 … 人

所属部隊 関東軍防疫給水部

区分	兵種官等	氏名	本籍（若ハ現住所）、氏名
20.8.21 召解	傭	松田 信 昭三・二・一	福井県大野郡荒土村松田三三一 父 善之
20.8.24 召解 (包)	雇	藤田 勇 大二・四・二九	〃吉田郡河合村川合鷲塚一三 母 [illegible]展子
(復)	雇	山本市三郎	〃今立郡上池田村安善寺一〇 妻 玉枝 京都府北桑田郡黒田村
彩 仲防給（召集）	医 大尉	松浦茂耀 大五・九・三	福井市佐佳中町一五ノ二 妻 愛子
召解	雇	水野与七郎 明四五・一・二六	〃豊島中島町六〇一 妻 冨士子
21.3.24 召解	傭	毛利俊子 大一五・二・[illegible]	福井県吉田郡河合村川合鷲塚一三 兄 正俊
(復)	雇	小崎光郎	〃足羽郡社村南江守六号十八 母 静子
重症	衛 准	米澤 [illegible]	〃 〃 丹生郡城崎村[illegible]一一二六 妻 [illegible]子

終戦時[illegible]防給ニ移籍（[illegible]）

13.12.11　18.9

208

福井

所屬部隊　關東軍防疫給水部　昭20.1.1調

處決兵種官等　召解　衛准

氏名　栄澤準　大五.十一.三

本籍（留守擔當者現住所番地）
丹生郡城崎村大字道口五号ノ八
（丹生郡城崎村大字二二六　井上ゆき方）
妻ヨシ子

妻　義田麗子　大8.6.9
福井縣吉田郡河合村川合鷲塚八号の25
父　勇

概要
福岡予報記
調査中

209

F.V

福井

項目	記入
所屬部隊	関東軍防疫給水部（満六五九）
處決	
兵種	傭
官等	
氏名	大嵩□□ 大十五.六.一〇
本籍（留守擔當者現住所續柄名）	福井県坂井郡丸岡町丸岡上田四三号ノ二五 父 駿太郎
摘要	潤□中

210

未歸還者留守名簿（京都） 昭和二十[illegible]年五月[illegible]編

所屬部隊	關東軍防疫給水部林口支部（滿二五二〇三滿一六二）
處決 兵種官等 氏名	本籍（留守担当者現住所續柄名）
31.12.24 歸還 経 中尉 竹内源藏	京都市中京区河原町四條上ル[illegible]町九 京都市下京区松原通[illegible]屋町東入[illegible] 母 [illegible]
摘要	

31.12.24

所屬部隊 関東軍防疫給水部

薬剤少尉 竹内源藏 中京区[illegible]

[illegible]田[illegible]

30.2.24

京都

所属部隊 関東軍防疫給水部　昭20.1.1調

處決	兵種	官等	氏名	本籍・留守宅・現住所・続柄名		摘要
忍 20.2.15 解		技ヘ	村上美代子	宇部市…	父 権太郎	
召解		雇	山本久枝	京都市…	父 …三郎	
20.11.20 …		技	大七三六二 漆門基	(京都府…) 加佐郡岡田下村上川三七	母 みい	
		〃	森下忠彦	(舞鶴市上新屋敷一三)	母 好栄	⑦ 兵庫へ移籍
			傭 25204部隊			
20.5. 戦病死		属	桐谷… 傭25206	京都市中京区壬生森町五九 (京都市中京区壬生高樋町三一)	父 富次	28.7.20 広島…
未		属	田中孝一	(京 御村竹野郡上宇川村字中一二八七〇)		31.7.…

所属部隊 関東軍防疫給水部（満六五九）

處決 兵種 官等 氏名 本籍（留守擔當者現任所續柄名） 摘要

民解 28.3.30 徴死 19.9.18 大六.二.二三.

民解 年 20.12.21 今田川 優 〃 大田郡 [illegible] 人 [illegible]

明三七.二.八.

大六.一二.五 大元.一一.四 長野縣 [illegible] 郡 [illegible]

明四四.一一.八.

官解 21. 23.7.17

所屬部隊 関東軍防疫給水部

處決	兵種	官等	氏名	本籍（留守擔當者現住所及氏名）	摘要
召解	雇		宮内三郎	[illegible]	
召解			杉山清[illegible]	[illegible]	
昭20.8.5 解	衛	技手	田中清雄	[illegible] 五十七 [illegible]	
変移	主	技手	竹内清蔵	[illegible]	
召解 20.8.30	技手		高村治一郎	[illegible]	
召解 20.8.30	雇		田原健夫	[illegible]	
召解			田村正也 大七.九.六	[illegible]	

13 12

214

京都府

所屬部隊 関東軍航空路線部

處理	兵種	官等	氏名	本籍（留守擔當者現住所續柄名）	摘要
大連 決定 30.3.29	技	五	明四四.二.一四 [illegible]	京都市下京区 [illegible] 松原 [illegible] 西洞院町	20.7.? 大連 [illegible]
20.? 召解	〃	〃	浜田 穂	〃 左京区田中飛鳥井町一八番地 妻 靚子	
20.8.? 召解	業務手		長谷川 [illegible]	京都市東山区三條通 [illegible] 母 みよ	
20.8.? 召解	〃		長谷川 玉枝	京都市東山区三條通 [illegible] 母 みま	
20.8.? 召解	〃		仝 とよ	仝 右	
召解	在		樋口 勝 大五.五.一	〃 船井郡下和知村川原一〇 父 富吉	
21.9.8 召解	備		[illegible] 明四一.九.一九	〃 京都市 [illegible]	
召解	〃		[illegible] 明四三.七.一一	京都市中京区 [illegible]	11
20.9.1 召解	前歩		[illegible]	[illegible]	
召解	備		細川 昇 昭二.四.四	〃 松井郡梅田村 [illegible]	

所屬部隊　関東軍防疫給水部

處決	兵種	官等	氏名	本籍（留守擔當者ノ住所續柄名）	摘要
㊆ 20.8.31 解	砲	上	寺井一	京都府船井郡高原村富本 寺井孫吉	㊞
㊆ 20.7.31 解	薬	大尉	内藤收	京都府舞鶴市下福井一四四 内藤ワキ	㊞
2?.8.? 舞鶴除隊	衛	軍	若井民男（大八.五.三）	京都市上京区大宮通寺之内上ル前之町 父 熊次郎（大正?）	
[illegible]		属	小澤鶴子（大8.2.26） 井口つる	（同）京都市左京区山端川端町一 長女 井口きさ	三.二

50年生存来信あり

11 17 16

㊋ ㊋ ㊋ ㊋

216

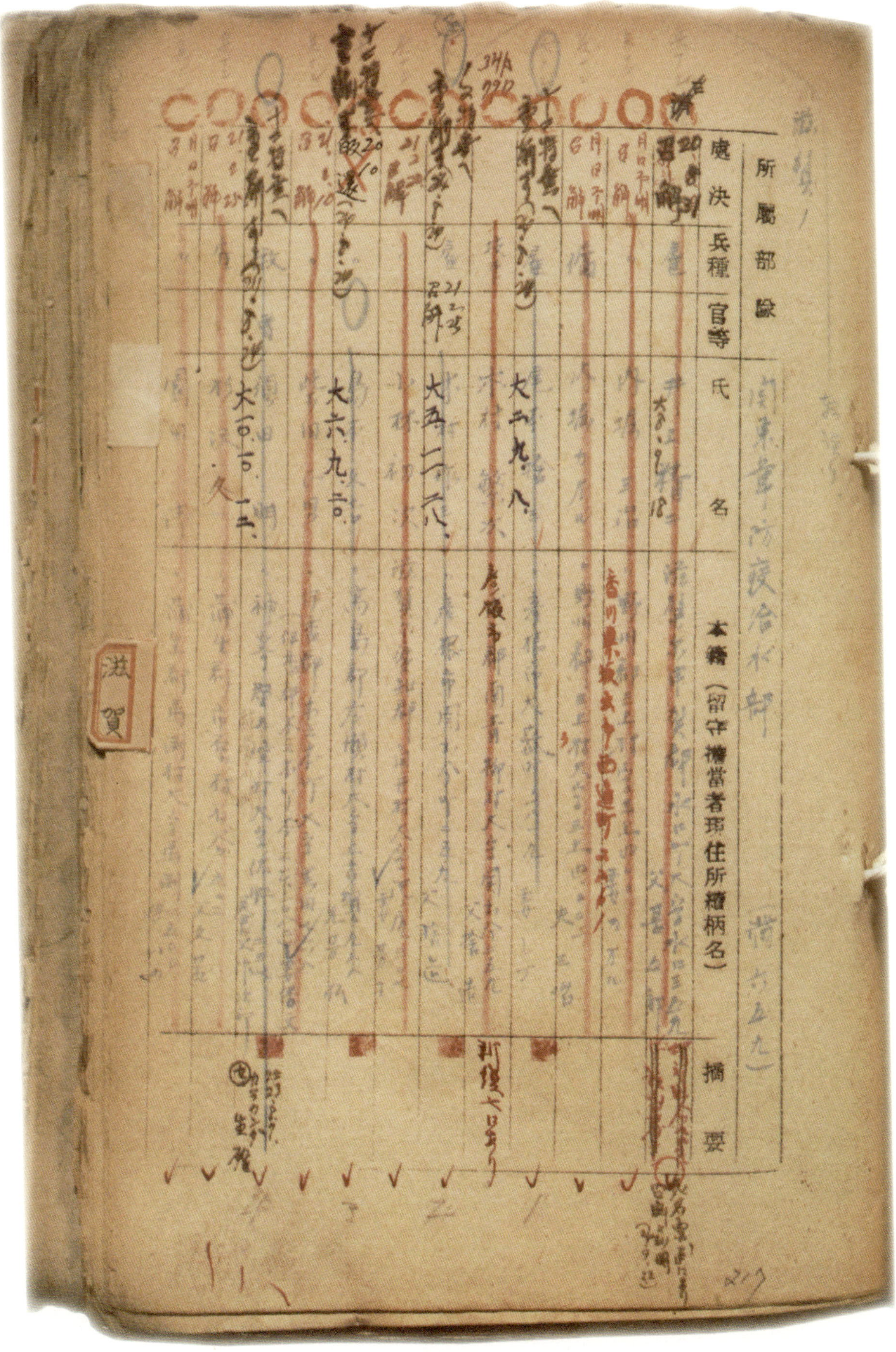
所属部隊
處決
兵種
官等
氏名
本籍（留守擔當者並住所續柄名）
摘要
関東軍防疫給水部
滋賀

所属部隊	処決	兵種	官等	氏名	本籍（留守擔當者現住所續柄名）	摘要
	召解	[illegible]		[illegible]	[illegible]	
	月日予州 召解	[illegible]		[illegible]	[illegible]	
	24.11.5 召解	工	曹	須田明 大8.10.12	滋賀県神崎郡五峯村佐野[illegible]（岡山県御津郡建部町[illegible]外次郎）	[illegible]

218

(1)

所屬部隊　関東軍防疫給水部　昭20.1.1調

處決	兵種	官等	氏名	本籍（留守擔當者現住所續柄名）	摘要
昭21.10.15解		雇	松宮文次郎	犬山郡豊[illegible]村[illegible]九[illegible]八九一　父 文次郎	
昭20.8解26		〃	山本嘉重良	坂田郡長浜町[illegible]一四一（長浜市南呉服町八〇五三三）父 吉[illegible]	
昭20.8解26		傭人	梅田[illegible]	彦根市新町通籠二番町二五　父 武	
昭20.8解26		〃	大塚歌次	愛知郡[illegible]村[illegible]二九〇　父 十二	
昭20.8解31		〃	加藤重[illegible]	彦根市安清町乙三三五　父 繁吉	
昭20.8解30		〃	神山四郎	甲賀郡甲南村[illegible]二六九三　父 [illegible]郎	
昭20.8解24		〃	北川光男	彦根市平田町四二三　父 留次郎	[illegible]
昭20.9解3		〃	小[illegible]登	〃市 松原 一五七　父 善造	
昭20.8解25		〃	宗田八[illegible]男	長浜市神前町一一六七　父 繁[illegible]	
昭20.8解23		〃	舟田清	〃市 三ツ矢町三二一（〃 日吉町三二一）父 常次郎	
昭20.8解[illegible]		〃	田口修一	愛知郡[illegible]三七三七　父 吉[illegible]	
昭20.8解20		〃	長[illegible]仙也	〃郡[illegible]　父 仙[illegible]	

229

(2)

滋賀

所屬部隊 関東軍防疫給水部 昭20.1.1調

處決	兵種	官等	氏名	本籍(留守擔當者)住所續柄名	摘要
昭20.8.30 解		傭人	西川良平	坂田郡米原町上多良二九八 父 租雄	
昭20.8 解31		〃	福永勇	甲賀郡大原村神一五一二 父 富次郎	
昭20.8 解26		〃	前田保	愛知郡西秋見村本庄二七二七 母 きみ	
昭20.8 解19		〃	村田博	長濱市永保町五八 兄 建二	
昭20.8 解22		〃	森下忠彦	彦根市上新屋敷一三 母 好栄	
昭20.8 解26		〃	米田三章	長濱市神前八七 父 正一	

220

滋賀縣

所屬部隊 関東軍防疫給水部

處決	兵種	官等	氏名	本籍（留守擔當者現住所續柄名）	摘要
[illegible]	衛		中川信治	滋賀縣長濱市[illegible]町 父 米吉	
[illegible]	技	手	西村繁雄	神崎郡[illegible]村[illegible]九五三 妻 [illegible]	
召 21.11.10 解	衛		[illegible]谷新一	伊香郡木之本町九九八 父 秋次郎	
召 [illegible] 解	技	手	平尾錦次郎	[illegible]郡[illegible]村大字下田[illegible] 妻 [illegible]	
召 20.8.31 解	衛		[illegible]	[illegible] 父 [illegible]	

221

奈良縣分

関東軍防疫給水部

所屬部隊	處決	兵種	官等	氏名	本籍（留守擔當者現住所續柄名）	摘要
	復員	傭人		中山安祐	奈良縣吉野郡川上村[illegible]三九 兄 錬之助	
	20 8 30 召解	〃	〃	中谷勝治	〃高市郡金橋村東竹田八七八 父 菊勝	
	復員	〃	〃	中島六一	〃宇陀郡神戸村春日四二八 兄 治郎	
	20 8 30 召解	〃	〃	西古養二	〃山辺郡丹波市町三島四六六 父 亮雄	
	復員	〃	〃	花谷勝一	〃吉野郡[illegible]村池津川五四 妹 フミ子（宇智郡宇智村[illegible]八五三）	

222

所屬部隊　関東軍防疫給水部

處決	兵種	官等	氏名	本籍（留守擔當者ノ住所續柄名）	摘要
復還		雇	辻本章助	奈良県宇陀郡宇陀町[illegible] 四四二 父 辻本章太郎	カ
召解		〃	堂本宗吉	〃 宇陀郡[illegible]村[illegible] 一〇三八 妻 堂本[illegible] 宇智郡[illegible]年十二月[illegible]	カ

所屬部隊 関東軍防疫給水部（満六五九）

處決	兵種	官等	氏名	本籍（留守擔當者現任所轄柄名）	摘要
返還	衛		今木寿雄	[illegible]	
返還	衛		植村[illegible]郎	[illegible]	
召解	〃		武本清嗣	〃 北葛城郡柴城村大畑[illegible]	

奈良

未

処決	兵種	官等	氏名	本籍（留守担当者住所氏名）	摘要
所属部隊			關東軍防疫給水部		昭20.1.1調
		雇	前田寛 大三.六.一	生駒郡生駒町山崎六二〇（父 貞三）	ハイラル 久文郎
7/9 召解	衛	曹長	森脇清 大七.十二.二六	仝 郡平群村…七三一 父 虎吉	
		傭人	麦田秀義	高市郡新沢村…一〇三 兄 諒哲	
召解		雇	山田義弘	北葛城郡磐城村長尾三三一 父 安次郎	
		〃	好川十郎	宇陀郡宇陀町小出口二三九 妻 清子	
20.8.30 召解		傭人	吉川清 昭四.六.一生	磯城郡織田村芝八六九 父 槇吉	大阪より転入
21.7.7 召解		雇	鵜飼弘夫	奈良市包永町697の6 父 為吉	

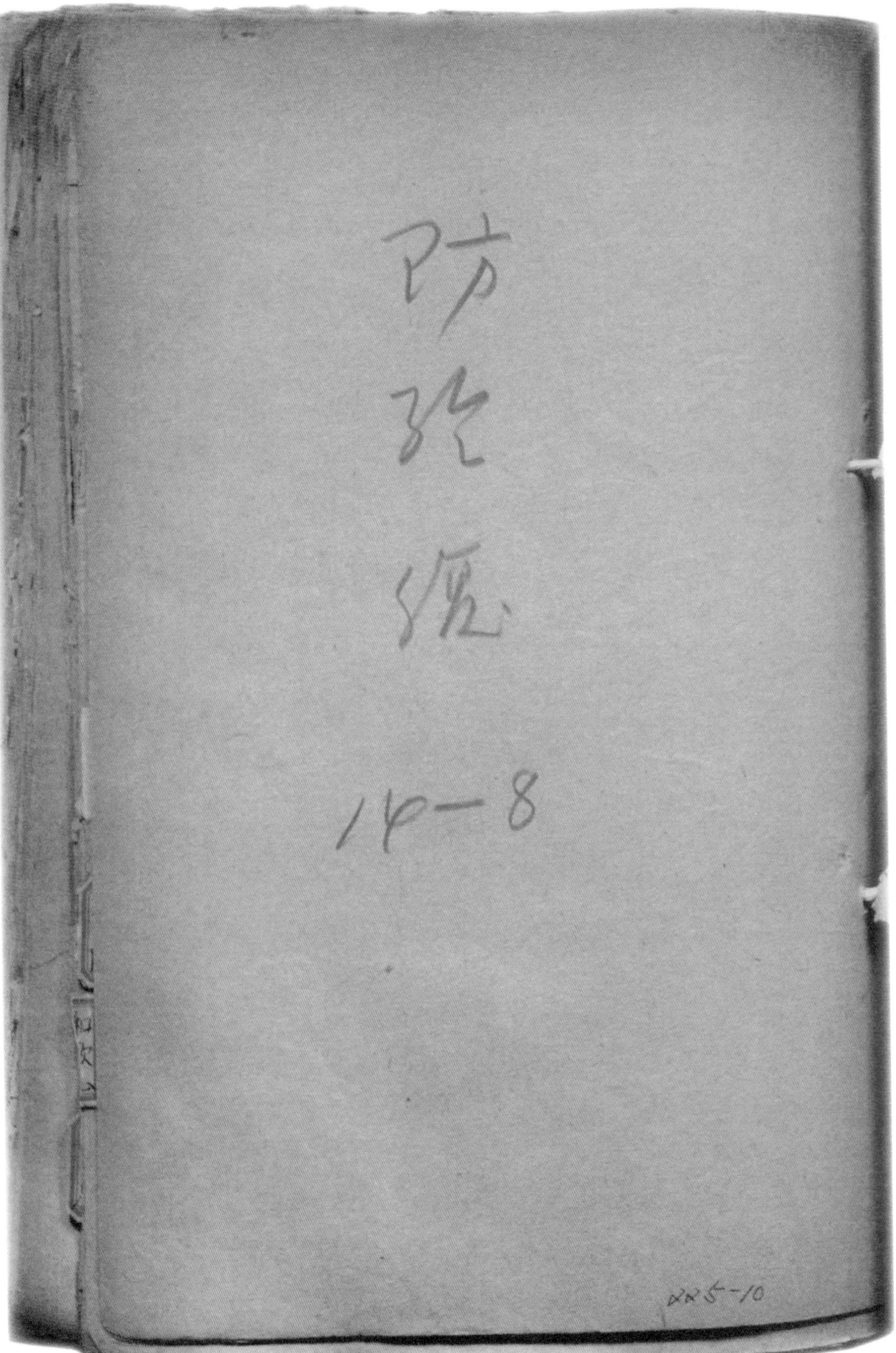
防
14-8

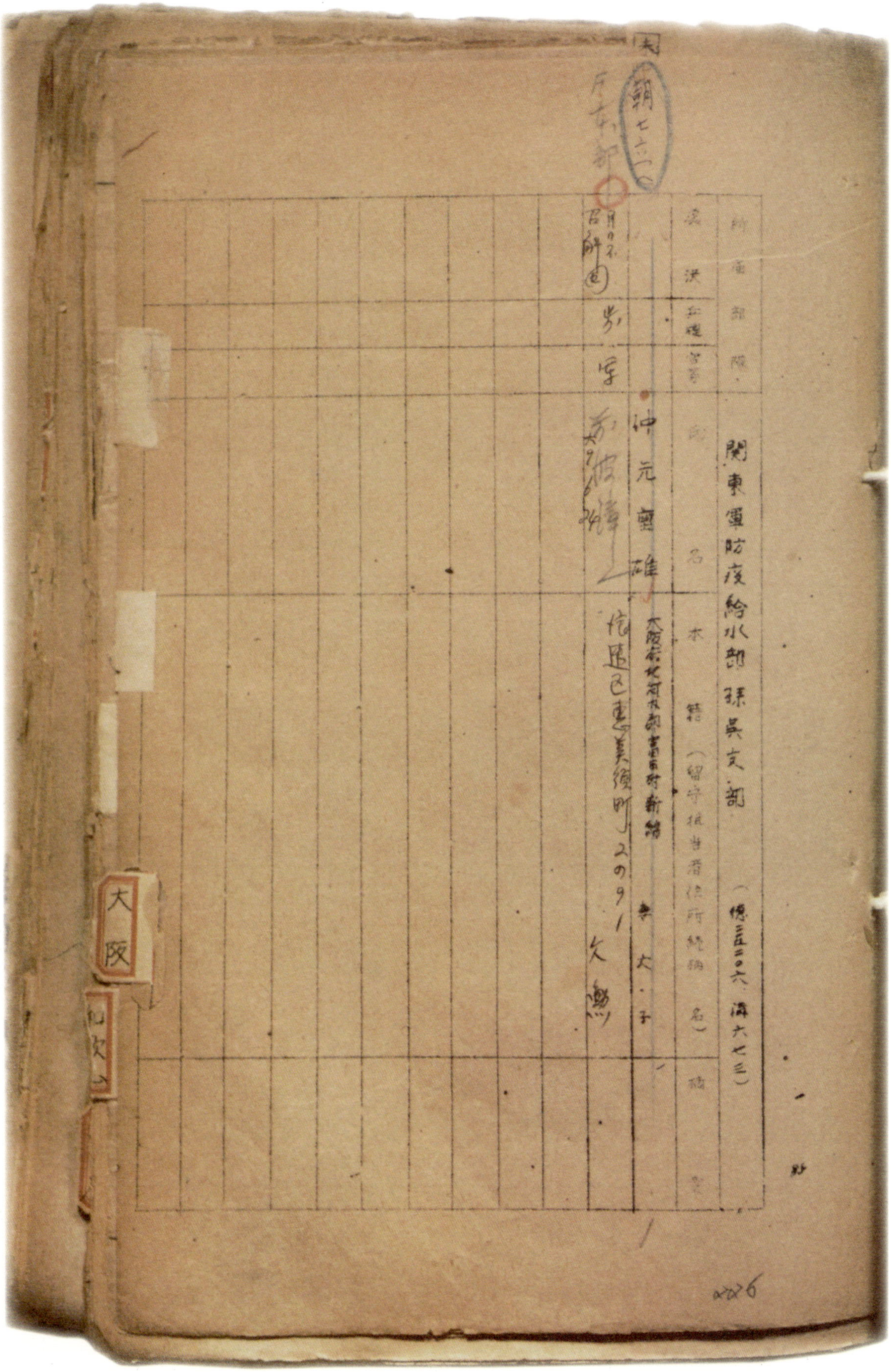

朝七六〇

所属部隊　関東軍防疫給水部孫呉支部（懐三五〇六、満六七三）

階級	官等	氏名	本籍（留守担当者住所氏名）
	歩	沖元重雄	大阪府北河内郡［四宮］村新結　大字

大阪

名簿

未

所属部隊　関東軍防疫給水部林口支部（徳二五七〇〇、満一六二）

身分	兵種官等	氏名	本籍（留守担当者住所続柄氏名）	摘要
衛	砲 新 一	藤　藤原喜一郎 山本重幸（大10、3、24）	（東北郡大王村和田一〇四　父　豊次郎）大阪市天王寺区大通り3丁目38（母コナミ）兄重彦	21.12.10セミヨーノフカ567第大死甲

23.11

㋕

关東軍防疫給水部牡丹江支廠（満二五〇三 溜六四三）

一

所屬部隊	處決	兵種官等	氏名	本籍（留守担当者住所続柄氏名）	摘要
牡丹江支	25.4.17 召解	衛	青野正雄	大阪市住吉区沢之町一五六 信子	[illegible]
			角大野一技	大阪市南区鍛冶屋町（東淀川区豊里町北通一丁目）〔母〕 松	20.11.[illegible] 21.[illegible]

力

228

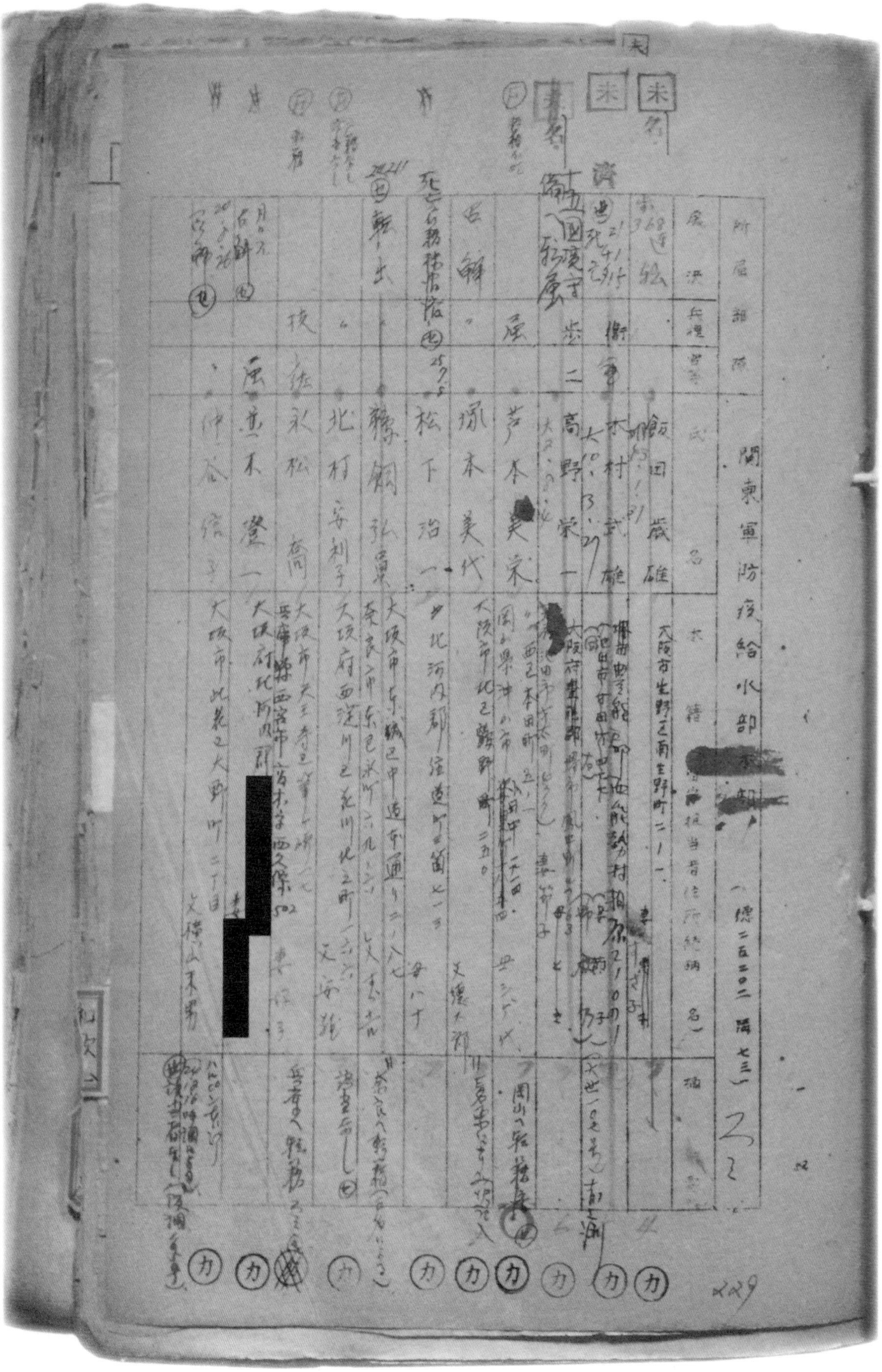

関東軍防疫給水部本部（満二五二〇二 隊七三）

所属部隊	階級	兵種官等	氏名	本籍	摘要
			飯田蔵雄	大阪市生野区南生野町二一一	
		衛	木村武雄	播磨 [illegible]	
		歩二	高野栄一	大阪府豊能郡 [illegible]	
		雇	芦本美宗	岡山県 [illegible]	岡山へ転籍
			堀本美代	大阪市北区 [illegible]	
			松下治一	北河内郡 [illegible]	
			鶴岡弘策	大阪市東成区中道本通り二ノ八	
			北村安利子	奈良 [illegible]	
		技	佐永松喬	大阪府西淀川区 [illegible]	
		雇	屋並不登一	大阪市大正区 [illegible] / 兵庫県西宮市 [illegible] / 大阪府北河内郡 [redacted]	
			中谷信子	大阪市此花区大野町二丁目	

カ カ カ カ カ カ カ カ カ カ

229

所属部隊 関東軍防疫給水部海拉爾支部（満二五二〇二 満五四三）

處次 五種雇員

氏名 上田清春

本籍（留守担当者現住所続柄名）

和歌山県新宮市[illegible]七六九四 父 清[illegible]

摘要

百

和歌山

所屬部隊	處決	兵種	官等	氏名	本籍（留守擔當者現住所續柄名）	摘要
関東軍防疫給水部（満六五九）	21.2.27 召解	軍	大尉	松下 [illegible]　大正九．二五．	和歌山県有田郡栖川村大字[illegible]川九九五	

231

和歌山

所屬部隊：關東軍防疫給水部

昭20.1.1 調

處決	兵種	官等	氏名	本籍（留守擔當者ノ住所續柄名）	摘要
20.8.26 解		雇	前田秀一郎 大元九・一八	海南市鳥居一二八 （大分県宇佐郡安心院町[illegible]妻 キクヨ）	[illegible]

[illegible]

228

所属部隊 関東軍防疫給水部 昭和21年1月 日調製 和歌山縣

庭決	兵種官特	氏名	本籍（留守擔當者現住所續柄名）
21.2.27 召解	衛 一	南条五郎 大九.五.八	和歌山縣[illegible]
21.2.27 召解	属	大[illegible] 大[illegible].五.四	仝東牟婁郡太地町[illegible]大地三六七七
20.8.26 召解	属	岡所[illegible] 大[illegible].四.九六	仝東牟婁郡[illegible]川村大字[illegible]一〇一
召解	属	米[illegible] 大一三.一二.二六	仝東牟婁郡[illegible]野一〇一
21.2.10 召解	属	中谷安吉	仝伊都郡九度山町[illegible]中[illegible]三一三
召解	属	岡[illegible]	仝日高郡[illegible]村[illegible]野[illegible]六九八
召解	属	西[illegible]	仝和歌山市[illegible]木丁三五番地
20.10.10 召解	属	堀之内[illegible] 大二[illegible]	仝那賀郡粉河町[illegible]粉河三二三
召解	〃	山[illegible]政夫 大[illegible]	仝海草郡[illegible]村[illegible]一四五
		山[illegible] 大[illegible]	

和歌山

處決	兵種官等	氏名	本籍（留守擔當者現住所續柄名）	摘要
20.9.1 召解	技手	大仲三子雄 明四三.七.八	和歌山県日高郡川中村大字三佐四〇三 文太郎	
20.8.26 召解	四年	関潤[illegible] 大元.一一.三	和歌山県東牟婁郡色川村大字高野一六一	ハルピン平房 [illegible]
召解	〃	[illegible]前晴君 大四.一一.一	〃西牟婁郡近野村大字野中 [illegible] 花助	
21.2.20 召解	〃	[illegible] 大九.一〇.一八	〃西牟婁郡岩田村大字岩田 [illegible] 徳助	

関東軍防疫給水部（満六五九）

16 15 13

×34

所屬部隊　関東軍野戦給水部

新把握
31、2、24、民室支

處決	兵種	官等	氏名	本籍（留守擔當者現住所續柄名）	摘要
20、8、26 [illegible]上陸	[illegible]	傭	大2、3、1 辻本保雄	和歌山県和歌山市十番丁四四二 辻本タニヱ	死 不分 ハルビン東
帰還		技手	高橋秀雄	和歌山県市西庄町6、（岡山県苫田郡鏡野町大字円宗寺62ノ1 妻 山本[illegible]）	

復令五十号

所属部隊　関東軍防疫給水部（徳[illegible]〇一　満大[illegible]九）

処決	兵種 官等	氏名	本籍（留守担当者現住所　続柄　名）	摘要
22 1 18		伊藤　時哉	兵庫県 伊丹市伊丹六八一　隣保代表　仲田安吉	
召解 21 4		正木　政夫	〃 加古郡平岡村（印南郡大塩町）	
召解 23 12 1	二	焼山　長男	〃 宍粟郡染河内村東河内三一四六（父　新太郎）	独混七九旅[illegible]へ（三 二 八九 転）

兵庫

㋕　㋕　㋕

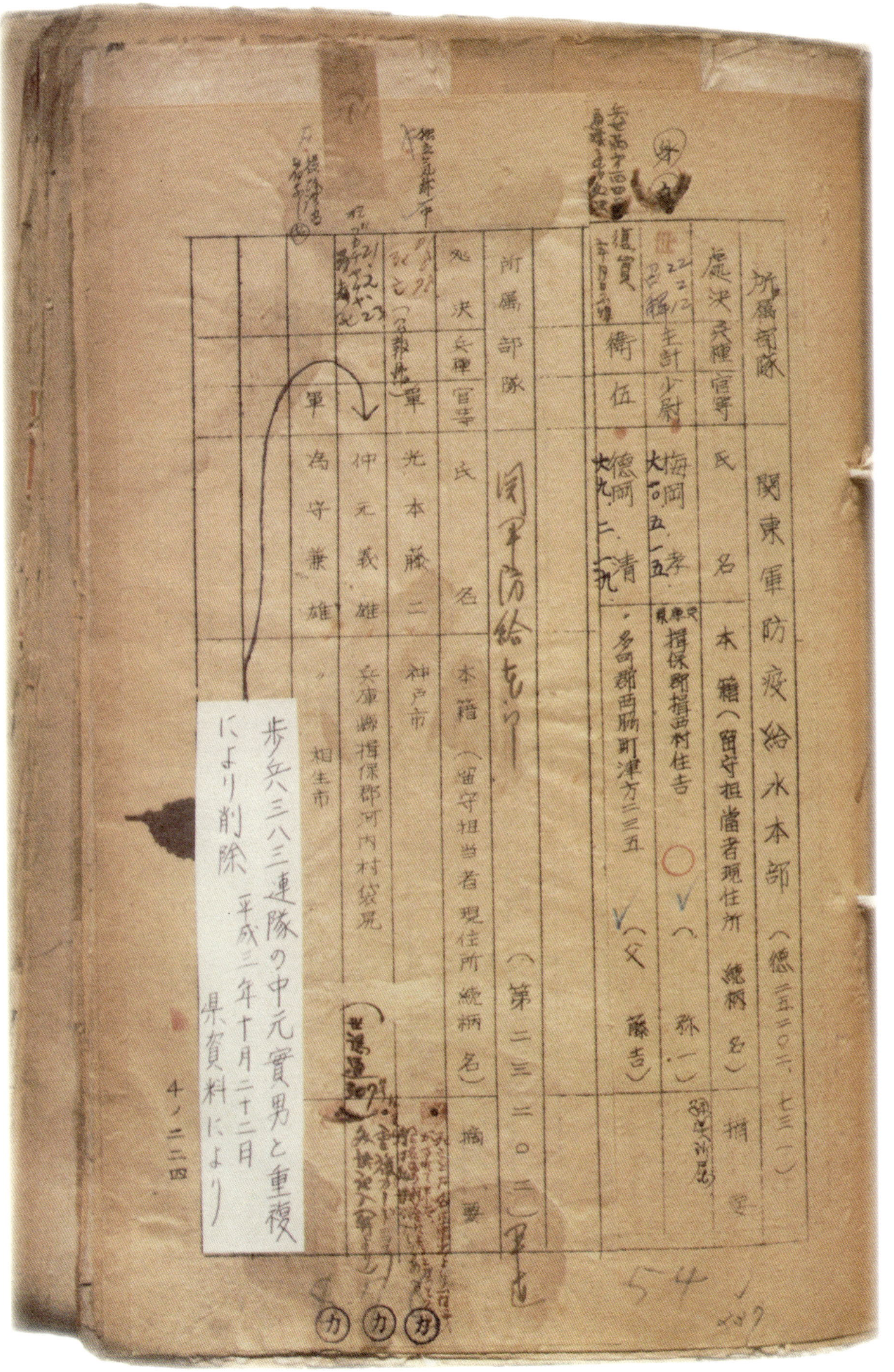

所属部隊　関東軍防疫給水本部（徳二五二〇三・七三（一））

処決 兵種 官等	氏名	本籍（留守担当者現住所続柄名）	摘要
主計 少尉	梅岡孝 大6.5.15	兵庫県揖保郡揖西村住吉	（ 弥一）
衛伍	徳岡清 大9.2.19	多可郡西脇町津万二三五	（父 藤吉）

所属部隊　関東軍防給七〇二（第二三二〇二）

処決 兵種 官等	氏名	本籍（留守担当者現住所続柄名）	摘要
軍	光本藤二	神戸市	
	中元義雄	兵庫県揖保郡河内村袋尻	
軍	為守兼雄	〃 相生市	

歩兵八三八三連隊の中元實男と重複により削除
平成三年十月二十二日
県資料により

4ノ二二四

（未）
名

所属部隊　関東軍防疫給水部林口支部

処決	兵種	官等	氏名	本籍（留守担当者現住所 続柄 名）	摘要
帰還 22.6.20 舞鶴	工	兵	末広 福次	兵庫県 加東郡河合村栄生大大四　（妻 さい子）	
20.8.13 戦死	歩	上	山田 勝次 大12.12.[illegible]	[illegible]崎市日高町日軍三四ノ四　（父 梅太郎）	21.7.31 名

（カ）（カ）

288

未 未

所属部隊　関東軍防疫給水部孫呉支部（徳二五二〇六 満六七三）

処決	兵種	官等	氏名	本籍（留守担当者現住所 続柄 名）	摘要
23.12.4 召解	軍属		坂越□一郎 大六.三.一四	兵庫県 宍粟郡神野村奥一、〇六八ノ一（父 力松）	ハイラル〔イ？〕ラルにて入院 23.5.10 23.9.15 ハバロフスク（ハイラル 第〔？〕経理）
28.8.17 戦病死	主	少尉	堀田鎌一郎 大9.2.16	愛知県 〔？〕合 〔？〕内通（岐阜県海津郡今尾町材木町 母 〔？〕 〔？〕）	24.10.19 16/13（〔？〕）

未

所属部隊　関東軍防疫給水部孫呉〔林口？〕支部（徳二五二〇〔？〕 満五〔？〕三）

処決	兵種	官等	氏名	本籍（留守担当者現住所 続柄 名）	摘要
22.11.9 召解	工	少尉	井上〔？〕 大四.一〇.一二	兵庫県 姫路市〔？〕原下太田二六二（母 〔？〕）	（〔？〕 正 〔？〕）

一八四三

(力)

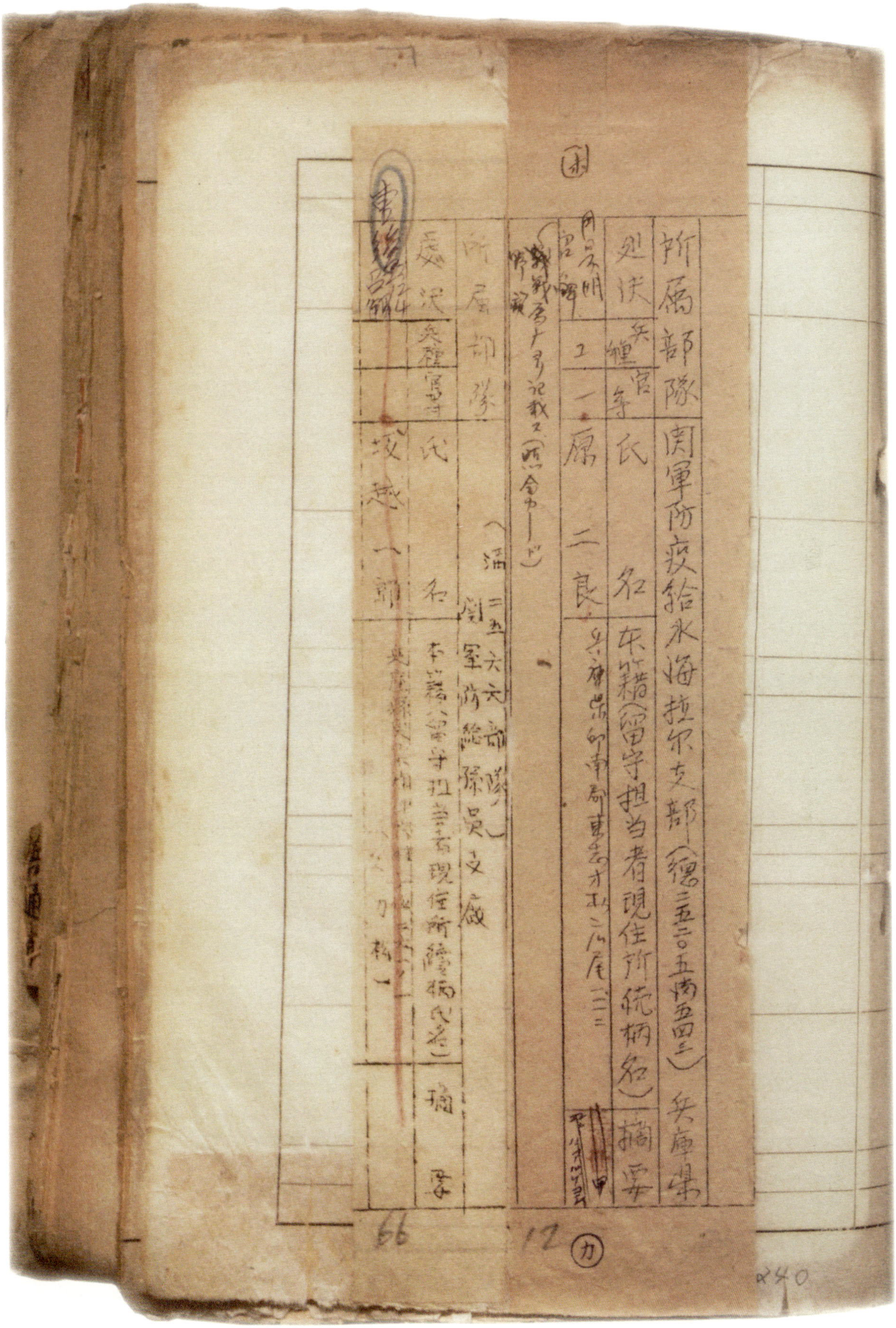
所属部隊 関東軍防疫給水部海拉爾支部（満二五二〇五満五四三） 兵庫県
処状
兵種官等
氏名
本籍（留守担当者現住所続柄氏名）
摘要
工
一
原 二 良
所属部隊
関東軍防疫給水部（満二五六六六部隊）
処況
兵種官等
氏名
本籍（留守担当者現住所続柄氏名）
摘要
66
12
力
240

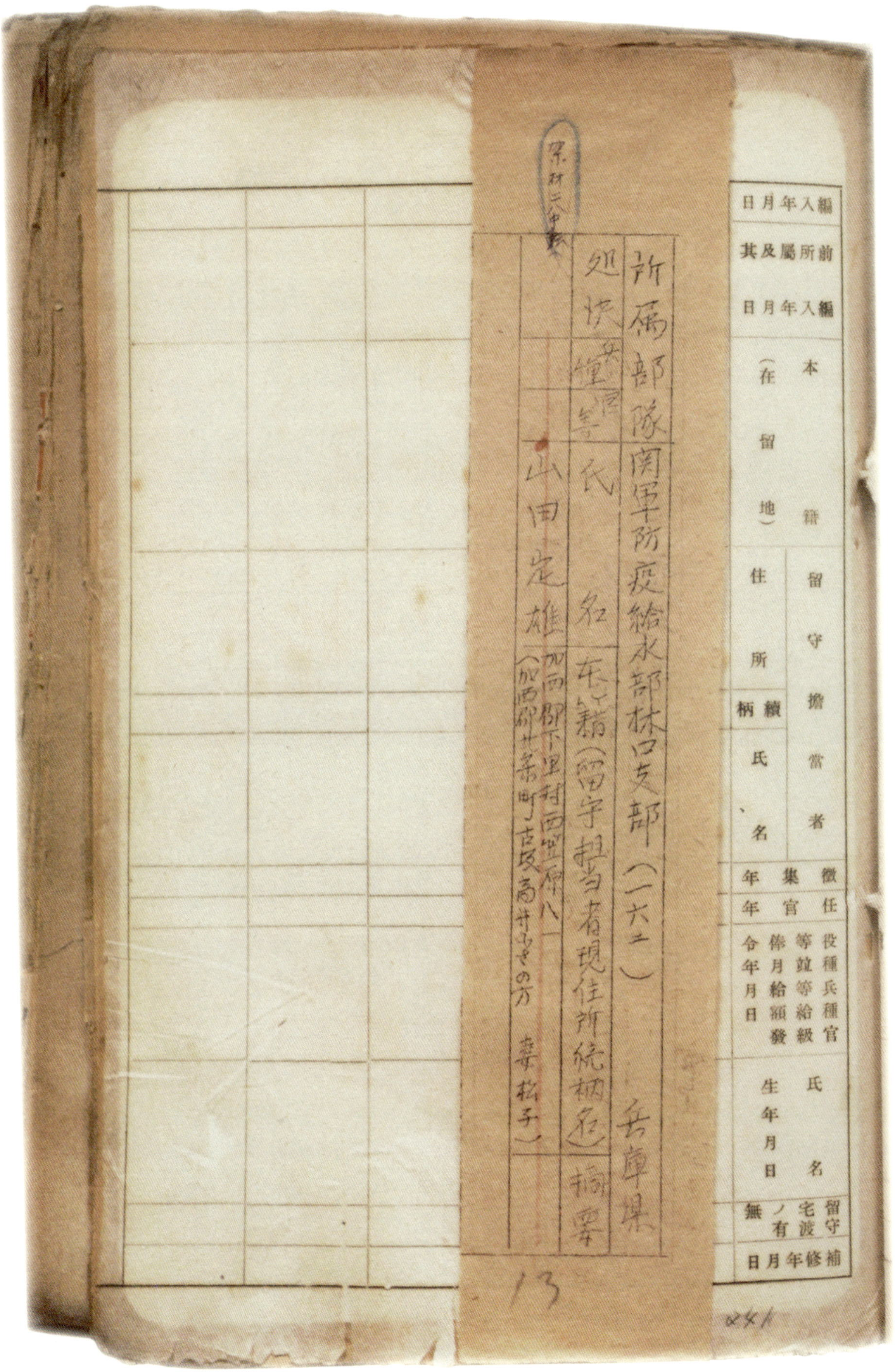
所属部队 関東軍防疫給水部林口支部（一六二） 兵庫県
処遇（兵）官等 氏 名 本籍（留守担当者現住所続柄名） 摘要
山田定雄 （加西郡下里村西笠原八一） （加西郡北条町古坂高井みさの方 妻松子）

编入年月日
前所属及其编入年月日
本籍（在留地）
留守担当者 住所 続柄、氏名
徴集年
任官年
役種兵種官等級 俸給月額 等給等級 発令年月日
氏名 生年月日
留守宅渡ノ有無
補修年月日

13

241

兵庫県

所屬部隊 関東軍防疫給水部

處決	兵種	官等	氏名	本籍（留守擔當者ノ住所竝柄名）	摘要
20.8 西解	衛	雇員	西谷次郎 大七.一.一	兵庫県美方郡熊次村葛畑一九四 妻 [illegible]子	
西解	〃	〃	盛島友義 明四五.四.[illegible]	〃明石郡大久保町江井島一八 兄 猪太郎	
西23 7.7 西解	〃	〃	菊池[illegible]	〃神戸市[redacted] 妻 [redacted]	大連出張所ニ居
20.8.22 西解	歩	上	[illegible]義孝 大九.六.十五	〃神戸市[illegible]宮町二ノ二四 叔父 [illegible]喜二	〃ハルピン東郊ニ於 20.8.16 時期ノ結果
西解	衛		牧野[illegible]	〃揖保郡龍野町龍野 父	

18 17 16 15 14

(力)

兵庫

所屬部隊　關東軍防疫給水部　昭20.1.1調

處決

兵種　官等　傭人

氏名　柳町　彰

本籍（留守擔當者現住所續柄名）　神戸市灘區岸地通二ノ一二　父　要之助

摘要

243

兵庫

所屬部隊 関東軍防疫給水部（満六五九）

處決	兵種	官等	氏名	本籍（留守擔當者現住所續柄名）	摘要
20.8.25 召解	技手		浅田光雄 明[illegible]	兵庫県加西郡九会村[illegible] 妻 利子	月 軍歴 ハルビン[illegible] 26.12.14 [illegible]
召解	〃		飯塚由松 大三.三.八	〃 姫路市[illegible] 妻 [illegible]	
連絡	〃		[illegible] 大四.10.12	〃 揖保郡[illegible]村[illegible]	
20.9.4 召解	技手		島田直市 明四五.七.四	兵庫県神崎郡豊富村豊富[illegible]	
	傭		[illegible] 昭二.二.26	〃 神戸市灘区[illegible]	台中州[illegible] 紙帰 22.1.22
召解	雇		[illegible] 大七.三.二	〃 加古郡多加野村[illegible]	
召解	〃		瀬[illegible]	〃 神崎郡[illegible]	[illegible]百二十一關防疫給水部轉屬

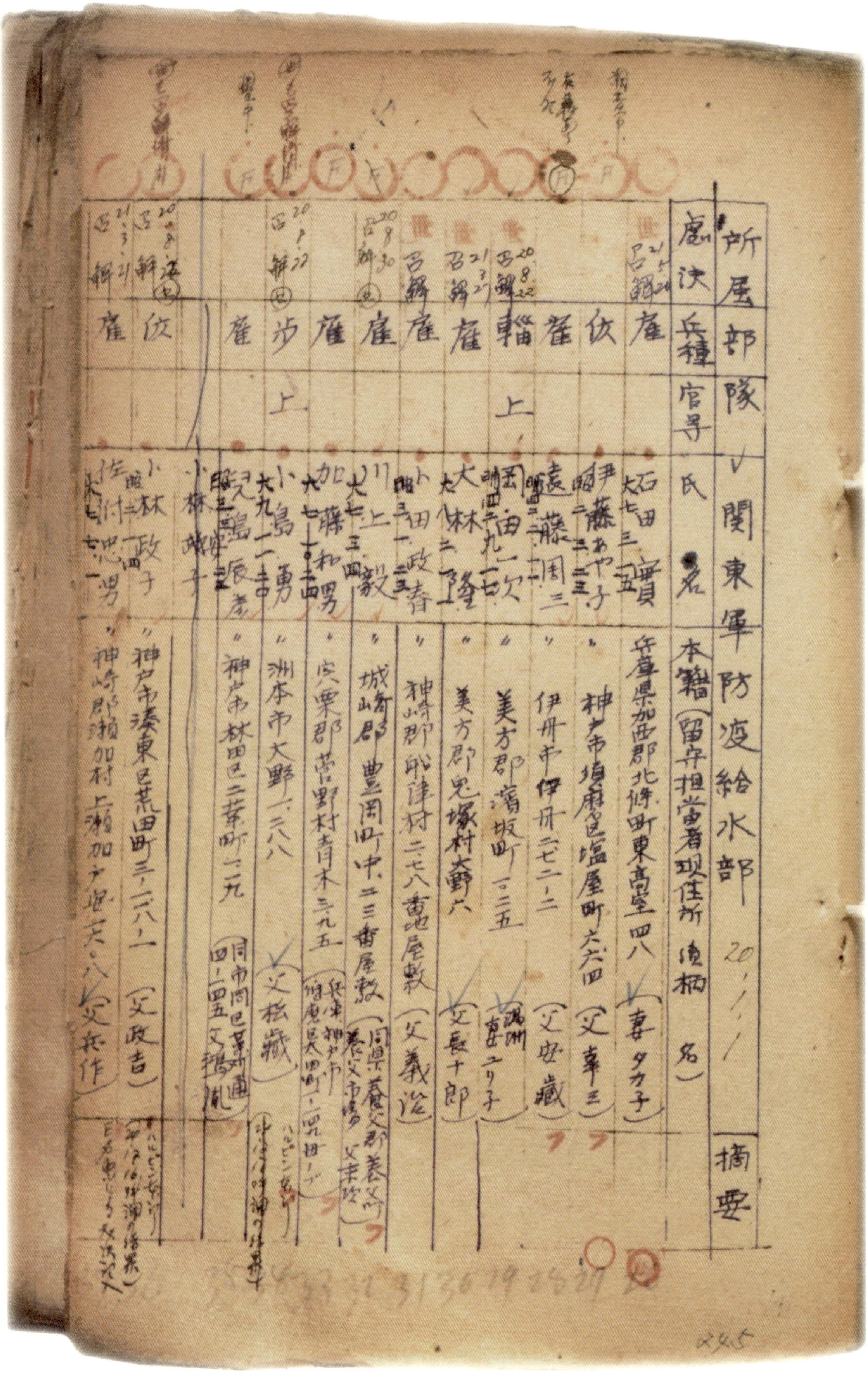

所属部隊 関東軍防疫給水部 20.1.1

処決	兵種	官等	氏名	本籍（留守担当者現住所 続柄 名）	摘要
21.5.24 召解	雇		石田實 大七.三.五	兵庫県加西郡北條町東高室一四八（妻 タカ子）	
	傭		伊藤あや子 昭二.三.三	〃 神戸市須磨区塩屋町六六四（父 幸三）	
	雇		遠藤潤三	〃 伊丹市伊丹二七二-二（父 安蔵）	
20.8.22 召解	輜重	上	岡田一次 明四二.九.一七	〃 美方郡濱坂町一〇三五（満洲 妻 ユリ子）	
21.3.27 召解	雇		大林隆	〃 美方郡兒塚村大野六（父 長十郎）	
召解	雇		小田政春 昭三.一.一三	〃 神崎郡船津村三七八番地屋敷（父 義治）	
20.8.30 召解	雇		川上毅 大七.三.四	〃 城崎郡豊岡町中二三番屋敷（同県養父郡養父町 養父市場 父 末次）	
	雇		加藤和男 大七.十.十四	〃 宍粟郡菅野村青木三九五（兵庫県神戸市 須磨区[illegible]）	
20.7.22 召解	歩	上	小島勇 大九.一.二十	〃 洲本市大野一三八八（父 松蔵）	ハルピン[illegible]
	雇		久鳥辰彦	〃 神戸市林田区二葉町一一九（同市同区菅原通四ノ一四五 父 [illegible]）	
			小林政子		
20.8 召解	傭		小林政子	〃 神戸市湊東区荒田町三ノ一八ノ一（父 政吉）	ハルピン[illegible]
21.3.21 召解	雇		佐木[illegible]總一	〃 神崎郡鶴加村上瀬加戸安六〇八（父 兵作）	

名

名

(ア) 調査中

召解

28.(公) 分引

召解	官職		氏名・生年月日	本籍（留守担当者）
召解㊞	傭		坂口鈴子 大一三.一一.二七	尼ヶ崎市西字前荒内一〇七九ノ二（尼ヶ崎市西家裏南八七三 母マツエ）
召解	雇		嶋田敏雄 大七.五.八	美方郡大庭村戸田二六一（父精一）
24.8.20 召解	雇		嶋田岩雄 昭五.五.二五	飾磨郡御国野村御着一〇四二（父勝治）
21.6.8 召解	傭		嶋村登一 大八.三.二五	佐用郡三日月町上本郷九七二（父亀治）
召解	傭		嶋田付之丸 大九.五.八	美方郡大庭村戸田二六一（満州 兄敏雄）
召解	衛	傭	末松祐二 大九.九.二五	加東郡加茂村穂積七〇（兄駿二）
22.7.8 召解㊞	傭		野□幸政 昭二.四.一〇	神戸市林田区濱中町一ノ一五（父与三郎）
23.11.23 戦死	雇		高岸萬太郎 大七.八.二五	城崎郡奥竹野村大字須谷（父戸市）
20.11.3 召解	雇		家本正夫 大六.八.一〇	佐用郡徳久村下徳久二七（叔父宮平）
20.9.4 召解	雇		中塚功 大七.一二.二六	神崎郡豊富村神谷二三〇三（母はな）
25.4.7 召解	雇		中岡正一 大六.六.一一	美方郡兎塚村福岡九一三（妻 喜楼子） 23.10…
25.3.6 召解	雇		西澤徳助 大七.二.一九	美方郡照来村中辻四九五（父道蔵）
21.9. 召解	雇		西垣清 大六.一二.二七	美方郡小代村神水二〇四（父長太郎）
21.8.1 召解	雇		西谷三郎 大九.一一.一五	美方郡熊沢村葛畑一六ノ三（兄芳右衛門）
21.12.30 召解㊞	雇		藤原幸男 大八.九.三〇	加東郡河合村復井六六七（同郡福田村 父□市吉）（26.6.6 …の結果）
	傭		藤崎□蔵 昭三.一.一五	神戸市林田区御崎本町二丁目四〇（同町二ノ四九三 兄真吉）

所属部隊 関東軍防疫給水部

区分	兵種	官等	氏名	本籍（留守担当者現住所 続柄 氏名）	摘要
20.8 召ノイ（七）	傭		藤原[illegible]子 大六.九.三〇	兵庫県加東郡河合村[illegible]井六七（満洲 夫 幸夫）	
	経	見士	堀田[illegible]一郎 大九.一.[illegible]	〃 神戸市葺合区熊内町二丁目九一（父 松次郎）	[illegible]
召 解	雇		星次延吉 大七.二.一四	〃 神崎郡鶴居村美[illegible]五七五ノ一（父 留吉）	
召 20.8.26 解（七）	技	大尉	松田[illegible]雄 大三.四.五	〃 養父郡広谷村小城九六ノ一（岩手県盛岡市[illegible] 二〇七 父 重蔵）	[illegible]
召 解	雇		柳田政男 大八.一〇.二三	〃 神戸市灘区岸地通二丁目一ノ二（父 要三助）	[illegible]
召 解	雇		山本芳雄 大九.一.五	〃 美方郡大庭村久斗山五七三（妻 玉子）	
召 解	傭		山本清 昭二.三.一三	〃 揖保郡揖保村栗田二五（父 重太郎）	[illegible]
家族[illegible]	雇		山田東治 大五.一.四	〃 城崎郡日高町日置三六四（父 梅太郎）	
召 解	雇		山上秋夫 大八.三.六	〃 城崎郡豊岡村[illegible]道七四（父 秀治郎）（東京都[illegible]区[illegible]）	
	技師		吉田源三 明三三.一.五	〃 有馬郡三田町三五七（妻 繁乃）	
召 解	技師		吉村寿人 明四〇.二.九	〃 加東郡滝野町河高一二四八（妻 久恵）	
21.5.20	傭		郡山彰	〃 神戸市灘区岸地通二ノ一ノ二（父 要助）	

関東軍防疫給水部（満二五三〇）満六五九一

氏名 吉本次茂

本籍（留守担当者現住所続柄氏名）

福岡県戎口郡大高村大字大留 八九三 六 子 吉人

役 甲郡明治村大字府 一四二四 父 吉太郎

大正四年二月六日 宗田吉市

柿原本茂

昭四十九

（群馬県直方郡大白町四丁目） 五〇 妻 房子

22.2.4 留守担当 冨家 未帰 25.2.1 舞上陸 落上 22.6.26 舞鶴上陸 医三

28.12.1 済

府藤正輝 大6.6.19

（神奈川県川崎市 [redacted]

牡丹江支部（643）

（岡山県児島郡興除村東畦 309

▽妻 [redacted]

24.11.3 八四三部隊

25.5 中尉 吉林省長春市長春 大学医学部 勤務中の通信あり

東京都より転籍す

01.5.31 牡丹江

24.7 牡丹江陸軍病院中

昭二十七 鉄西病院長（免）

25.1 終戦

防疫給水部林口支部 二十二 六三

大 氏 名 横病名

中 久 営 出明

54.3.5 帰

55.5.9 通入

39.4.3

表代

24.11.28 収理

(力)

249

所属部隊　関東軍防疫給水部

処決	兵科	官等	氏名	本籍（留守宅担当者住所氏名）	備考
復員	雇		井村寧子	岡山県[illegible]郡[illegible]村大字[illegible]　高橋[illegible]　文[illegible]	
復員	雇	少佐	[illegible]秀夫	岡山市[illegible]	
復員	雇		鈴木光江　明四一.七.二六	〃 [illegible]郡[illegible]村（神戸市[illegible]）鈴木[illegible]	
復員	医	少佐	杉原正毅	〃 吉備郡足守町上足守[illegible]	
復員	雇		[illegible]雄　大七.十.八	〃 浅口郡[illegible]村大字新庄[illegible]	
〃	〃		[illegible]雄　大七.七.四	〃 小田郡[illegible]町[illegible]	
〃	〃		渡部實	〃 [illegible]郡[illegible]村	
復員	医	大佐	永山太郎　明三五.八.一九	〃 [illegible]市[illegible]	
召解	主	中尉	中村敏郎　大五.一.一九	〃 上房郡[illegible]村	
	雇		中山[illegible]太　明三[illegible]	吉備郡[illegible]村	
召解	〃		内藤峰一	[illegible]郡[illegible]町	
引揚	〃		中司昇吉	都窪郡[illegible]町[illegible]	

関東軍防疫給水部

所属部隊	官等	氏名	本籍（留守担当者住所氏名）	記事
召解	雇	内藤和代	岡山県児島郡船穂町大字水江一一九九 父 内藤禮八郎	
召解 20.5.5	〃	仁科清 大十三.九.二	〃 小田郡笠岡町大字笠岡二九六五 妻 仁科治子	
召解	〃	詳細富太郎	〃 川上郡松原村大字神原一三三八 妻 郡口寿子	
召解	〃	濃野昭二	〃 勝田郡勝加茂村大字安井一三一八 父 濃野初一	[illegible]
召解	主 軍	丹越忠夫	〃 都窪郡豊洲村大字帯田四五 父 丹越石松	
復員 20.5.26	雇	福田新次郎	〃 吉備郡秦村大字秦三〇五之2 妹 岩田カメノ	
通報 宮解	薬 文官	松岡清 大八.四.二八	〃 津山市二八〇 父 松岡重蔵	[illegible]

20.9.7 通報 底

通報 底

(カ)

851

岡山縣

所屬部隊	關東軍防疫給水部
處決	昭和20.8.28
兵種	衛
官等	人
氏名	濃野昭二 大八.三.八
本籍（留守擔當者現住所氏名）	岡山県勝田郡勝田村安田[illegible] 父 [illegible]

22.9 [illegible] 復員

本名[illegible]

岡山

所屬部隊　關東軍防疫給水部　昭20.1.1調

兵種 官等　20.2.10 解　傭人

氏名　吉永 技　大一二.九.四

本籍（留守擔當者現住所氏名）　淺口郡大島村大島中

母 はさの

備考

所屬部隊　関東軍防疫給水部（満六五九）

處決	兵種	官等	氏名	本籍（留守擔當者現住所氏柄名）	摘要
[illegible] 召解	衛		[illegible]	[illegible]	
復員	〃		大七.二.二三 井上平雄	[illegible] 大阪市住吉区北田辺町 [illegible]	17 届ナシ
復員 20.9.20	〃		[illegible] 文夫	[illegible]	
復員	〃		[illegible] 富男	[illegible] 村大字 [illegible]	
21.2.21 召解	〃		大七.九.九 岡崎嘉助	〃 浅口郡里庄村新庄 [illegible]	
20.9.2 召解	〃		大七.七.二六 岡本常吉	倉敷市 〃 御津郡中洲町大字水江 [illegible]	18 届ナシ
復員	〃		川添勇	〃 [illegible] 郡 [illegible] 村大字 [illegible]	19 本名ナシ
歸還	傭		金澤文夫	〃 [illegible] 郡 [illegible]	
復員	技手		北村定	〃 [illegible] 郡 [illegible] 村大字 [illegible]	20 届ナシ

通報済

254

関東防疫給水部 20.1.1 調製

所屬部隊	兵種	官等	氏名	本籍（留守宅擔當者住所氏名）	續柄
辭20.9.1		雇	荒木勝美	岡山県真庭郡三川村大字鹿谷（?）二〇 母 荒木鶴乃	
召解		雇	池上哲男	〃 岡山市畑町（?）[illegible] 母 池上多嘉	
復員		〃	入屋功	〃 赤盤郡萬富村大字東窪（?）[illegible] 父 入屋謙三	
解傭		〃	井上長男	〃 吉備郡[illegible]大字[illegible] 母 井上富子	
31.12.26 帰還		傭	江本[illegible]	小田郡矢掛町大字矢掛[illegible] [illegible]	
20.8.26 解		雇	小坂田[illegible]男 大六.一.二六	〃 岡山市内山下[illegible] 叔父 [illegible]本[illegible]三郎	
引揚		〃	[illegible]	〃 [illegible] 母 小坂田[illegible]	
20.9.16 解傭		〃	大塔金久	〃 久米郡久米村久米川南三[illegible] 母 大塔久子	
		雇	[illegible]本[illegible]林	〃 赤盤郡豊田村大字[illegible] 母 [illegible]山[illegible]子	
アロ 月日不明		雇	川本[illegible]吉 明四二.十一	〃 苫田（?）郡[illegible]村大字[illegible]三 母 川本[illegible]子	
復帰		〃	宇喜野地一	〃 小田郡[illegible]町大字[illegible] 父 宇喜野[illegible]太郎	
20.8.24 召解		〃	片山[illegible] 大一五.十二.十二	〃 浅口郡[illegible]町大字[illegible] 父 片山[illegible]	

岡山陸軍病院へ

255

名簿

所属部隊 関東軍防疫給水本部海拉爾支部（満第二五二〇二部隊）

復員	兵種	官等	氏名	本籍（留守担当者現住所続柄氏名）	摘要
23 8 22	衛	一	石井[illegible]山	広島県[illegible] 旭	一 ハイラル病院
24.7.27 留守[illegible]	衛	二	上野隆行 大正四.一〇.一	広島県安芸郡畑賀村三〇〇九 [illegible]人	一 [illegible]
23 6 27	衛	一	坂本義明 大正六.八.	広島市[illegible]（広島市南千田町一〇五） 英代子	孫呉病院
22 11 12 留守	衛	上	高田満雄 大正三.十一.二七	広島県安芸郡[illegible]村字飛島五一二 信天	
23 7 22 留守	衛	二	高橋一彦 大正四.三.二	福山市本霞町二一八〇六 [illegible]次郎	[illegible]
23 5 9	衛	一	作田満三郎	広島県[illegible]郡[illegible]村[illegible]	孫呉病院
24 7 2	衛	一	宇本富雄 大正三.十一.二三	広島県御調郡向島東村四〇〇六	ハイラル病院
	衛	二	新山保 大正[illegible]	広島県比婆郡[illegible]村[illegible] 音六	一 [illegible]
24 12 7 留守	衛	上	浜彩則弘 大正三.十.一	広島県安芸郡[illegible]	孫呉病院
25 4 7 留守	衛	二	信岡智幸 大正三.七.二〇	広島県甲奴郡矢野村[illegible]一五四〇	[illegible]
24 7 2	衛	一	松岡千年 大正三.十二.三	広島県[illegible]郡[illegible]上村九〇七	[illegible]

（カ）

256

名　名

	山下 優	広島県沼隈郡[illegible]村[illegible]一二三一	還
31.6.26 戦死	衛生伍長 [illegible]章二	広島県世羅郡水[illegible]村三三三 妻 [illegible]子	旅順陸軍病院 ハイラル支部[illegible]
23.9.9 死亡	衛生二等兵 [illegible]田[illegible]男	広島県[illegible]郡[illegible] 父 [illegible]助	上 林口病院
	小松一斉	広島県[illegible]郡[illegible] 養父 [illegible]郎	

14

257

所属部隊　関東軍防疫給水本部牡丹江支部（満洲第二六四四部隊）

處決	階級	氏名	本籍（留守担当者現住所続柄名）	摘要
呂23 11/23	備 一	[illegible]沢節	広島県[illegible] 六	[illegible]

所属部隊　関東軍防疫給水本部孫呉支部（満洲第六七三部隊）

處決	階級	氏名	本籍（留守担当者現住所続柄名）	摘要
21 3 2	衛二	石岡豊	広島県[illegible]郡[illegible]村[illegible] 一	23.9.30
呂23 9 21	衛一	植田好	広島県[illegible]郡[illegible] 一	[illegible]
呂22 7 8	衛二	高本鋭之	呉市[illegible]町一丁目[illegible] 悦五郎	[illegible]
呂23 9 21	一	[illegible]進	[illegible]市[illegible] 常太郎	[illegible]
23 6 27	備一	北田亮[illegible]	広島県[illegible] 三	[illegible]

258

24.12.2 解	衛	二	林敏雄 大四.一.古.	広島県[illegible] 一	[illegible]
23.11.2 宮 解	衛	二	西川弘幸	広島県高田郡本村二〇一五 文 宗 一	
25.7.21 巳 解	工	一	中川清義 大四.四.[illegible]	広島県[illegible]郡[illegible] 母 イトコ	正正一
23.9.26 除隊 解	衛	二	長岡徹	広島県[illegible]郡[illegible]村[illegible] 兄 甫	
24.8.2 解	衛	一	南條泉司 大四.一.一五.	広島県賀茂郡安芸津町[illegible] 妻 静子	
24.9.27 宮 解	〃	一	林幸雄 大四.一.二八.	広島県安芸郡倉橋島村[illegible] 父 幸三郎	
23.9.12 宮 解	衛	二	藤田哲郎	広島県神石郡牧村[illegible]六四二五 母 キ 一	正正一
23.8 巳 解	衛	二	三田薫 大[illegible]	広島県山県郡[illegible] 父 峰登	
23.8.14 解 (カ)	衛	一	吉岡忠臣	広島県高田郡[illegible] 父 林一	
			孫東[illegible]		
24年12月13日			上竹本功 大4.2.10	双三郡和田村大字和知1093の2 (同 在) 母トノセ	

(カ)

259

所属部隊　関東軍防給本部（満洲第二五七二部隊）

処決	階級	氏名	本籍（留守担当者現住所氏名）	摘要
召解		高味　稔　昭二・四・四	広島市[illegible]	

所属部隊　関東軍防給本部林口支部（満洲第一六二部隊）

処決	官等級	氏名	本籍（留守担当者現住所氏名）	摘要
25.4.7 召解	衛 上	岡田光[illegible]　大十三・一一・三	広島県[illegible]	[illegible]
27.7.1 召解	衛 一	河野明男	広島県高田郡[illegible]	[illegible]
25.7 召解	衛 二	下田繁雄　大二・三・一六・七	広島県[illegible]　保太郎	[illegible]

30

260

関東軍防疫給水部　20.1.1 調製

氏名	留守擔當者現住所續柄名	摘要
雇 芥川詮丈	廣島縣比婆郡本村大田七九七 妻 千枝子	復員
〃 秋山晋良	甲奴郡矢野村字深江二〇二 父 柳市	復員
〃 青木鹿之助 大四.五.三	廣島市胡町一五 養父 強造	復員
〃 東浴漢一 大四.三.二	佐伯郡深江村二五二	召解
〃 荒木九一〇 大四.九.一〇 登	安藝郡海田市町六一四 父	召解
〃 秋本雅雄 大四.五.二四		別隊
〃 大一.一二.九	呉市	
〃 明二八.一〇.一	廣島市田曲町五 妻 千代子	
〃 大元.一〇.二五	安藝郡江田島町五二三 妻	召解
〃 伊藤武夫	豊田郡東野村 父	復員
〃 若田十一郎	山縣郡	復員
〃 大三.七.二五		戦病死

261

未　未

名　名　名

復員

呉第十一防疫給水部

備考	氏名	本籍（留守担当者現住所続柄氏名）
召解 25.4.17	佐賀文之元	廣島縣山縣郡加計村津浪六四四 父 諒一
召解	大一三.一〇.五 藤瀬利行	比婆郡山内北村大字川北一五六四 父 文市
除隊 22.1.7	大二.一〇.二一 [illegible]雄	廣島市尾長町二八〇 妻 吾代
召解 23.11.2	[illegible]義	豊田郡黄野村一二五四（愛媛縣今治市[illegible]通九五）父 續
召解 25.4.5	大一三.四.一 [illegible]人	雙三郡作木村大山五二七 父 福一
召解 25.7.9	大三.一.二五 [illegible]	雙三郡作木村下作木一〇〇二 父 [illegible]市
召解	大一三.三.二五 大谷[illegible]一郎	山縣郡殿賀村下筒賀田三四 父 [illegible]市
召解 25.4.5	九一五.一〇.八 尾[illegible]通子	山縣郡安野町大字坪野耕五七六 父 [illegible]
召解 22.1.2	大一三.四.五 加[illegible]政夫	安藝郡海田市町八八六 父 [illegible]人
召解 20.8.29	大四.九.七九 [illegible]道二	加茂郡下黒瀬村東江四七五 父 桂[illegible]郎
召解	明四二.五.六 加藤[illegible]一	安佐郡久地村一三六五 妻 [illegible]
召解	大一五.六.二二 河村[illegible]	芦品郡有磨村上有地[illegible]二一 父 [illegible]市

下

所屬部隊　關東軍防疫給水部

處決	兵種	官等	氏名	本籍（留守擔當者現住所續柄名）	摘要
22.12.3 召解	衛	二	清田幸三 大四.二.一〇	廣島縣豊田郡西野村大字[illegible]一八三九ノ一 父 完一	[illegible]
20.7. [illegible] 22 [illegible]	〃	〃	橋高政人 大四.三.五	沼隈郡小松村四一〇三 父 [illegible]太郎	21.2.15 公 [illegible] ハイラル[illegible]
23.9.21 召解		一	北林精二 大三.五.二	比婆郡口南村大字[illegible]一〇七 父 勝	
20.10.25 召解 ㊞	〃	〃	北宮康雄 大四.三.一	佐田郡友和村大字渡瀬二八五ノ二 父 良太郎	
召解 ㊞	〃	軍属	久保[illegible] 大八.五.八	山縣郡安野村究耕五一五九 養父 仁八	
23.6.21 召解	衛	二	大見[illegible]	[illegible]郡[illegible]村[illegible] 母 [illegible]	[illegible]
22.4.15 召解 ㊞	〃	〃	山福 大四.三.四.二	沼隈郡熊野村内六六一 父 静一	
22.2.15 召解 ㊞	〃	軍属	近藤賢一 大六.四.一	雙三郡作木村香淀一〇三 祖父 森三郎	
22.1.27 召解 ㊞	〃	〃	見玉光子 明二七.一.八	三原市貝野町一〇六 父 幸人	
21.8 [illegible] 召解 ㊞	〃	〃	太田寄 明三七.四.一	安藝郡[illegible]村[illegible] 妹 [illegible]	ハルピン市[illegible]
22.3.5 召解 ㊞	〃	〃	佐々木四郎 大四.一.一三	高田郡太村三一四五 妻 [illegible]子	
事故			三[illegible]	山縣郡[illegible]大字[illegible] 父 [illegible]	

268

関東軍防疫給水部

本籍 留守擔當者通信所氏名

20.8.31 召カイ

衛 平岡 昭二.一一.一 廣島縣尾道市十四日町一二七 父 [illegible]

新山 保 比婆郡高林大字小用入中 父 [illegible]

召解 下藤 定 大一二.一三 仝右 比婆郡比和町大字古頃入九八

召解 白井 麗子 昭二.二.一 佐伯郡上水内村大字多田一二三一 十一日

召解 松岡 波枝 大二.一.五 廣島市皆実町九二 父 武

召解 [illegible] 子 大四.一.一 仝右

明四三.三四 雙三郡十日市町四二九 妻 和子

召解 明四二.一〇.一四 三原市旭町二二六（三原市東町四九九三） 兄 隆

召解 大三.七.七 廣島市出汐町六四 妻 [illegible]

22.10.26 召解 昭（大）一二.一〇 沼隈郡浦崎村二九（尾道市久保町[illegible]） 父 好雄

22.11.16 召カイ 上 大四.一.二五 呉市吉浦中町四丁目五一 父 [illegible]

23.3.7 死亡 大14.5.26 [illegible]

62 64 65 66 67 68 69 70 71

264

関東軍防疫給水部

所属部隊	階級	官等	氏名	本籍（留守擔當者現住所氏名）	摘要
	傭	二	大三・六・九 [illegible]義雄	廣島縣安藝郡坂村[illegible] 父 今吉	[illegible]
	傭	一	大[illegible] 田辺良人	中婆郡敷信村大字高門[illegible] 兄 嘉三	[illegible]
	傭	一	大一[illegible] [illegible]	沼隈郡千年村大字[illegible]（廣島縣呉市[illegible]通三丁目[illegible]）母 [illegible]	[illegible]
	傭	二	明三五・八・四 [illegible]川良[illegible]	賀茂郡安藝津村[illegible]津[illegible] 妻 サツエ	[illegible]
	傭	一	大一三・[illegible] 長[illegible]通	芦品郡[illegible]村大字[illegible] 父 吉平	[illegible]
	傭	一	大[illegible] 中[illegible]誠	沼隈郡横[illegible]村[illegible] 父 [illegible]吉	[illegible]
	傭	[illegible]	昭二・一二・[illegible] 山[illegible]	芦品郡驛家村倉[illegible] 母 ツルヨ	[illegible]
	傭	[illegible]	明四三・一七 [illegible]藤信[illegible]	安佐郡福木村[illegible] 父 頼大	[illegible]
	傭	二	大一三・八・一 [illegible]	[illegible]郡[illegible]坂田町[illegible] 妻 シズ子	[illegible]
	傭	[illegible]	大[illegible] [illegible]	雙三郡[illegible]村大字[illegible] 父 第一郎	[illegible]
	傭	[illegible]	大[illegible] 肥田[illegible]	尾道市尾崎町[illegible] 父 [illegible]	[illegible]

関東軍防疫給水部

所属	官等	氏名	本籍（留守担当者現住所続柄名）	摘要
召解 21.2.20	衛二	平野達章 大三.七.二	廣島県高田郡向原町坂山田一五二六 従姉 菊恵	
召解 21.11.25	下士	藤井勝人 昭四.八.四	深安郡大津野村大字大門六七七 父 友三郎	
召解	衛二	福田頼夫 大二.四.六	沼隈郡東村二七五六 父 庫之助	
召解	衛一	藤井康弘 大三.七.二七	福山市北吉津（福山市三吉町二五）一 父 [illegible]	
召解 21.10.12	軍属	藤田政一 明三七.一.二七	廣島市中町（本町一二四）六二 父 萬吉郎	
23.8.24	〃	藤井幸一 明三二.一.二	深安郡中条村字中条六五三 父 勇市	
	衛二	福田忠一 大一四.四.二	廣島市[redacted]	
召解	〃	松本文八 大一三.九.六	芦品郡[redacted] 服部村永谷山田七七四	
召解	〃	松坂実雄 大一三.六.二八	芦品郡府中町 父 [illegible]三郎	
	〃	水坂 進	廣島市段原山崎町四三八 父 虎吉	
	〃	三好隆矩	芦品郡服部村永谷四八 父 頼雄	
召解 22.11.29	〃	三田[illegible] 大四.二.五	佐伯郡友和村大字友田一四五九 父 [illegible]一	

所属部隊 第五軍防疫給水部

復員	兵種官等級	氏名	本籍（留守担当者續柄氏名）
21.2.10 召カイ	衛少尉	村上盛三 明四一.九.二三	広島県豊田郡久友村大津 父 遠人
23.4.25 イルクーツク 戦病死 23.7.10	〃 二	向井貫二 大五.四.一〇	高田郡井原村四七三 父 勤六
24.11.6 召解	〃 二	向井美利 大一四.一〇.三	安藝郡江田島村一八三五 父 卯三郎
22.12.3 召解	〃	村上豊 大一四.一〇.二〇	御調郡重井村三三七二 母 コハル
22.8.14 召解	〃	村上博人 大三.一.二〇	豊田郡忠海田村小田四八 父 音兵衛
23.9.3 召解	〃	森正見 大四.二.一〇	加茂郡御原村五五六 父 清一郎
召解	〃	山口一	神石郡牧村福永甲一五八一 母 シゲヨ
23.9 召解	〃	入重垣善一 大四.九.一二	豊田郡幸崎村
召不明	〃	山本丈 大四.九.三〇	佐伯郡鹿川村尾崎三七一 父 作一
23.8.6 召解	〃	和田隆行 大三.八.一〇	広島市富士見町一七九 母 トキ
	〃	見清	佐伯郡吉和村

23年9月2日

ハイラル所属

ハイラル支部所属

ハイラル所属

ハイラル北京城子五常（軍司）

所屬部隊 関東軍防疫給水部（満六五九）

處決	兵種	官等	氏名	本籍（留守擔當者現住所續柄名）	摘要
22.12.7 召カイ（七）	[illegible]	[illegible]	[illegible] 大一三.二.四	広島市[illegible]	
[illegible]	[illegible]	[illegible]	[illegible] 明三八.九.一	[illegible]	
召解（四）	[illegible]	[illegible]	[illegible] 大九.一二.一五	[illegible]	
20.8.25 召カイ（五）	[illegible]	[illegible]	[illegible] 大一四.七.四	[illegible]	総七[illegible]
22.11.12 召解（七）	[illegible]	[illegible]	[illegible] 大一三.一二.二七	広島市[illegible]	
召解（七）	[illegible]	[illegible]	[illegible] 明四三.一一.一	広島市[illegible]	
結了	[illegible]		[illegible] 大13.11.27	[illegible]	ハルピン[illegible]
20.8.25 戦死	卫	一	[illegible] 大一三.三.二五	[illegible]	現地入隊 [illegible]
20.8.26 召解（七）	[illegible]		[illegible] 大一一.四.一五	広島市[illegible]	[illegible]

268

廣島縣

所屬部隊	關東軍防疫給水部		
處決	古鉢	呂鉢	
兵種	傭	技	衛
官等	人	手	二
氏名	昭二・泉 古義	高橋 大正十一・武男	大三 七・十一
本籍（留守擔當者現住所續柄名）	廣島市南段原町七六 文 熊	広島市三條本町一八三八 妻 子	比治山町 三丁目 文 信
摘要	木	ハルピン 長	昭和

107 105

269

広島

所屬部隊 関東軍防疫給水部 昭20.1.1 調

處決兵種	官等	氏名	本籍（留守擔當者現住所續柄）	摘要
衛	二	小下浦[illegible] 大一三.三.一五	双三郡神杉村江田川五九四一 母カ文	
工	一	山下大崎雄 大6.3.15 関防給孫呉支部（ヌ56706）	双三郡神杉村江田川の内今ヶ谷の1 父 清	関日青州[illegible] 35.2.14

重部

20.12.? 死亡

108

270

防給

[illegible]

14—9

栃木縣足利市	二	橋本公雄	生	
〃上都賀郡	少佐	秋山和平	生	
〃佐野市	少尉	吉松新三	生	
〃上都賀郡	軍	田野井 惇	生	
〃上都賀郡		文挾啓佑	生	
〃足利郡	一	渡邊幸太郎	生	
〃下都賀郡	燕	田口喜八	生	
〃宇都宮市	學	柴田忠義	ム	
〃河内郡	伍	渡邊一二三	生	興安支部
〃安蘇郡	會	小竹家次	生	教育隊
〃下都賀郡		和久井榮一	生	〃

ハイラル支部	群馬縣北甘樂郡	中尉	高橋憲雄	⑦
	〃利根郡	見	高橋嘉一郎	ム
	栃木縣河內郡		森田正	生
通化支部	〃宇都宮市	曹	五月女泰造	生
東安支部	〃鹽谷郡	軍	柳田芳郎	生
間島支部	〃下都賀郡	中尉	茂呂雄	生
〃	〃那須郡	伍	高橋良平	生
〃	〃芳賀郡	[illegible]	山本千代藏	ム
牡丹江支部	〃下都賀郡	中尉	大塚喜三郎	⑦
	〃河內郡		若渕[illegible]	ム

鳥取

所属部隊 関東軍防疫給水部本部 [illegible]

区分 兵種官等 [illegible]

氏名 [illegible]

本籍（留守担当者現住所続柄名）[illegible]

召解 23.12.1.

三方面軍司令部へ転属

所属部隊 [illegible]

区分 兵種官等 [illegible]

氏名 [illegible]

本籍（留守担当者現住所続柄名）[illegible]

召解

大七.一.七.

岩手県 [illegible]

所属部隊 関東軍防疫給水班（[illegible]）

区分 兵種官等

氏名

本籍（留守担当者現住所続柄名）

摘要

召解 25.6.5

[illegible]

福岡県 [illegible]

271

所属部隊 関東軍防疫給水部 20.1.[illegible] 調製

處決	兵種	官等	氏名	本籍（留守擔當者現住所續柄名）	摘要
鳥取県 北海道 [illegible] 異動 基西 [illegible]		雇	[illegible]	鳥取縣東伯郡小鴨村北野六二〇 父 [illegible]	
復員		〃	本田[illegible]	〃 西伯郡淀江町[illegible]五二〇 妻 [illegible]子	
[illegible]		〃	小林七二五[illegible]	〃 [illegible]村[illegible] 忠美郎	
復員		〃	小下[illegible]	〃 [illegible]郡[illegible]村[illegible] 父 [illegible]	
復員		〃	[illegible]田富美[illegible]	〃 [illegible] 父 [illegible]	
		二	[illegible]	〃 東伯郡倉吉町[illegible] 父 [illegible]勝太郎	廿
28.5.9	軍属	嘱託	松田昌逸	〃 東伯郡西郷村伊木[illegible]（鳥取市[illegible]上田[illegible]方）	新[illegible]

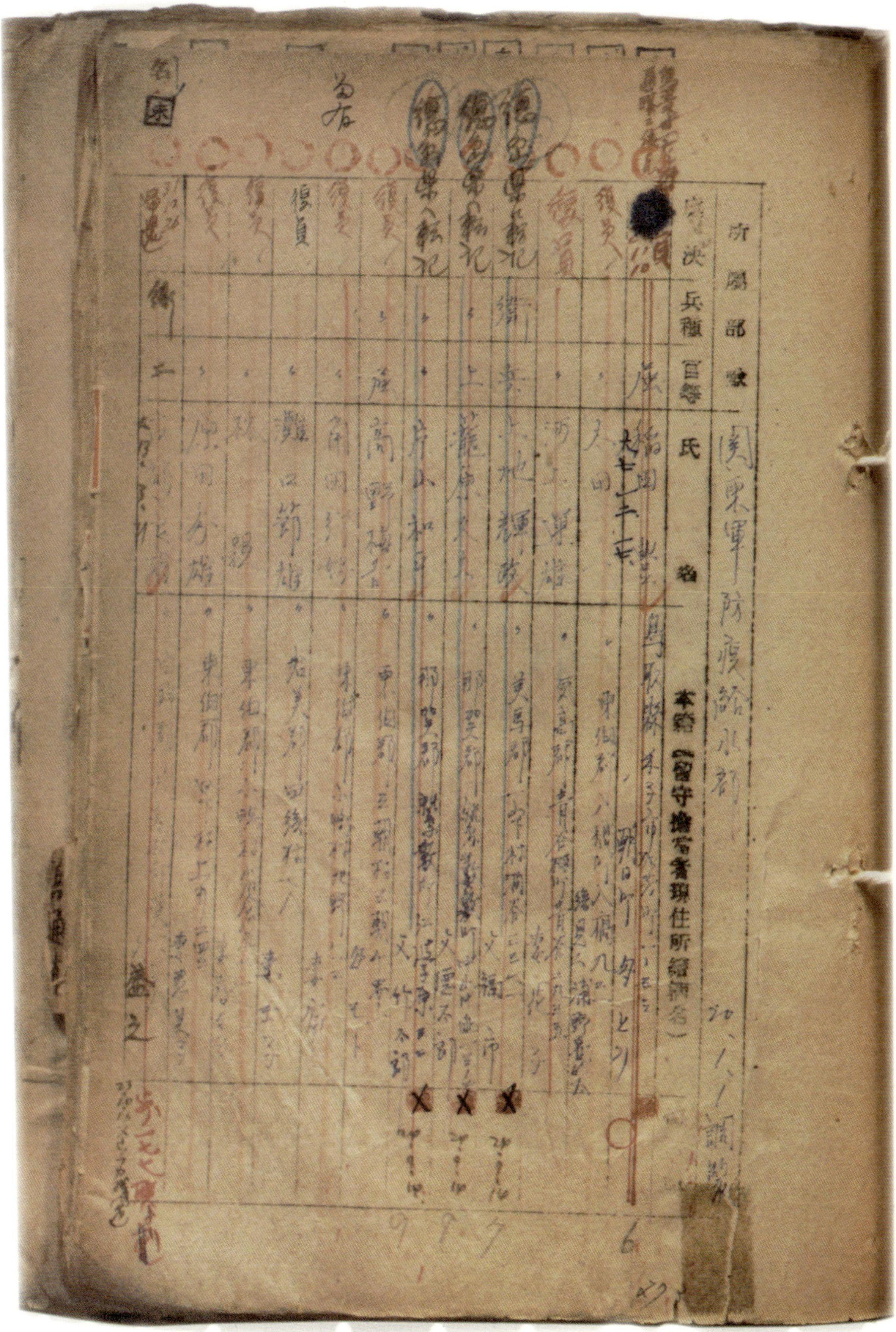
所屬部隊 關東軍防疫給水部
20.8.1 調
處決
兵種
官等
氏名
本籍（留守擔當者現住所續柄名）
復員

所属部隊　関東軍防疫給水部林口支部（徳二五二〇四　満一六三）

復次	兵種 官等	氏名	本籍（留守担当者現住所氏名）	摘要
28 7 15	歩 二	[illegible] 大四七.一九	[illegible]	[illegible]
[illegible]	二	飯塚 大四九.一八	[illegible]	[illegible]
[illegible]	衛 二	井上 大一四七.一一	忍 イの九九〇一	[illegible]
23 11 2 召解	一	[illegible]	[illegible]	[illegible]
25 4 17 召解	二	[illegible]	[illegible]	[illegible]
22 1 20	二	大四 [illegible]	[illegible]	[illegible]
23 9 1	一	[illegible] 俊	[illegible]	[illegible]
25 4 17 召解	一	大一三.一三	[illegible]	[illegible]
23 9 9 召解	二	[illegible] 達	福岡県 [illegible]	[illegible]
5 11 解上	二	大四 [illegible] 九	[illegible]	[illegible]
4 8 17	二	金 [illegible] 大四八.一七	[illegible] 郡 [illegible] 村	[illegible]

所属部隊 関東軍防疫給水部林口支部（徳二五二〇四満一六三）

区次	兵種	官等	氏名	本籍（留守担当者現住所並続柄名）	摘要
23.9.9 召解	衛	二	[illegible]猛（大一四.一.二）	島根県[illegible]郡[illegible]村 [illegible] 文 [illegible]助	[illegible]
	〃	二	[illegible]（大一四.一.六）	〃 飯石郡[illegible]村 [illegible] 文 [illegible]一	[illegible]
23.8.11	〃	一	[illegible]（大一四.一〇.二）	大原郡[illegible]村 [illegible] 文 [illegible]一	[illegible]
[illegible] 死	〃	一	[illegible]（大一三.一二.一四）	大原郡[illegible] 文 [illegible]郎	[illegible]
[illegible]	〃	一	[illegible]（大四.[illegible]）	（島根県）簸川郡神門村[illegible] 文 善市	[illegible]
23.9.30 召解	〃	一	丹[illegible]（大一三.三.二三）	〃 安濃郡太田町[illegible] 文 [illegible]	[illegible]
[illegible]	〃	一	[illegible]（大一四.五.八）	〃 知夫郡知夫村[illegible] 文 [illegible]次郎	[illegible]
25.4.17 召解	〃	一	田村[illegible]（大一四.[illegible]）	〃 松江市[illegible]川津町[illegible] 文 [illegible]夫	[illegible]
21.10.4 召解	〃	一	高橋[illegible]雄（大一四.六.二三）	（島根県）松江市[illegible]町[illegible] 文 [illegible]	[illegible]
25.4.17 召解	〃	二	豊田[illegible]（大一四.三.二九）	〃 [illegible]郡[illegible]村[illegible] 文 [illegible]一	[illegible]
25.4.17 召解	〃	二	[illegible]猛（大一四.一〇.二六）	〃 [illegible]郡[illegible]村下西[illegible] 文 [illegible]	[illegible]

名　名　名　名

来

23.9.15 召解	衛	二	錦織[illegible]	島根県[illegible]郡[illegible]村一一七九 母 ヨキ
23.9.12 召解		二	服部[illegible]	那賀郡安城村小坂七九二
23.9.12 召解		二	筆谷[illegible]	松江市[illegible]
23.9 召解		二	布野[illegible]鍾	出雲市高松町二〇・八
20.12.12 戦病死		二	大西四[illegible]	周吉郡中條村原田一五六二 父 武
21.6 [illegible]		一	村田[illegible]	[illegible] 父 九三郎
25.4.7 召解		一	森[illegible]祐	那賀郡今福村久佐[illegible]
22.12.17 [illegible]		一	森山[illegible]	[illegible]
23.8 召解		二	[illegible]	[illegible] 父
25.4.7 召解		二	大西長[illegible]	美濃郡豊田村横田[illegible] 父
25.4.7 召解		二	大西[illegible]	[illegible]
23.8.30			永野[illegible]夫	松江市東本[illegible] 父
[illegible]			渡辺[illegible]	[illegible]

林口所属

(カ)　(カ)　(カ)

276

44A
号二七
㊞

③

所属部隊	関東軍防疫給水部ハイラル支部（徳二五二〇五満五四三）
区分	28 / 3.6.13
兵種	衛
官等	一
氏名	竹田辛子 ㊞ / 武田勝吉
本籍（留守担当者現住所続柄氏名）	島根県出雲市今市町四八二 竹田義? / 大原郡幡谷村字寛所 父 幸蔵
摘要	島根県[illegible] / 20.9.7.八〇 [illegible] / 野[illegible]存[illegible]

㋕ ㋕

済
（行）
0779

所[illegible]
所属部隊　関東軍防疫給水部本部（[illegible]二五二一　満七三一）

官等	技手	八	六	本籍（[illegible]氏名）
23.8.25 召解	衛	秋本 悦	[illegible]	文 [illegible]
24.11.16 同（[illegible]）	属	[illegible] 明	[illegible]県[illegible]郡[illegible]	岐阜市（同右）

摘要　[illegible]

[illegible]

(力)

(力)

済

□房部隊 関東軍防疫給水部 留守名簿 (一)

異動処決	兵種	官等	氏名	本籍（留守担当者現住所続柄名）	摘要
23.11.3 召解	衛	一	橋本谷登	島根県邑智郡日貫村 父 哉和	[illegible]
21.9.16 死亡	〃	長	安部隆 大8.20	〃 大原郡佐世村一三七六 父 峯蔵	ポイヤンキー 第5
18.7.9 召解	〃	二	竹原義雄 大13.7.21	安濃郡富山村四五九 [illegible]	[illegible]
25.1.20 召解	〃	二	小嶋亮作 大11.18	邇摩郡温泉津町小浜五五八 父 東吉	[illegible]
20.8.14 戦死	〃	二	尾添栄吉 大11.4.2	出雲市松寄下町一四三七 父 平三郎	[illegible]
23.7.14 召解	衛	一	岩谷喜之輔 大6.5.29	安濃郡朝山村仙山 父 捨松	[illegible]
21.11.21 戦病死	衛	[illegible]	吉田幸三郎 大13.1.9	能義郡広瀬町 [illegible] 父 文章	[illegible]

279

所属部隊　関東軍防疫給水部本部（徳二五二〇二満七三一）

處決權署　氏名　本籍（留守担当者現住所續柄名）　摘要

23.11.23 召解　衛二　松本〇範（大11.2.6）　島根県大原郡大東町〔illegible〕　マスノ　林口派遣　㊞　力

28.8.12 復員　〃　二原〔illegible〕（大12.10.7）　（〃）〃　大原郡〔illegible〕　〔illegible〕村大字〔illegible〕（〔illegible〕）　〔illegible〕

名　〔illegible〕

所属部隊　関東軍防疫給水部林口支部（徳二五二〇四満一六三）

處決權署　氏名　本籍（留守担当者現住所續柄名）　摘要

25.4.7 召解　〔illegible〕　二〔illegible〕瀧川〔illegible〕昇　島根県出雲市大津町〔illegible〕

未　名　照済

280

名
林口支

③

所属部隊	関東軍防疫給水部林口支部（徳二五二〇四 満一六二）
処決	召解 25.6.7
兵種	工
官等	二
氏名	岡村 滋
本籍（留守担当者現住所続柄氏名）	島根県鹿足郡日原町左鐙 母 キミ
摘要	シベリヤ未帰

281

国守軍防疫給水部 20.1.1 調整

所屬部隊	階級 兵種 官等	氏名	本籍（留守擔當者現住所續柄名）	備考
	衛	安部隆	島根縣八束郡[illegible]村[illegible] 父 [illegible]	歩一七連より
		青戸勇一	熊本縣[illegible]郡[illegible]村[illegible] 妻 [illegible]	
		朝木肯一	熊本縣[illegible]郡[illegible]町[illegible] 父 [illegible]	
		伊勢芳光	神戸市[illegible]区[illegible]町[illegible] 父 [illegible]太郎	歩一七七より
		[illegible]	[illegible]	歩一七七より
		岩谷吉三郎	[illegible]	歩一七七より
		山田	[illegible] 父 [illegible]松	
		大一三一三〇 服部[illegible]	[illegible]郡[illegible]町[illegible] 父 儀之助	事後
		大一五一〇一二 服部[illegible]	[illegible]郡[illegible]村[illegible] 父 [illegible]四郎	
		[illegible]加	[illegible]郡[illegible]村[illegible] 妻 [illegible]子	
		[illegible]	[illegible]郡[illegible]村[illegible] 妻 [illegible]	
		[illegible]	[illegible]郡[illegible]村[illegible] 父 [illegible]	

282

所屬部隊 関東軍防疫給水部

20.1.1 調製

處決	兵種	官等	氏名	本籍（留守擔當者現住所續柄名）	備考
20.1.?? 召還	衛	[illegible]	[illegible]	[illegible]	[illegible]
復員	[illegible]	[illegible]	大石清美	[illegible]	
復員	[illegible]	[illegible]	尾流[illegible]	[illegible]	[illegible]
復員	[illegible]	鹿	[illegible]	[illegible]	
復員	[illegible]	[illegible]	大[illegible]	[illegible]	
復員	[illegible]	[illegible]	小川春美	松[illegible]	
復員	[illegible]	[illegible]	[illegible]	[illegible]	[illegible]
復員	[illegible]	[illegible]	川本[illegible]	[illegible]	
復員	[illegible]	[illegible]	勝部[illegible]	[illegible]	
復員	[illegible]	[illegible]	小島[illegible]	[illegible]	
復員	衛	[illegible]	[illegible]口秋男	[illegible]	[illegible]
復員	[illegible]	[illegible]	[illegible]	[illegible]	

283

所属部隊 関東軍防疫給水部 20.1.1 調製

決兵種	官等	氏名	本籍（留守擔當者現住所續柄名）	備要
	[illegible]	[illegible]	[illegible] 妻 [illegible]	
	月日不詳 召解	[illegible] 大三一一	[illegible]	
重傷	[illegible]	[illegible]	[illegible]	
重傷	[illegible]	[illegible] 大一三七二二	[illegible]	関防給 樹口支附
復員	[illegible]	[illegible]	[illegible] 妻 [illegible]	
復員	[illegible]	[illegible]	[illegible]	
復員	[illegible]	[illegible]	[illegible] 妻 [illegible]	
	召解	[illegible] 九面七八	[illegible]	
	[illegible]	[illegible]	[illegible]	
復員	[illegible]	[illegible]	[illegible]	
重傷	[illegible]	[illegible]	[illegible]	
	[illegible]	[illegible]	[illegible]	

284

所屬部隊　関東軍防疫給水部　20.1.1 調製

處決	兵種（官）等	氏名	本籍（留守擔當者現住所續柄名）	摘要
復員	衛生伍長	難波方夫	[illegible]	[illegible]
23.11.3 召解	[illegible]	[illegible] 大一四.[illegible]	[illegible]	[illegible]
重病留隊	[illegible]	[illegible] 大四〇.〇.七	[illegible]	[illegible]
復員	[illegible]	橋本[illegible]	[illegible]	[illegible]
復員	[illegible]	原田[illegible]	[illegible]	[illegible]
復員	[illegible]	[illegible]	[illegible]	[illegible]
重病留置	[illegible]	[illegible] 大四二.一六	[illegible]	[illegible]
戰病死 21.1.[illegible]	[illegible]	[illegible] 大四.3.[illegible]	[illegible]	[illegible]
復員	[illegible]	村上[illegible]	[illegible]	[illegible]
第1[illegible] 重患 3（21.10.[illegible]）	[illegible]	[illegible]	[illegible]	[illegible]
[illegible]	[illegible]	小田[illegible]	[illegible]	[illegible]
23.9.1 召解	[illegible]	[illegible] 大三.[illegible]	[illegible]	[illegible]

處決	兵種	官等	氏名	本籍（留守擔當者現住所續柄名）	摘要
復員	衛	[illegible]	[illegible]永[illegible]	[illegible]郡[illegible] 父[illegible]	
復員	—	[illegible]	山本[illegible]	[illegible]郡[illegible]三九 父[illegible]	
復員		[illegible]	吉原[illegible]	[illegible]郡三隅町三隅一五七四 父[illegible]太郎	
復員		[illegible]	渡[illegible]勲	[illegible]郡[illegible] 父[illegible]	

所屬部隊 関東軍防疫給水部

20、8、[illegible] 調[illegible]

286

所屬部隊 関東軍防疫給水部（満六五九）

處決	兵種	官等	氏名	本籍（留守擔當者現住所稱柄名）	摘要
[illegible]	衛		荊木[illegible]	[illegible]	○
賞	[illegible]		高橋[illegible]	[illegible]	
全ミ後送			[illegible]	[illegible]	
	衛		友田小雪 大14.3.8	鹿児島縣熊毛郡[illegible]川越村大貫311（福島縣[illegible]市[illegible]田町[illegible]）[illegible]	八月[illegible]より[illegible]林口支部

ー

[illegible]

局[illegible]

287

未

青副

所属部隊	關東軍防疫給水部林口支部（德二五二〇四）
官等 兵種	工 二
處次	[illegible]
氏名	橋本芳人
本籍（留守担当者現住所続柄氏名）	島根県邑智郡口羽村下口羽九八四 兄 武和
摘要	

鳥根縣

所屬部隊	関東軍防疫給水部
處決	23.7.12 召解
兵種	衛
官等	二
氏名	大西 八三
本籍（縣市 郡區 町村 住所 稱名）	松江市大正町四六三　文五之助
摘要	

復員

[illegible] 雄　島根縣[illegible]郡[illegible]村大字[illegible]番[illegible]

所属部隊 関東軍防疫給水部（満二五二〇一）

庭汉	兵種官等		氏名	本籍（留守担当者現住所続柄名）	摘要
25.4.17	衛	二	小野勝次 大一四.六.三	山口県大津郡日置町 [illegible] 父 梅十	[illegible]
23.5.15 召解	〃	〃	沖田操	[illegible]郡[illegible]九九一 父 [illegible]	[illegible]
23.5.9	〃	〃	木村威武	厚狭郡[illegible] 父 [illegible]	[illegible]
	〃	〃	熊谷直二 大一三.十二.三	阿武郡江崎町下田方二四八一 父 正[illegible]	[illegible]
21.1.10	〃	〃	笹川茂一 大一三.三.五	玖珂郡[illegible] 父 満[illegible]	[illegible]
28.12.1	〃	〃	斉藤萬吉 大一四.八.一六	阿武郡[illegible] 父 [illegible]	[illegible]
21.9.10	〃	〃	嶋田一男 大一四.五.一五	大津郡向津具村 妻 トヨ子	[illegible]
23.9	衛	二	丹[illegible]	豊浦郡[illegible] 父 [illegible]	[illegible]
20.11.8	〃	〃	畑中武男	阿武郡[illegible] 父 [illegible]	[illegible]
20.12.7	〃	一	谷口勇	下関市大字[illegible]	[illegible]
24.10.20	〃	二	藤田松一	豊浦郡[illegible]	[illegible]
23.5.25	〃	〃	藤井文雄	[illegible]	[illegible]

290

新京部隊関東軍防疫給水部牡丹江支廠（満六四三）

No. 52

異動	兵種官等	氏名	本籍（留守担当者現住所続柄氏名）
23.5.14	衛二	岡林作一	高知県[illegible]郡[illegible]村[illegible]七九 父 [illegible]
[illegible]	衛一	太田正雄	高知県[illegible]郡三見村四〇一四 父 [illegible]
25.4.7 召解	衛一	岡野房一	高知県[illegible]郡[illegible]字[illegible] 父 [illegible]一
[illegible]	衛一	岡崎幸郎	大阪府[illegible]郡[illegible]下庄町字[illegible] 兄 [illegible]
23.12.4 召解	衛上	坂口七八夫	高知市三井一六[illegible] 父 [illegible]一
21.1.7 戦病死	衛一	[illegible]村[illegible]	高知県[illegible] 妻 [illegible]子
[illegible] 戦死	衛一	鶴田三[illegible]	大阪府[illegible]郡[illegible]町[illegible]田[illegible] 兄 [illegible]
[illegible]	衛二	西田本男	大阪府[illegible]郡[illegible]町七九 父 [illegible]
[illegible] 召解	衛二	吉本[illegible]	高知県[illegible]郡[illegible]七五二七 父 [illegible]
[illegible]	衛兵長	山中七二[illegible]	高知県[illegible]郡[illegible]村林下一三八五 父 金之丞
[illegible]	衛一	森田茂	[illegible]市[illegible]区上[illegible]町九四七 父 [illegible]

名　名（手）
　　名

所属部隊	関東軍防疫給水部			
兵種	官等	氏名	本籍（留守担当者現在所続柄名）	摘要
衛[illegible]	少尉	瀬[illegible]健（大9.7.）	宮崎県[illegible]郡[illegible]村[illegible] 東[illegible]郡[illegible]鶴[illegible]森方[illegible]治	21.8.13　帰[illegible]
衛	二	丸本嘉明（大13.12.）	大島郡久賀町四八三 中[illegible]　妻　恵美子	20.8 ハバロフスク[illegible] 20.10[illegible]ハイラル[illegible]入院 又ハ兵[illegible]下 防疫班長
衛	上	吉本政頼（大[illegible]12.）	安下庄町西安下[illegible] 妻　たさ子	21.5.31　三　解
衛	[illegible]	山本[illegible]（大3.9.）	山口県美祢郡大嶺町[illegible]	（[illegible]） 調査中

（カ）

（1）

298

山口県

所属部隊	関東軍防疫給水部

処決	兵種	官等	氏名	本籍（留守擔當者現住所續柄名）	摘要
23年7月29日	衛	上	中原読巳 大四、四、六	山口県大津郡深川町東深川1703 叔父 八郎	（北海道?）
24.5.9 20.8.30			東田清実 大西、一、二	〃都濃郡富田町上三四九 父 実一	照合カード
B解	衛	一	浅田寅雄	〃下関市大坪五六三 妻 つる江	
23年5月30日	衛	一	舞田明	山口県熊毛郡?村?三六六 父 亀次郎 （山口市?町一西村?）	
24年7月26日 舞鶴除隊	工	一	吉永信生 大八、六、20	玖珂郡高森町1218番地 兄 一行	
24.8.1 解	工	一	原田清実 大九、?、21	都濃郡?野町3249 父 実一	24.9.3 記入

48 69 66

293

所屬部隊　関東軍防疫給水部（満六五九）

處決

20.10.15 召解

召解

21.10.16 召解

召解

廿一年十月十六 召解

21.3.18 戦病死

20.8 召解

兵種

衛

衛

雇

衛

官等

氏名

大一〇.九.五

昭二.一〇.九.

明四三.四.一〇

本籍（留守擔當者現住所續柄名）

宇部市中宇部

山口市道場門前九四 文熊一

[illegible]

摘要

（D名の付）

ホスイソエラナ死亡 23.3.19

名 簿

新京部隊防疫給水部

区分処決	兵科官等	氏名	本籍（留守担当者現住所続柄名）	摘要
20.8.26 召解	下伍	藤田清 大七.三.三〇	山口県光市大字室積村七〇 父 福八	
23.5.25 召解	衛上	藤井文雄	〃 美祢郡秋吉村 吉松	
〃	〃	藤井勝美 大四.九.一	〃 大津郡仙崎 （福岡県）福岡市明石町一丁目 一九九八 母 中	父 清良邦
23.5.30 召解	〃	舞田明正	都濃郡須金村 父 亀一郎	
20.8.26 召解	上一	松永吾郎 大二.五.四	〃 山口市大字下郷合一三〇二 父 角治	
召解	衛	高嶋一雄	〃 佐波郡和田村米光一三三 父 勘雄	
22.保23 召解	〃	山根正徳	〃 阿武郡草村 母 十日	
召解	〃	吉水延之	〃 玖珂郡高森村上久原 父 武太郎	
23.5.31	〃	相原福一	〃 熊毛郡佐賀村一三九 弟 松一	
召	衛上	宮本政輔	大島郡 妻	23.4.30
召解		長川松紀	萩 熊谷	
召解		川本平一	下関	

所屬部隊　防疫給水部

摘要（上欄）	兵種	官等	氏名	本籍（留守擔當者現住所續柄名）	摘要
20.10.17 戰病死	衛生兵	二	重本武雄 大6.11.8	山口縣佐波郡出雲村一〇〇〇 父 隆一	於スイソウカ [illegible]
20.9.23 戰病死	〃	〃	宮本二八男 大4.7.2	厚狹郡小野村一四一〇 兄 博	於コロ島 [illegible]
21.12.4 復	〃	〃	宮本 薫 大13.5.[illegible]	玖珂郡玖珂村一五七〇 母 チズ	[illegible]
21.7.2 召解	〃	〃	清水 [illegible] 大11.[illegible]	阿武郡吉部村大字吉部二一六四 父 盛市	[illegible]
20.12.23 戰病死	〃	〃	[illegible] 大[illegible].8.1	厚狹郡小野村四四六四 父 駒太郎	於スイソウカ [illegible] 22.7.1
20.8.8 戰病死	〃	〃	藤原三郎 大14.3.26	大津郡三隅町三隅中三九五二 姉 [illegible]	
召解	〃	〃	杉山 武	阿武郡[illegible]四四九八 父 博	
[illegible]	〃	少尉	瀬越 健一	熊毛郡[illegible]　大阪[illegible]	戰死
召解	〃	[illegible]	[illegible]	大阪[illegible] 父 [illegible]	
20.8.26 召解	病	二	中原 修 大4.7.5	玖珂郡神代村四二七一 父 勝一	[illegible]
22.5.1 召解	〃	〃	中村卯一 大4.3.13	熊毛郡麻郷村七九八 父 辛一	[illegible]
召解	〃	[illegible]	東田喜助	豐浦郡楢崎村[illegible]	[illegible]

296

所屬部隊 防疫給水部

昭二七.一一

復員	兵種官等	氏名	本籍（留守擔當者現住所續柄名）	摘要
20.9. 召解	[illegible]	秋[illegible]	山口縣徳山市大字富田一二七七 妻 [illegible]江	
22.12.3 召解	軍曹	池田光男（大一四.九.二四）	〃 美祢郡西厚保村大字[illegible] 父 [illegible]	
20年夏 召解	〃	今川廣時（昭三.六.七）	〃 宇部市字小串 六九九二 叔父 玉之進	
23.7.9 召解	〃 一	梅本常雄（大四.二.八）	〃 下関市大字関後地村 四八三 父 [illegible]太郎	
21.2.26 召解	〃 大	大田[illegible]（明30.6.[illegible]）	〃 萩市大字椿東 五[illegible]	
21.5.13 召解	衛	[illegible]田[illegible]	〃 玖珂郡[illegible] 妻 義子	
召解	〃	大[illegible]文雄	〃 徳山市大字[illegible] 父 [illegible]一	
22.12 召解	〃	金子一郎	〃 [illegible] 妻 [illegible]	
21.2.23 召解	〃 二	[illegible]（大[illegible]）	〃 下松市大字[illegible] 父 嘉一	
[illegible]	〃	河村[illegible]作（大[illegible]）	〃 都濃郡[illegible]村大字[illegible] 父	
召解	〃 大尉	岡村[illegible]	〃 [illegible] 妻 [illegible]	
24.[illegible] 召解	衛 上	國本[illegible]（大四.七.二七）	〃 都濃郡[illegible]村大字金峰 [illegible] 父	

297

防紡股

14—10

393

297-10

所属部隊 関東軍防疫給水部本部（満二五二〇四 嶋 一六三）

逓決	兵種官等	氏名	本籍（留守担当者現住所続柄名）	摘要
25.4.15 召解	衛 一	大一二、三、七 [illegible]	[illegible] 父 岩太郎	23 [illegible] 林口 [illegible]
23.6.3 [illegible] 除隊	[illegible]	大15.10.10 [illegible]信	[illegible] 父 格次	林口 [illegible]
23.9.30 召解	歩	[illegible]正 桃	[illegible] 父 楠太郎	[illegible]
23.6.15 召解	衛 上	大一二、三、一五 [illegible]文雄	仝 坂出市[illegible]町一六五二 母 ツネ	[illegible]
24.10.27 召解	仝 一	大一二、八、二 上野 憲造	仝 [illegible]郡大部村大字[illegible]四九 父 重太郎	[illegible]
25.4.15 召解	仝 上	大一二、二、二三 林 [illegible]	仝 綾歌郡岡田村岡田上三四七 父 友次 母 ヒサ	23 [illegible]
23.12.4 召解	仝 上	大一二、二、二四 林 [illegible]雄	仝 [illegible]飯野村[illegible]二五八 兄 [illegible]	大林 [illegible]
25.4.15 召解	仝 上	大一三、四、七 [illegible]	仝 [illegible]郡[illegible]村[illegible]五一 父 [illegible]太郎	23 [illegible]
25.4.9.10 召解	仝	大一二、二、二六 [illegible]	仝 [illegible] 父 米助	24 [illegible]
[illegible]	仝 二	大一二、一〇、三 [illegible]	[illegible]	23 [illegible]
23.11.7 解	仝	大13.4.18 [illegible]	[illegible]市西庄 父 [illegible]	[illegible]

298

大 名 林口(441)	28.12.15	衛	一	大一二、二、二三	全 [redacted]	父 [illegible]誠	23.10 [illegible]
大 名	20.6.30	全		大一三、一一、八	[illegible]	[redacted] 父 [illegible]郎	留守加 [illegible] 24.8.16
大 名	21.12.26 復員	全		大一二、一〇、五	全 坂田市[illegible]町[illegible]	父 [illegible]	22.8.P [illegible]
為吉	22.12.3 召解	全		[illegible] 清水[illegible]良	全 香川郡[illegible]岡本[illegible]四六	父 直三郎	[illegible]
大 名	25.2.9 帰還	全	全	大11.12.15 [illegible]	全 [illegible]	父 [illegible]作	23.7.ム [illegible]
大 名	26.10.30 召解	全	上等兵	大11.10.23 [illegible]本 政一	全 綾歌郡山内村[illegible]八六二	兄 [illegible]敏夫	一 残 [illegible]
大 名	25.4.17 召解	全	一	大一二、七、二七 [illegible]	全 大川郡[illegible]松町[illegible]四六	父 [illegible]太郎	[illegible]
大 名	25.4.17 召解	工	上	大一二、九、一四 [illegible]	全 高松市屋島西町九九七	母 コヨシ	文[illegible]
大	23.3.1 死亡	衛	一	大一二、八、四	全 綾歌郡[illegible]二二〇	父 千八	死 [illegible]
大	生還	全	[illegible]	大十一、十一、二二	[illegible]	母 スカノ	一
大 名	25.4.17 召解	全	兵長	大一二、八、二三	全 [illegible]七五七	母 スガ子	[illegible]
大 名	25.4.17 召解	全	上	大一一、一二、四	全 綾歌郡[illegible]八八	父 虎市	(民名 土岐孝[illegible]) 24.11 [illegible]

×99

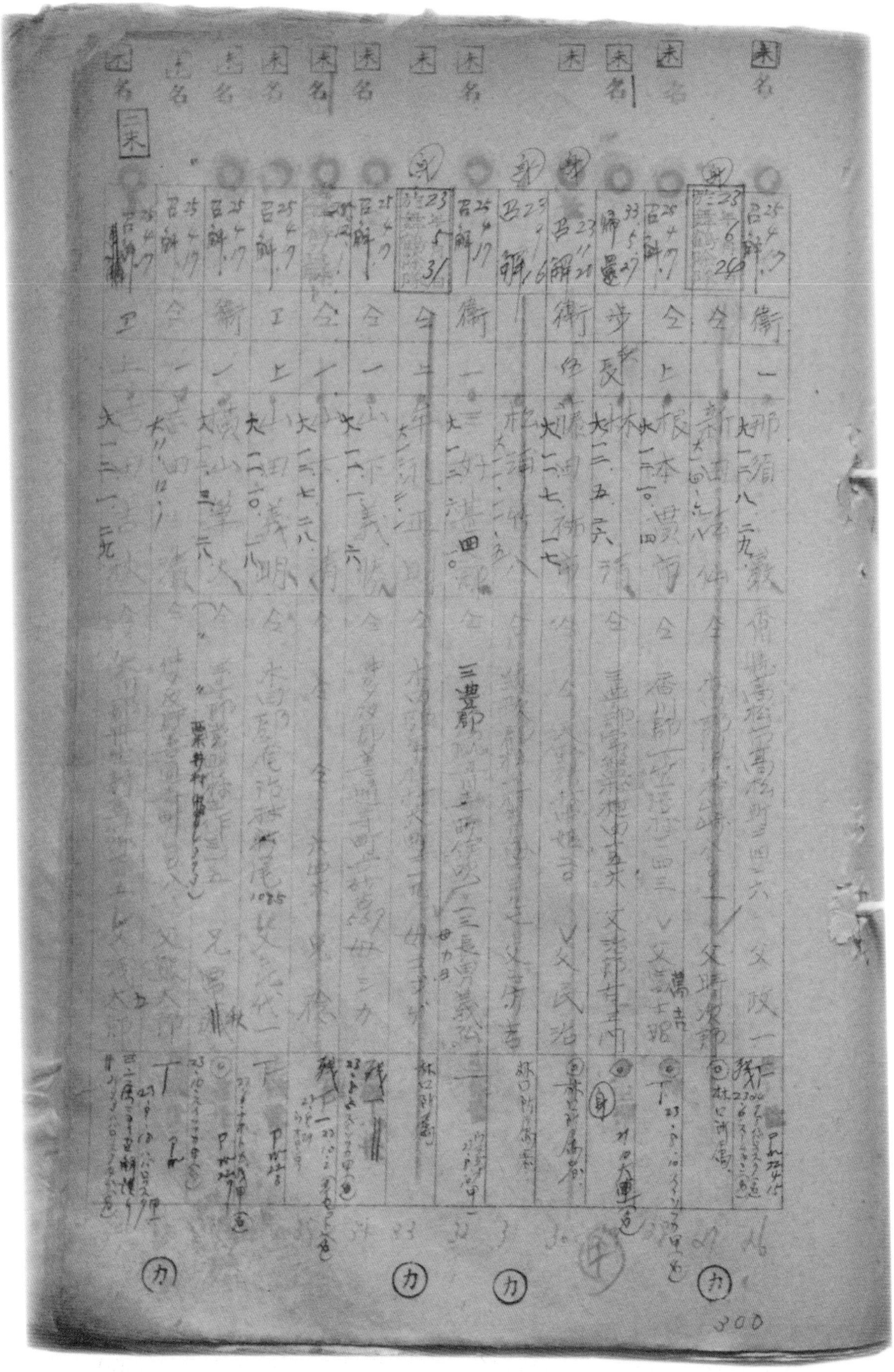

困名

困名

違反者氏名	本籍及住所（現住所ヲ記入スルコト）	摘要
25.4.17 召解 衛山協 大一二、一、一五	石川縣高松町 文書一	23.7.…
25.4.17 召解 仝 仝 愛 大一三、八、一二	仝 三重縣…田村…一四四九 請	23.7.… P.22

301

所属部隊	関東軍防疫給水部（徳二五二〇 満六五九）			
處決	兵種階級	氏名	本籍（留守担当者現住所続柄名）	摘要
28.8.11 処置	上 独	森[illegible]蔵	[illegible]市[illegible]町[illegible] [illegible]田太郎	[illegible]

㋕

808

所属部隊　関東軍防疫給水部牡丹江支部（徳二五二〇三　満六四三）

処決	兵種官等	氏名	本籍（留守担当者現住所続柄氏名）	摘要
20.9.7 戦死	衛 上	大10.10.11 [illegible]	香川県[illegible] 父 [illegible]次	20.10.20 戦死 牡丹江[illegible]
22.7.11 除隊	全 上	大9.4.10 植[illegible]	香川県[illegible] 父 [illegible]	
25.4.7 召解	工 一	大10.9.15 岡本数一	香川県大川郡[illegible]村大字[illegible]六二 母 ハナ	工 岡本正美 [illegible]
	衛 上	大10.7.12 香西利一	香川県丸亀市[illegible]屋八〇一 父 絹次	
全	全 上	大10.3.29 香西昇	全 高松市屋島中町五九二 姑 大河内ツヤ子	（丙）
20.9.7 死	全 全	大10.3.13 [illegible]村[illegible]大郎	全 高松市福岡町[illegible] 父 大吉	20.9.7 [illegible] 20.10.20 戦死
（公）20.9.7 北海道釧路に転籍 削除	属	大6.2.26 [illegible]己	全 綾歌郡川西村[illegible] 妻 トシ	[illegible] 22.11 [illegible]
25.6 大阪市へ転籍 削除	工 一	[illegible]	[illegible]	20.8.22 [illegible] 21.2.10 [illegible] 戦死
所属不明 25.7.18 [illegible]	衛 上	大10.3.14 増田吉秋	香川県小豆郡[illegible]福田 [illegible] あコトメ	[illegible]

303

本名

名

所属部隊	関東軍防疫給水部林口支部（徳二五二四 満一六二）軍直				
処決	兵種	官等	氏名	本籍（同平仮名並ニ現住所通称名）	摘要
25.4.17 召解	衛	上	津田正尊 大11.8.12	香川県三豊郡観音寺町下市之丁 文蔵太郎	27.9.?.22.?.4 田（退） 23.9.45 ?
25.4.17 召解	衛	上	林本敏雄 大11.12.?	香川県木田郡西植田村 文雲次	1

9

51

304

所屬部隊	関東軍防疫給水部海拉爾(ハイラル)支部（徳二五二〇部隊）	
區分	23年5月18 防疫給水部隊	
兵種官等	衛生軍曹	
氏名	（尹□□） 大一〇、四、二八生	
本籍（留守担当者現住所続柄名）	香川県高松市宮脇町四七九	父 文夫
摘要	八、一八、満洲ニテ戦病 （生死不明）	

305

105

關東軍防疫給水部（滿六五九）

所屬部隊	處決	兵種 官等	氏名	本籍（留守擔當者現住所續柄名）	摘要
香[illegible]	削除	[illegible]	大村時四郎	香川[illegible] 母キヨ	復ろより アホ
香[illegible]	削除	[illegible]	大東清治	小豆郡[illegible]十五 父定太郎	復七ろより アホ
[illegible] 23.1.19	[illegible]	[illegible]	[illegible]	香川郡[illegible]村大字中間[illegible]	株口[illegible] アホ
[illegible]	21.6.26 戰病死	[illegible]	[illegible]	[illegible]川郡石田村大字石田東 [illegible]	骨 [illegible] 陸病於[illegible] アホ
[illegible]	復員	[illegible]	木下[illegible]	[illegible]	
[illegible]	復員	衛	白井[illegible]四郎	仲多度郡[illegible]村大字[illegible]	
[illegible]	[illegible]	[illegible]	西村[illegible]	[illegible]	第三航空情報隊へ轉屬
[illegible]	復員	[illegible]	田中[illegible]	三豊郡仁尾町[illegible] 母[illegible]	
香[illegible]	削除	[illegible]	田尾[illegible]	[illegible]	復七[illegible] アホ
A	21.12.12 戰病死	曹長	丸山 正（大5.12.15）	香川県大川郡相生村南野山上（同居）妻 千鶴子	[illegible]

貼紙：24.7.20公報[illegible] 上掲生存せり[illegible]

㋕

306

105

香川

所屬部隊	關東軍防疫給水部（滿六五九）									
處決	刑除	刑除	23.11.18 刑除		復員	復員	召解	復員	刑除	21.2.12 戦病死 刑除
兵種	衛	[illegible]				衛	衛	[illegible]	[illegible]	歩
官等	一	一	一			一	一	一	一	長
氏名	大川 [illegible]	大東 [illegible]	大一二．二．一二 [illegible]	大12.4.3 木村 [illegible]	[illegible]	白井 惣四郎	田村 [illegible]	田中 實	田尾 [illegible]	丸山 正（大5.12.5）
本籍（留守擔當者現住所續柄名）	香川[illegible]	小豆郡[illegible]	香川郡[illegible]	大川郡石田村[illegible]	綾歌郡[illegible]	仲多度郡[illegible]	[illegible]	三豊郡[illegible]	[illegible]	香川県大川郡相生村南野山上（同）妻 千鶴子
摘要	復員 [illegible] ア未	復員 [illegible] ア未	陸病 [illegible] ア未				第三航空情報隊ヘ轉属		復七 [illegible] ア未	[illegible]

806

香川ノ

所屬部隊 關東軍防疫給水部（[illegible]）

處決	兵種	官等	氏名	本籍（留守擔當者現住所續柄名）	摘要
復員	衛	上	[illegible]藤 恰	香川県三豊郡[illegible]村[illegible] 父 [illegible]	
復員	〃	一	庵 元作	〃 綾歌郡[illegible]村[illegible] 父 [illegible]	
復員	衛	伍	赤沢 喜八	〃 大川郡[illegible]村[illegible]	
復員	衛	伍	石井 光春	坂出市江尻[illegible] 父 [illegible]	
召解	〃	伍	吉田 穂良	〃 三豊郡[illegible]村[illegible]	
復員	衛	上	本川 正三	〃 三豊郡大野原村[illegible]	
前隊	衛	上	植松 幸市	香川県[illegible]	復七[illegible]ノ未
復員	〃	上	植村 正	〃 大川郡[illegible] 父 [illegible]	
前隊	〃	上	[illegible]野 来之	〃 [illegible]	復七[illegible]ノ未
復員	衛		横山 康	〃 大川郡[illegible]	
	技	大イ	大西 吉雄	〃 丸亀市東[illegible] 父 [illegible]	三八[illegible]ニ轉属
21.3.18 召解	衛	兵	[illegible] 北口[illegible]	香川郡[illegible]村[illegible]	

807

関東軍防疫給水部

所属部隊	最終階級官等	氏名	本籍（留守担当者現住所続柄）	摘要
㊆ 召解	衛 伍長	山下國夫	香川県大川郡津田町一二三　父 山下通親	
㊆ 20.9.30 召解	傭属	山崎靖	香川県大川郡[illegible]村町田東[illegible]六八七　父 山崎新之	
復員	〃	山下重	香川県大川郡[illegible]村 六二二　父 山下正一	
21.[illegible] 召解	上	山田義夫	香川県高松市外[illegible]	
復員	衛 上	横田薫	香川県綾歌郡坂出町八二八 大阪市大正区[illegible]寺町一ノ五　兄 横田徳[illegible]	
復員	〃 一	吉田文雄	香川県木田郡[illegible]村[illegible]九九　父 吉田恒雄	
復員	〃 上	吉田[illegible]	香川県坂出市坂出町一四一二 坂出市寺町　父 吉田政春	
復員	〃 少尉	渡邊榮	香川県丸亀市風袋町一八〇　妻 渡邊[illegible]子	
20.[illegible] 召解	傭属	渡辺榮雄 大二.四.三生	香川県三豊郡[illegible]村大字[illegible]上[illegible]四　妻 渡辺[illegible]	[redacted]

200

808

関東軍防疫給水部

異動	兵種	官等	氏名	本籍（留守擔當者現住所續柄共）	備考
昭20.9.1解	衛	主伍	松岡茂	香川県丸亀市[illegible]四一〇 父 松岡一市	
20.7.10 戦病死	衛	上	松本[illegible]則 大10.11.5	香川県[illegible]郡[illegible]村[illegible] 父 松本[illegible]太郎	21.12.18
昭20.8.30 解	〃	〃	[illegible] 大6.6	香川県三豊郡[illegible]村[illegible] 父 [illegible]	
召解	〃	一	[illegible]川[illegible]雄 大12.8.25	香川県高松市[illegible]七八七六 母 [illegible]マツ	
正解	〃	伍	[illegible]俊美	香川県[illegible]郡[illegible] 父 [illegible]	
復員	〃	兵長	宮崎長太郎	香川県仲多度郡[illegible] 妻 宮崎[illegible]	
復員	〃	〃	三角武	香川県[illegible]郡山田村[illegible]一八四九 [illegible]	
復員	〃	〃	宮崎泰隆	香川県仲多度郡[illegible]村[illegible] 父 宮崎[illegible]郎	
[illegible]	〃	〃	宮川孝 昭4.5.7	香川県仲多度郡[illegible]村大字[illegible]一〇四九 父 宮川[illegible]	
	〃	〃	[illegible]坂識	香川県三豊郡[illegible]町大字[illegible]一六 父 [illegible]長松	
	〃	〃	三野実	香川県三豊郡[illegible]村大字[illegible]九 父 三野[illegible]	
復員	衛	上	森本秋雄	香川県木田郡[illegible]村大字[illegible]七六九 父 森本[illegible]	

所属部隊 関東軍防疫給水部

事故	兵種	官等	氏名	本籍（留守担当者等住所氏名）
	衛	伍	西山[illegible]	香川県高松市[illegible]町一[illegible] 父 西山[illegible]
	〃	上	原田[illegible]夫	香川県香川郡[illegible]村大字[illegible] 父 原田[illegible]次郎
	〃	一	原田敏則	香川県綾歌郡[illegible]村大字[illegible] 母 原田キク
20.8.25 召解	〃	上	梁木俊夫	香川県大川郡引田町田三二一 父 梁木[illegible]
召解	〃	兵長	長谷[illegible]純 昭四.九.一一	香川県高松市[illegible]町[illegible] 母 長谷[illegible]
召解	〃	〃	長谷貞一 明三〇.一〇.一	香川県綾歌郡[illegible]村[illegible] 妻 長谷[illegible]
20.6.11 召解	〃	少佐	[illegible] 明四一.三.二〇	香川県[illegible]郡[illegible]村[illegible] 妻 [illegible]
20.8.25 [illegible]	衛	上	[illegible] 明四[illegible]	香川県小豆郡[illegible]村大字[illegible] 養父 [illegible]
復員	衛	上	藤田貞雄	香川県三豊郡[illegible]村[illegible] 父 藤[illegible]
復員	〃	一	古川[illegible]	香川県大川郡[illegible]村一九三七 妻 古川[illegible]
復員	〃	上	福井[illegible]一	香川県[illegible]郡[illegible]村[illegible] 母 [illegible]
20.8.11 召解	〃	軍[illegible]	[illegible]木[illegible]夫 大正[illegible]	香川県木田郡[illegible]村[illegible] 父 [illegible]木[illegible]

摘要	本籍（留守擔當者現住所續柄共）	氏名	官等	兵種	處決	所屬部隊
						関東軍防疫給水部
	香川県大川郡丹生村[illegible] 父 田中[illegible]	田中春子	軍属		復員	
	香川県香川郡[illegible]	葛谷吉春	〃		復員	
	大阪市[illegible]	津村秀光 大二.十一.一	伍	衛	20.8.24 召解 復員	
		一瀬書	一			
	香川県三豊郡観音寺町[illegible] 父 [illegible]	勝田正専	上	衛	重営	
	香川県綾歌郡川津村二三三 妻 寺島清子	寺島宗次郎	軍属		復員	
	香川県仲多度郡七箇村[illegible] 父 東條[illegible]太郎	東條猶一	上	衛	20.11.10 召解 復員	
	香川県香川郡[illegible] 妻 豊島つじ	豊島久雄	軍属		復員	
	香川県綾歌郡[illegible] 父 長尾[illegible]	長尾豊	上	衛	20.8.23 召解 復員	
	香川県綾歌郡[illegible] 父 中山[illegible]	中山国忠	伍		復員	
	香川県小豆郡[illegible] 母 長田[illegible]	長田政雄	上		20.9.1 召解 復員	
	香川県三豊郡大野原村[illegible] 父 中村芳郎	中村正男	〃		復員	

311

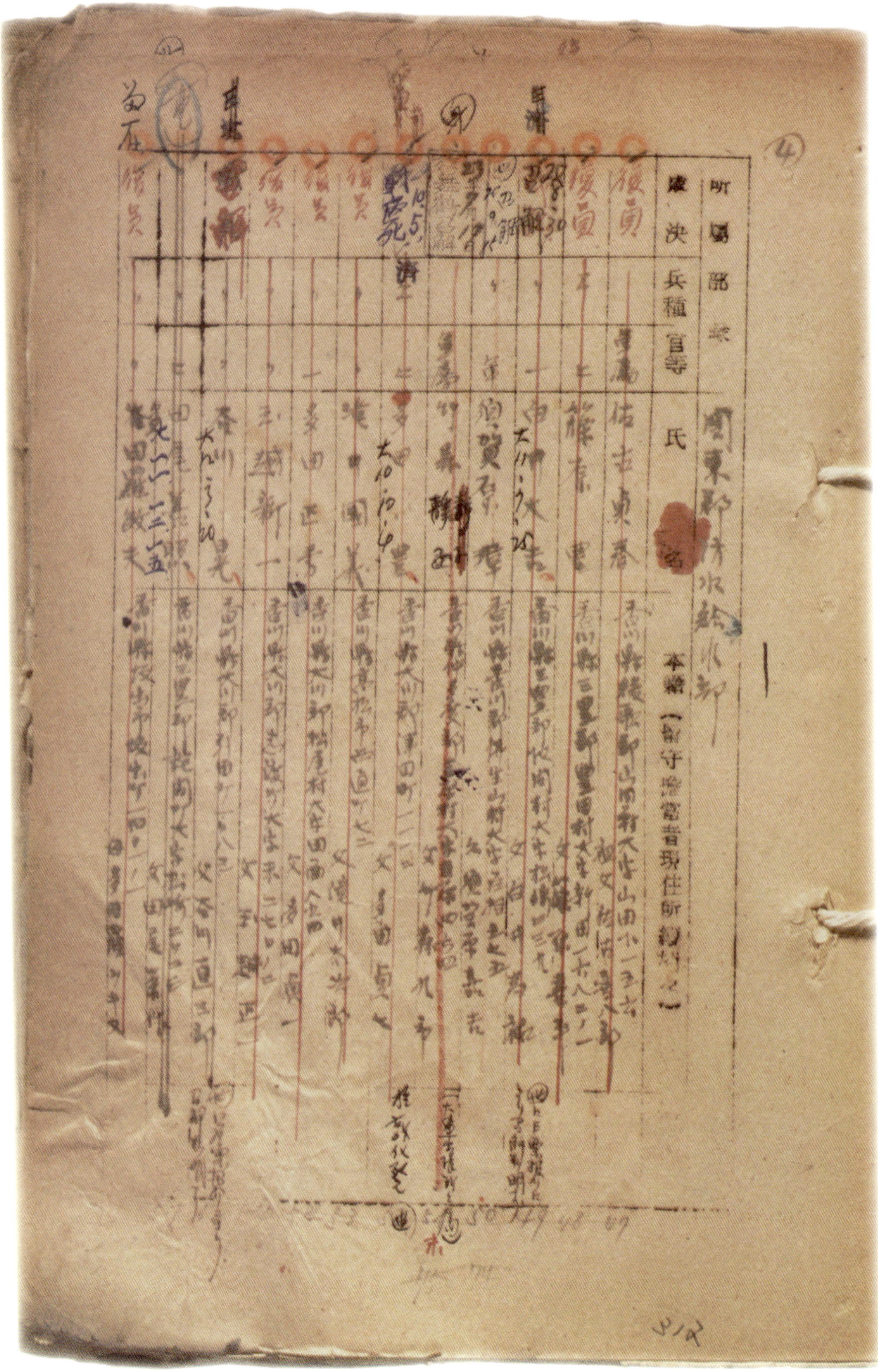

町區部隊
處決
兵種
官等
氏名
本籍（留守擔當者現住所續柄）

所属部隊名	兵種官等	氏名	本籍（留守担当者現住所續柄之）	摘要
関東軍防疫給水部				
復員	[illegible]	本多田 栄	香川県香田郡[illegible]上村一三[illegible] 母 [illegible]	
[illegible]	[illegible]	大一三.二三 [illegible]	香川県[illegible]	復 大三
復員	[illegible]	大伴 [illegible]	香川県高松市[illegible] 父 [illegible]	
[illegible]	[illegible]	[illegible]五郎（大二[illegible]）	香川県[illegible] 父 [illegible]	（[illegible]）
復員	[illegible]	河野 善一	香川県高松市東田町四ノ六 父 河野 [illegible]	
[illegible]	[illegible]	吉田 利一	香川県[illegible] 父 [illegible]	
[illegible]	[illegible]	吉田 [illegible]	香川県[illegible] 父 [illegible]	復 大三
復員	[illegible]	[illegible]	香川県[illegible] 父 [illegible]	
復員	[illegible]	今中 吉治	香川県[illegible] 父 [illegible]	[illegible]
復員	[illegible]	小林 晋	香川県[illegible]寺[illegible] 母 小林 [illegible]	
復員	[illegible]	小山 敏郎	香川県[illegible] 父 小山 [illegible]	
[illegible]	[illegible]	佐藤 秀男	香川県高松市今里村七九 父 佐藤 辰治	

昭二一.一〇.二五.

所屬部隊　関東軍防疫給水部

復員	兵種	官等	氏名	本籍（留守宅受信所相異ノモノ）
23.7.25 舞鶴解		軍属	大木義雄（大元.1.13）	香川県綾歌郡松山村大字松山東三七二六　妻 大下[illegible]
復員	中	傭	沖崎清重	香川県三豊郡観音寺町大字観音寺二三ソ　父 [illegible]
	〃	〃	森義市	香川県綾歌郡滝宮村大字滝宮二三三ノ一　父 森[illegible]吉
20.9.8 死亡 ㋴	上	軍属	長船敏雄	香川県三豊郡[illegible]村大字[illegible]田二四ノ二　[illegible]
復員 解	上	軍属	岡林浩	香川県三豊郡観音寺町大字[illegible]二九八七　父 岡林[illegible]
復員	上	七	奥谷笹美	香川県綾歌郡松山村大字松山甲七三三　父 奥谷保太郎
復員		軍属	大島三男	香川県仲多度郡[illegible]村一四八　父 大島[illegible]
20.8.7 ㋴ 死亡	工	傭	川江義明	香川県三豊郡[illegible]村大字[illegible]一八三八　父 川江正之
復員	上	一	滝山勝春	香川県綾歌郡[illegible]村大字[illegible]東五　父 滝山[illegible]
復員	上	一	川田[illegible]	香川県仲多度郡象郷村大字下[illegible]四四二　父 川田[illegible]
20.7.26 ㋴ 死亡	工	一	川原治郎一	香川県仲多度郡[illegible]麻村大字[illegible]五七二一　父 川原[illegible]
復員	主	書	久保智春	香川県木田郡[illegible]村大字[illegible]一五七四一　父 久保[illegible]

（大連出張所ニ居ル）

不明

71　70

所属部隊　関東軍防疫給水部（[illegible]）昭和二十年　月　日調製

処決	兵種	官等	氏名	本籍（留守担当者現住所氏名）
昭20.7.20 解	工	上	岩崎義太	香川県綾歌郡川西村大字西小川一〇九七ノ二　父 岩崎新八
昭20.9.1 解	工	上	浅野浩由	香川県三豊郡紀伊村大字本郷一一七〇ノ一二　養母 浅野ミツ
(七) 20.7.12 解	工	上	井上光年	香川県綾歌郡長炭村大字長炭東三四七ノ一二　母 井上千力
昭21.12.5 解 復員	工	上	伊藤勇（大正六.九.八）	香川県木田郡平井町平木三三八　父 伊藤園七
未	工	上	加藤吉輝	香川県小豆郡大部村大字大部一〇四　父 加藤楠太郎
復員	工	一	入江静雄	香川県三豊郡大野原村大字花稲九九八　父 入江義隆
復員	工	一	和泉昌幸	香川県仲多度郡十郷村大字十郷字大口五四五　父 和泉長太郎
復員		雇傭	射場登十	香川県綾歌郡富熊村大字富熊四七字時田五九　父 射場段一
復員	工	傭	藤原昌義	香川県香川郡田中村大字宮之二一一　父 藤原喜吉
復員	工	雇	大山繁一	香川県高松市福岡町三ノ　妻 大山トミ
復員		雇傭	大西文市	香川県大川郡丹生村大字川田東本村五五七　妻 大西千代子
		仝	大浦利夫（大正四.五.二〇）	香川県仲多度郡多度津町大字九田九九ノ一四　妻 大浦木工子

香川県

所属部隊	関東軍防疫給水部							
処決	21.6.24 召解	復員	召解	復員		23.11.11	23.7.25 解雇	24.5.20 病死
兵種	衛	衛	衛			軍属		
官等	一	伍	上			雇員	雇	上
氏名	蹄西組法仙	中野隆	鎌島文児	真鍋[illegible]	[illegible]	竹森静子 大一〇.一〇.九	大下義雄	大村春清
本籍（留守担当者氏住所続柄名）	香川県木田郡洲村山崎八〇 父 時四郎	〃木田郡川添町[illegible]九七八 父 新八	〃高松市玉浜町二二 父 徳三郎	〃木田郡神山村大字[illegible]	[illegible]	香川県仲多度郡吉原村四八四 大連市平和台一七	香川県綾歌郡[illegible]村柏原 父 大下熊太郎	香川県高松市
摘要					調除		調除	スミラカ州 陸病院[illegible]

(未) (未)

358

香川

関東軍防疫給水部　昭20.1.1調

所属部隊

重複

處決	兵種	官等	氏名	本籍（留守擔當者現住所續柄名）	摘要
復員		傭人	松下武	仲多度郡吉原村吉原二七三　父勇治郎	
復員	衛	軍三	三宅敏夫	小豆郡里島村甲生七三九　兄吉太郎	
復員	〃	伍	三崎俊男	三豊郡二ノ宮村佐股甲三一三の一　母タキ	
	〃	二	菱塚義夫	高松市今里町一三　妻千代子	
	〃	一	吉田清	仲多度郡善通寺町六五三　父熊太郎	

ア木　ア総

217

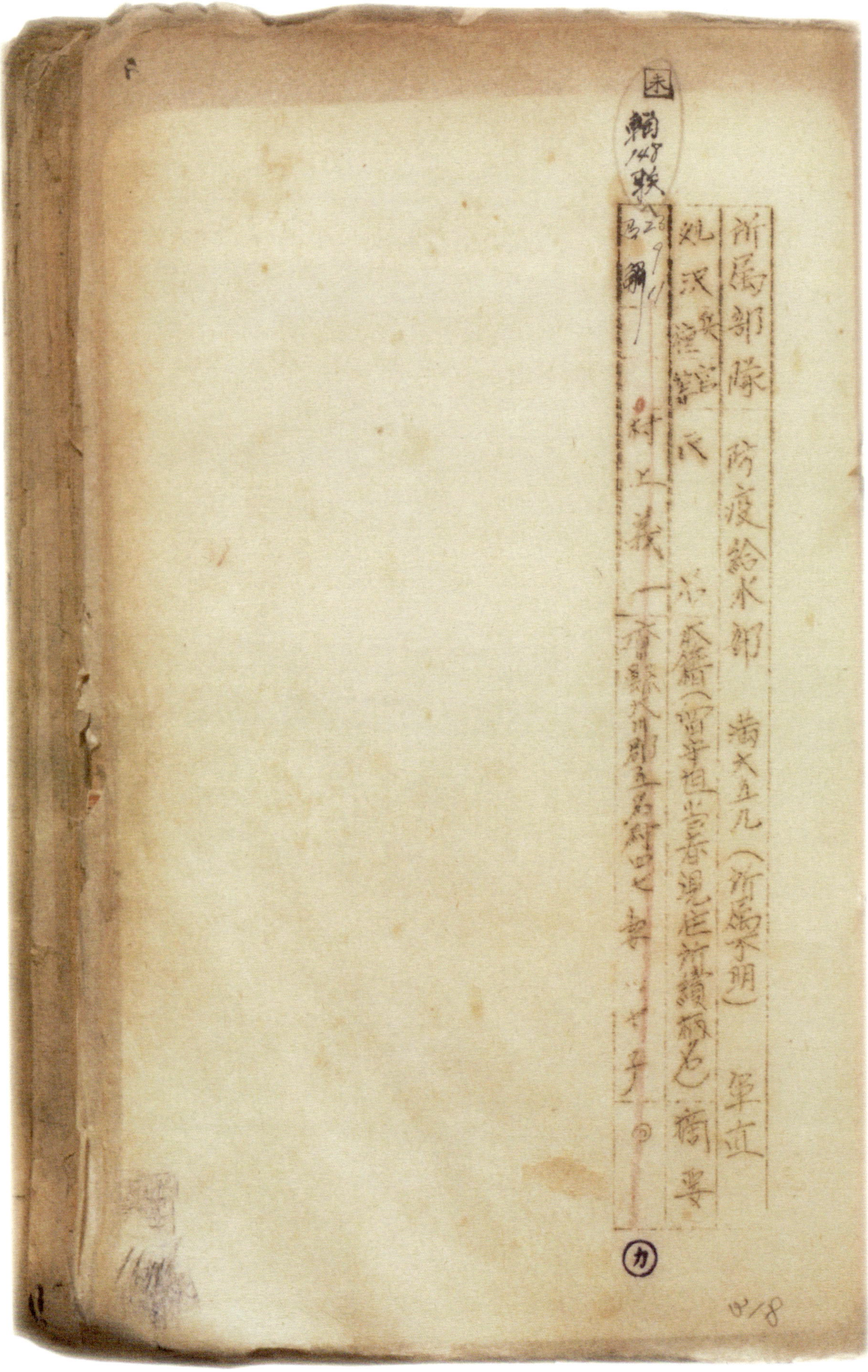
未
輯148 鞍 26.9.11
呂 編

所属部隊　防疫給水部　満大五九（所属不明）军立
処沢兵憲警官 氏　不敍（留守担当者現住所續柄名）摘要
村上義一　香縣大川郡五名村四七番　ツサ子
㋕
8/8

所属部隊 防疫給水部隊大連支部 満六七三 単直（所属不明）

処理 兵籍 氏 名 丞髙（留学生当時現在所轄病名）摘要

23.11 目録 技師 竹森下 稔 之 香川県仲多度郡善通寺町 大連支部

77

カ

319

来

来

18 野 日 ア

21年9月28日 於舞鶴除隊

関東軍防疫給水部（総二五二〇一 満六五九）

衛生 大一〇．三．一〇． 京都府 郡 町 太郎

工 一 大一三．八．一四 美方郡 町大字北庄八〇九番の一 父 木 治

上川大清松 阿俄郡久勝村

遺 別

諸

320

未　未

名簿

衛生下士候隊へ

関特要員

衛下候隊より転入（十二日）
衛三下候隊へ転出四月十八

一般邦人
処刑者

3名
26
防疫給水部隊

処決	兵種官等	氏名	本籍（留守担当者現住所続柄氏名）	摘要
所属部隊	関東軍防疫給水部本部（徳二五二〇二、満七三一）			
〃	衛　兵	浮田輝雄	徳島県阿波郡大俣村大字大塚大北三三 兄 幸夫	
〃	〃	竹内清	〃 名西郡石井町大字石井三七七 父 儀一	㊀ 一
	歩　一	三本岩一	〃 麻植郡川田町字川田 妻 まさる	㊁
	衛　長	土井忠雄	徳島県阿波郡柿原村字東角8 父 土井寛平	25.2.20 衛陽市方面 衛下士候隊へ転属予定

所属部隊	関東軍防疫給水部林口支部（徳二五二〇四、満一六三）			
	歩　中尉	姫田綾太郎	徳島県徳島市新内町三丁目七（〃 伊月町四丁目 妻 ふじ子）	㊀ 正 正

（一九四〇年）
満山村へ
西安へ

済（印）　力（印）　43　力（印）　済（印）

321

所属部隊　関東軍防疫給水部孫呉支部（徳二五二〇六、満六七三）

処決	兵種	官等	氏名	本籍（留守担当者現住所・続柄氏名）	摘要
21.4.7 召解	衛	上	阿部利淳	徳島県麻植郡木林山村大字内原四七八　父　兼助	[illegible]
20.9.14 召解			飯田晋一	〃　板野郡川内村鈴江字王俵二三（〃　川内村長　板野浩一）	
	衛	長	岩井淳夫	〃　美馬郡貞光町字大坊下　父　源吉	[illegible]
20.8 戦死	〃	一	岡崎正明	〃　西祖谷山村有瀬　父　春夫	孫呉陸軍病院
23.8.22 召解	衛	伍	河野喜樹	〃　那賀郡[illegible]村[illegible]　父　正二	孫呉陸軍病院
22.4.8 召解	〃	上	河野聖	〃　徳島市昭和町三丁目四六　父　三郎之助	丁
25.4.17 召解	〃	〃	小山張一	〃　阿波郡久勝村大字勝命字谷島三九　父　島六	正
22.8.31 召解	〃	〃	木川忠雄	〃　那賀郡宇野島村大字[illegible]　父　表一	孫呉所属
23.8.22 召解	〃	〃	田渕安	〃　板野郡里浦村[illegible]　父　松太郎	孫呉所属
			武岡忠敏	〃　美馬郡八千代村[illegible]　妻　八重子	

所属部隊　関東軍防疫給水部孫呉支部（徳二五二〇六・満六七三）

	処決	兵種官等	氏名	本籍（留守担当者現住所続柄氏名）	摘要
1	21.4.17 召解	衛上	阿部利[illegible]	徳島県麻植郡木屋平村大字川井[illegible]四〇八 父 薫助	
2	29.1.仙 召解		飯田晋一	〃 板野郡川内村鈴江字王鑑二三（〃川内村長 折野浩一）	
3		衛長	岩井淳夫	〃 美馬郡貞光町字大坊下 父 源吉	
4	20.8. 戦死	衛一	岡崎正明	〃 西祖谷山村有瀬 父 [illegible]夫	
5	23.8.22 召解	衛伍	河野[illegible]樹	〃 那賀郡[illegible]村[illegible] 父 正二	
6	召22.4.8 解	〃上	河野聖	〃 徳島市昭和町二丁目四六 父 嘉之助	
7	召25.4.17 解	〃〃	小山張一	〃 阿波郡久勝村大字勝命字谷島三九 父 [illegible]六	
8	召23.8.31 解	〃〃	木川忠雄	〃 那賀郡宇野島村大字野島 叔父 [illegible]一	
9	23.8.22 召解	衛上	田淵守	〃 板野郡里浦村粟津字中[illegible]島三一 父 梅太郎	
10	戦病死	衛上	武岡忠敏	〃 美馬郡八千代村字日開野四〇四 妻 八重子	

所属部隊　関東軍防疫給水部孫呉支部（徳二五〇六、満六七三）

処決	兵種	官等	氏名	本籍（留守担当者現住所続柄氏名）	摘要
召解 23.9.19	衛	上	新見 鶴八	徳島県板野郡御所村[illegible]前原一八　父　粂市	孫呉陸病
戦病死 20.11.28	〃	〃	野田 繁[illegible]　大三.三.三	〃　名西郡石井町大字重松六九七　父　正一	下　21.8.19 [illegible] 23.[illegible] 里防疫給水部 [illegible] 公
召解 25.4.17	〃	[illegible]	[illegible]奥　大四.四.三　勇	〃　那賀郡桑野町大字桑野大地七九　父　眞次郎	24.7.9 [illegible]
死亡 20.8.17	〃	〃	細川 [illegible]　大三.三.三	〃　三好郡[illegible]村東六〇七　父　信市	下　孫呉戦死 [illegible]
戦死 20.8.23	〃	一	松田 [illegible]　大十三.七.五	〃　那賀郡橘町東中島一〇一の一　祖母　シキノ	[illegible]

未　名
未　名
未
困　名

済

所属部隊	兵科階級	氏名	本籍（留守担当者現住所続柄氏名）	摘要
関東軍防疫給水部・ハイラル支部（満五二〇五 満五四二）	衛上	和泉増雄	徳島県阿波郡[illegible]村[illegible] 父 [illegible]	満期[illegible]
	衛上	生駒 明	徳島市佐古町[illegible] 父 勝一	[illegible]
	兵	大西[illegible]	三好郡三縄村大字大利[illegible] 父 八重太	[illegible]
	衛上	岡本芳介	名東郡国府町府中[illegible] 父 [illegible]	正
	衛上	川口勝明	板野郡[illegible]町[illegible] 父 義徳	[illegible]
	衛上	川人清松	阿波郡[illegible]村大字[illegible] 父 [illegible]	[illegible]
	衛上	倉良定勤	名西郡神領村[illegible] 母 [illegible]	15
	衛兵	近藤哉春	板野郡住吉村[illegible] 母 [illegible]	正
	〃	谷 勇良	那賀郡[illegible]村[illegible] 父 [illegible]	一
	衛一	西[illegible]	板野町大字[illegible] 父 [illegible]	一

衛兵 野崎 清 〃 海部郡[illegible]村[illegible] 野崎[illegible]

824

所属部隊	関東軍防疫給水部ハイラル支部（徳二五二〇植、満五四三）

処決	兵種	官等	氏名	本籍（留守担当者現住所続柄氏名）	摘要
20.7.2?	〃	〃	東浦友次	徳島県勝浦郡小松島町大字田野　父　兵次郎	ハイラル陸病
20.7.18 死亡	衛	上	光山福右一　大二三九	〃　阿波郡大俣村大字上浦字円定　母　リネ	推定　於[illegible]陸病死亡　未帰
20.7.2? 死亡	〃	〃	安原加次郎	〃　勝浦郡勝占村大字大谷字南谷八八　母　コハル	[illegible]

済

新復員追加連名簿

昭和 廣島縣世話課

所屬部隊	關東軍防疫給水部（通稱号 満七三一）	關東軍直轄 關東軍司令
兵種 官等	氏名	本籍（留守担当者現住所）	摘要
[illegible] 上	[illegible]田一行	廣島縣[illegible]市[illegible]町三丁目五番 （[illegible]町一丁目 [illegible]）	[illegible]

23.5.28

山口

所屬部隊 關東軍防疫給水部 昭20.1.1調

處決兵種官等 氏名 本籍（留守擔當者現住所續柄名）

備要

重要部隊

㊫ 20.9.10

召解

傭人 山本 右雪 美祢郡大嶺町南分

昭二九.一.一六

（猿田 助役）

唐

山本 孫一

（大津郡 深川町 大字 日置村 ... 畑 ...九二九）

父 清 世 ... 江

陸 美祢郡 山口縣 ... 山本 ...

50

447

名

所屬部隊 関東軍防疫給水部 20.1.1調製

處決兵種	官等	氏名	本籍（留守宅宛名者現住所氏名）
召・船	伍	浅野芳實	德島縣板野郡瀬戸町北泊四五〇 父 繁一
召・船	〃	粟野正男	〃 名西郡阿野村広野字[illegible] 妻 サカエ
召・船	〃	板倉米八	〃 三好郡三縄村川崎石米八六 〃 [illegible]
20.9 召・船	二	板井喜一郎 大十一.十二.八	〃 板野郡撫養町林崎南殿[illegible] 〃 父
重傷消除	〃	飯田晋	〃 板野郡[illegible]村[illegible] 京都市右京区[illegible]九七 [illegible]
召・船 21.11.23	〃	榊原芳夫	〃 麻植郡川田町麦原[illegible] 父 景平
戦病死	〃	井後宗一	〃 阿波郡[illegible]村[illegible]一五 父 芳秀
復	〃	飯川[illegible]	〃 [illegible]郡[illegible]村[illegible] 好之
召・船	〃	乾重幸	〃 板野郡大津村木津野[illegible]
20.9.1 召・船	〃	宇野富夫 大九.二.五	〃 德島市[illegible] 寺町不明[illegible] 父 觀
召・船	〃	小田昭彦	〃 名西郡石井町石井一九二 之一 京八 夫
復 22.1.3	〃	宇田[illegible]夫 大10.7.12	〃 阿波郡[illegible]村[illegible]

所屬部隊	處決	兵種	官等	氏名	本籍（留守擔當者現住所）
関東軍防疫給水部	昭29.8.9 歸	衛	上	上田博一 大五	徳島縣勝浦郡[illegible]村[illegible]松[illegible]
	昭23.11.23 歸	〃	一	浄田[illegible]要 大一二.七.一	神戸市兵庫區[illegible]九.四八
	昭20.9.1 歸	〃	上	遠藤[illegible]豊 大二二.一.一	徳島市[illegible]五.一[illegible]
	昭 歸	〃	軍	[illegible]津次 大四.一二.一六	板野郡大津村大幸[illegible]
	昭 歸	〃	上	大[illegible]寛市	名西郡下[illegible]上山下分[illegible]
	〃	〃	〃	大西[illegible]夫	三好郡三野町田村太刀野[illegible]
	昭20.9.15 歸	〃	一	大島利顯 大一六.三.一	名西郡入田村[illegible]
	昭 歸	〃	〃	大坂利計	那賀郡[illegible]村[illegible]
	昭20.9.1 歸	〃	〃	大坪和雄	麻植郡川田町[illegible]九八
	昭20.9.30 歸	〃	上	大塚要雄	麻植郡[illegible]村[illegible]
	昭21.8.20 歸	〃	一	関[illegible]	名西郡[illegible]
	昭21 歸	〃	〃	大宅[illegible]雄	美馬郡[illegible]

20.1.1 調製

829

所屬部隊	解決	兵種	官等	氏名	本籍（留守擔當者現住所續柄名）	摘要
[illegible]	20.9.1 召解	衛	一	[illegible] 大一二.九.一八	徳島縣[illegible] 母[illegible]	[illegible]
	20.8.16 召解	[illegible]	兵	[illegible] 大九.一二.一	徳島市[illegible] 父[illegible]大郎	[illegible]
	20.9.20 召解	[illegible]	[illegible]	河野[illegible]三郎	麻植郡[illegible] 母[illegible]	
	20.9.30 召解	[illegible]	[illegible]	木本[illegible]次	那賀郡[illegible] 父 繁太郎	
	20.9 召解	衛	上	本田新一	[illegible]郡[illegible] 兄 豊	
	召解	衛	兵	横田武雄	名西郡[illegible]	
	19.8 病死	[illegible]	一	[illegible]久	麻植郡 川田町[illegible] 父 賀蔵	東京[illegible]陸病死亡
	20.8.31 召解	[illegible]	[illegible]	近藤正一	美馬郡[illegible] 父[illegible]	[illegible]
	20.8.31 病死	[illegible]	[illegible]	[illegible]	徳島市[illegible]	[illegible]
	22 復	[illegible]	上	[illegible] 大八.九.一	徳島市[illegible]	[illegible]
	20.9.15 召解	[illegible]	一	近藤幸太郎	麻植郡[illegible]	
	復	[illegible]	上	[illegible]	[illegible]	

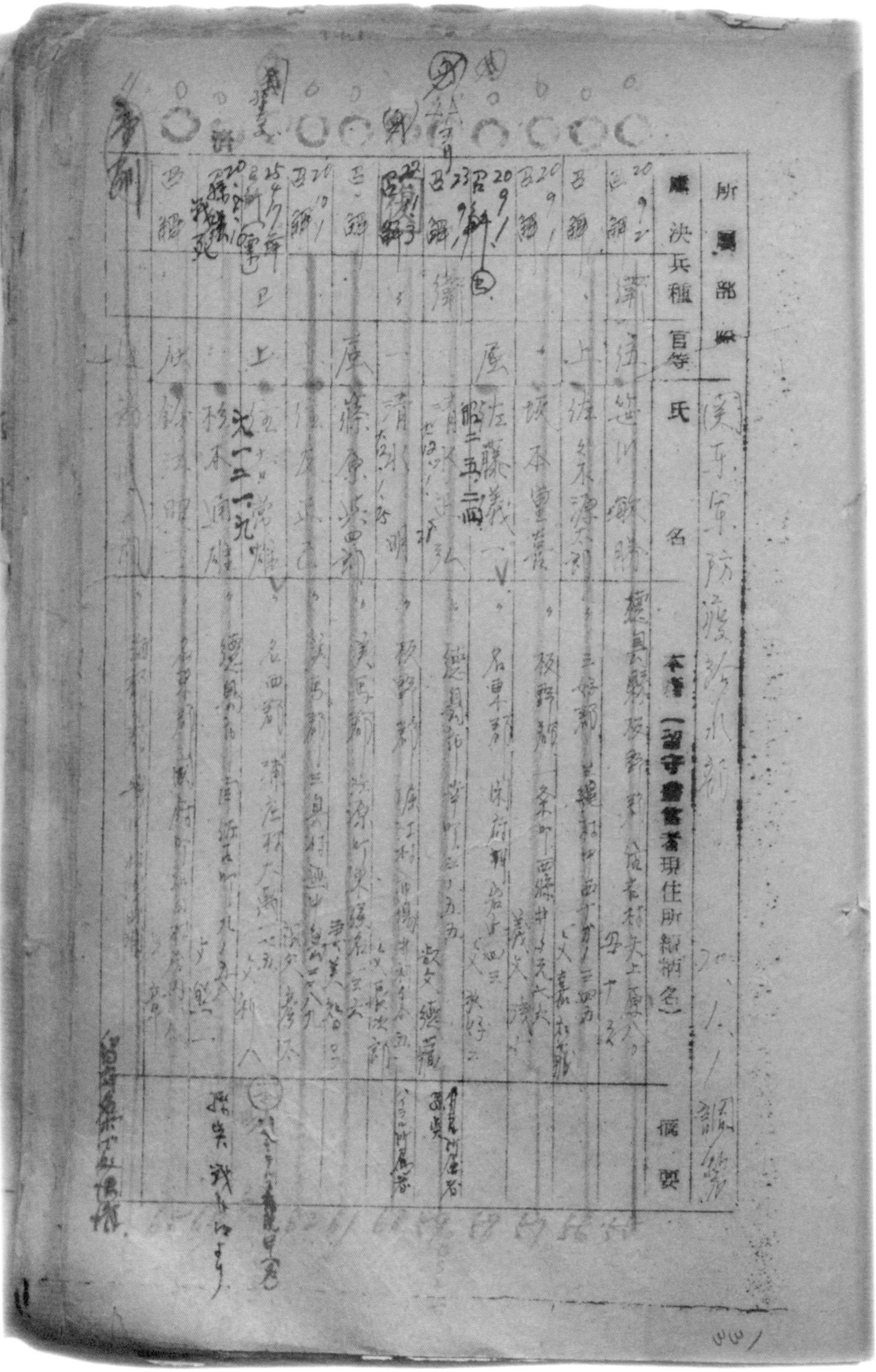

所属部隊 関東軍防疫給水部 20.1.1 調製
處決 兵種
官等
氏名
本籍（留守擔當者現住所氏名）
備要

所屬部隊 関東軍前渡部隊 20.1.1 調

所屬決兵種	官等	氏名	本籍（留守擔當者現住所稱名）	備考
衛	上	[illegible]勝美	[illegible]	
[illegible]	軍	[illegible]	[illegible]	
[illegible]	[illegible]	竹本[illegible]	[illegible]	
輜	兵	[illegible]	[illegible]	
衛	兵	谷 勝[illegible]	[illegible]	
[illegible]	[illegible]	[illegible]	[illegible]	
[illegible]	一	高田[illegible]	[illegible]	
[illegible]	[illegible]	[illegible]	[illegible]	
[illegible]	[illegible]	[illegible]	[illegible]	
[illegible]	[illegible]	[illegible]	[illegible]	
工	[illegible]	[illegible]	[illegible]	
[illegible]	[illegible]	[illegible]	[illegible]	

未

所属部隊 関東軍防疫給水部 20.1.?調

處決	兵種	目等	氏名	本籍（留守擔當者現住所續柄名）	摘要
20.9.1 召解	衛	軍	中井英雄	德島縣名西郡高原村諏訪一二八 父 虎[illegible]	
召解	〃	上	中野孝雄	〃 板野郡撫養町[illegible] 父 [illegible]	
20.8.26 召解	〃	〃	長江政義	〃 美馬郡[illegible]村[illegible] 父 [illegible]	
20.9.3 召解	〃	兵	中井英智	〃 名西郡神領村[illegible] 父 [illegible]	
20.9.1 召解	〃	〃	成瀬[illegible]	〃 麻植郡川田町[illegible] 父 [illegible]	
22.[illegible] 召解	〃	上	[illegible] 大六.七.[illegible]	〃 美馬郡[illegible]	ハイラル所属
召解	〃	伍	新居一雄	〃 板野郡川内村富久三八 父 [illegible]	
23.1.28 召解	上	上	野崎清 大二.五.八	〃 那賀郡[illegible]	
23.11.23 召解	上	上	[illegible] 大十二.十.三	〃 板野郡[illegible] 父 [illegible]	ハイラル所属
20.9.10 召解		上	橋本[illegible]	〃 海部郡[illegible] 父 [illegible]	孫吳所属
召解	〃	〃	原田義勝 大十.六.一五	〃 勝浦郡[illegible]	[illegible]
召解		〃	[illegible]	〃 板野郡大津村[illegible] 父 [illegible]	

所屬部隊　関東軍防疫給水部　20.8.1 調製

處決	兵種	官等	氏名	本籍（留守擔當者現住所續柄名）	摘要
復	工	工	福田[illegible]	[illegible]	復七日あり
召解		伍	福田 茂	那賀郡 桜野町 赤石[illegible] 父 [illegible]	
21.8.20 戦死	工	上	藤森 [illegible]	美馬郡 [illegible] 父 [illegible]	特進 [illegible]
復		一	藤谷 勲	美馬郡 岩倉町 岩倉[illegible]	
23.3.24 召解 復	工	兵	石川 [illegible]	板野郡 [illegible] 東高[illegible]	[illegible]
復			藤田 [illegible]	美馬郡 [illegible]	
21.5.1 召解	工	一	原 [illegible]　大一一.九.二九	美馬郡 [illegible] 橋太郎	
20.9. 召解			前坂 和好	阿波郡 林町 [illegible]	
22.12.5 召解	工	伍	松鴻 淡彦	麻植郡 [illegible]	[illegible]あり
召解		一	三木 栄	板野郡 大[illegible]村 [illegible]	
20.9.1 召解			三木 武夫	麻植郡 木屋平村 [illegible]	
召解		上	南谷 [illegible]	那賀郡 [illegible]	

所屬部隊　関東軍防疫給水部

處決	兵種	官等	氏名

復　復　復

20.8.1 調製

所屬部隊　關東軍防疫給水部

處決	兵種	官等	氏名	本籍（留守擔當者現住所續柄名）	摘要
重復前[illegible]	[illegible]	上	[illegible] 明	德島縣[illegible]郡[illegible]村[illegible] 父[illegible]	
重復前（[illegible]）	〃	〃	杉[illegible] 健	〃 [illegible]郡[illegible]村大字[illegible]	
20.11.30 召解 ㊞	〃	一	逢坂[illegible]雄 大10.11.18	德島縣美馬郡[illegible]村字辰[illegible] [illegible]	
	衛		大[illegible] 春夫	〃 三好郡佐馬地村[illegible]和川[illegible] 父[illegible]吉	カ第十一師團給水部へ
重復前（[illegible]）			田淵 宏	德島縣板野郡[illegible]	
第2647部隊へ重復[illegible]		上	田村 晴夫	德島縣[illegible]郡[illegible]	
兵庫縣に[illegible]	[illegible]		中岡 正一	[illegible]郡鬼塚村 福岡[illegible]	26.6.17
20.9.1 召解 ㊞	衛	上	上地 輝政 大10.3.31	美馬郡山下村字明谷[illegible] 父 福市	[illegible]
20.9.1 召解 ㊞	衛	上	龍原 久夫 大10.4.6	（同右）那賀郡鷲敷町中山[illegible] 父 源太郎	[illegible]
22.[illegible].24 [illegible]	衛	上	竹中 知男 大10.[illegible].15	（同右）那賀郡鷲敷町[illegible]字原[illegible] 父 竹太郎	[illegible]

㋕

336

所屬部隊	關東軍防疫給水部（滿六五九）
處決	
兵種	
官等	
氏名	
本籍（留守擔當者現住所續柄名）	
摘要	

337

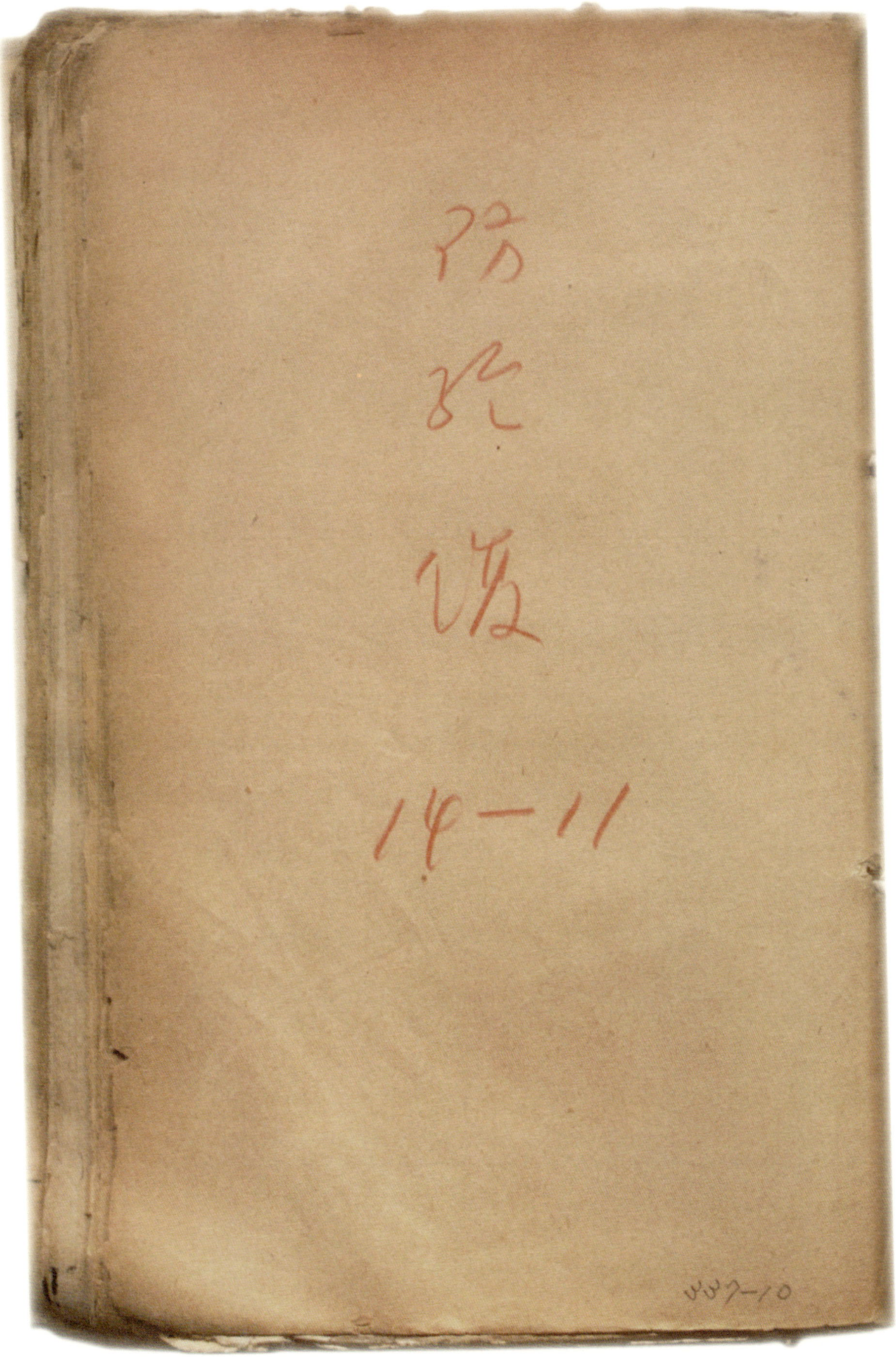
14—11

所属部隊　関東軍防疫給水部

処決	階級	氏名	本籍（府県名）	摘要
20.8.26 [illegible]	衛曹	石小清水 大3.10.1	愛媛県[illegible]郡[illegible]村[illegible] 父 [illegible]郎	[illegible]
20.8.30 [illegible]	衛	真鍋恒 大6.3.21	〃 新居郡[illegible]村[illegible]島三六八	[illegible]
[illegible]	上	渡部実 大11.11.[illegible]	〃 今治市大字別宮三ノ六 父 福市	三二[illegible]
[illegible]	上	数田実 大12.10.9	〃 西条市下島山 （福岡県小倉市大字沼 父 広助）	[illegible]

愛媛

所属部隊　関東軍防疫給水部牡丹江支部（徳二一二〇三　満六四三）

処決	兵種	官等	氏名	本籍（留守担当者続柄氏名）	摘要
23.1.22 召解	衛	伍	石川弘實（大8.?.?）	愛媛県宇摩郡[illegible]町大字[illegible] 父 光[illegible]	[illegible]
22.12.5 召解	〃	〃	宇佐美一（大?.5.5）	〃 [illegible]郡[illegible]村 父 [illegible]	[illegible]
[illegible]	〃	兵	浦川悟（大10.3.6）	〃 西宇和郡三机村[illegible] 父 [illegible]	24.10下旬ハバロフスク七方面健甲
28.1.?	衛	二等	大野正行（大?.?.16）	〃 伊予郡[illegible]村[illegible] 兄 [illegible]	[illegible]
23.?.?	衛	上	大瀧慶（大?.?.?）	〃 [illegible]郡小[illegible]村[illegible]	[illegible]
25.6.18 [illegible]	〃	上	越智正義	〃 喜多郡[illegible]村[illegible] 兄 [illegible]	[illegible]
25.4.? 召解	〃	上	岡田光重（大1.4.4）	〃 上浮穴郡[illegible]町[illegible]野尻甲[illegible] 兄 [illegible]	24.10下旬ハバロフスク七方面健甲
28.12.1	〃	上	奥村進（大9.11.?）	〃 伊予郡[illegible]村[illegible] 父 [illegible]	[illegible]
[illegible]（21.5.25）	〃	〃	小川[illegible]正（大?.3.16）	〃 [illegible]郡[illegible]村[illegible] 父 [illegible]	[illegible]
23.6.2	〃	〃	加地榮	〃 越智郡[illegible]村[illegible] 父 [illegible]	[illegible]
24.6.27	〃	上	菅繁喜（大10.12.25）	〃 越智郡[illegible]町[illegible] 父 [illegible]	[illegible]
25.4.? 召解	〃	伍	金子倉一（大11.11.23）	〃 周桑郡[illegible]村[illegible] 父 [illegible]	[illegible]

所属部隊　関東軍防疫給水部牡丹江支部（徳二五二〇三一四六四二）

処決	兵種	官等	氏名	本籍（留守担当者続柄氏名）	摘要
23.1.22 召解	衛	上	石川弘實	愛媛県宇摩郡[illegible] 父 光進	[illegible]
22.12.5 召解	〃	[illegible]	宇和川美一	〃 [illegible] 弟 政男	[illegible]
校勤二[illegible]	衛生	兵	浦川悟 大10.3.6	〃 [illegible]	[illegible]
28.5.1	衛	上	大野正行	西宇和郡三机村[illegible] 父 [illegible]	[illegible]
28.3	衛	上	大龍眞	伊予郡[illegible] 兄 [illegible]	[illegible]
26.6.18 召解	[illegible]	上	越智正義	喜多郡[illegible]	[illegible]
25.4 召解	〃	上	岡田光亘 大12.4.4	上浮穴郡久万町[illegible]	[illegible]
28.12.1	〃	上	奥村進 大9.11.1	伊予郡[illegible]	[illegible]
21.5.25	〃	[illegible]	川口正	新居郡[illegible] 父 [illegible]	[illegible]
23.6.2	〃	[illegible]	加地榮	越智郡[illegible]	[illegible]
24.6.27	〃	上	菅繁喜 大11.1.25	〃 [illegible]	[illegible]
25.4.7 召解	〃	伍	金子倉一 大11.1.13	周桑郡[illegible] 父 [illegible]	[illegible]

区分	処決	兵種官等	氏名	本籍（留守担当者住所続柄氏名）
名	留 26.12.22	衛 兵	菊池則光	愛媛県西宇和郡[redacted]父[redacted]
名	留解 22.12.9	〃	菊池富貴人	〃 西宇和郡 [illegible] 父 [illegible]
名	留解 29.12.1	衛 兵	[illegible]西行雄 大11.6.15	〃 喜多郡 [illegible] 父 文治
名	28.5.13	〃	[illegible]	〃 宇和郡 [illegible] 父 [illegible]
名	28.4.15	〃 上	佐竹雄夫	〃 宇和郡 [illegible]
名		〃 一	白石俊二	〃 温泉郡 [illegible] 父 [illegible]
名	28.12.1	〃 一	武田孝章	〃 伊予郡 [illegible] 政勝
名	解 24.11.26	〃 一	福島頼男	〃 温泉郡 神和村 [illegible] 父 大太郎
名	28.6.13	〃 一	別府[illegible]	〃 越智郡 九和村 [illegible] 父 [illegible]
名	戦死 20.8.28	〃 一	中山善衛門	〃 温泉郡 [illegible] 妻 [illegible]
名		〃	松村弁雄	〃 喜多郡 新谷村 大字新谷町 甲二〇八 元七 雄
名	留解 24.11.20	〃 上	松野正春	〃 伊予郡 南伊予村 下三谷 父 長次郎
名	戦死 20.8.28	〃 一	牧野章雄	〃 温泉郡 河野村 別府二〇〇 父 [illegible]次郎

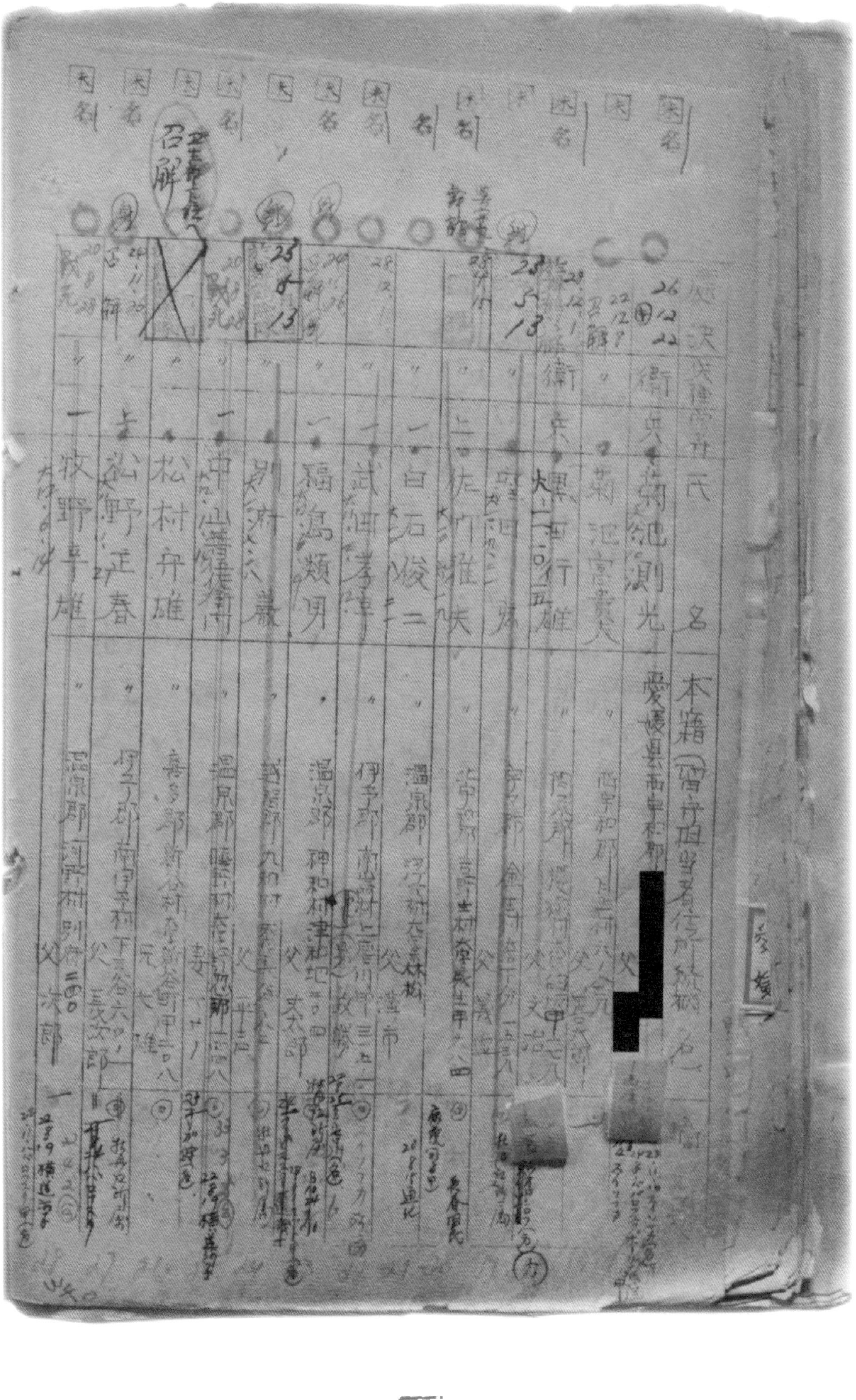

決	兵種官等	氏名	本籍（留守担当者住所続柄名）
26.12.22	衛 兵	菊池則光	愛媛県南宇和郡 [redacted] 父
召解 22.12.8	〃	菊池富貴人	南宇和郡 [illegible] 父 [illegible]
召解 28.12.1	衛	畑中行雄	〃 [illegible]
23.5.13	〃	[illegible]	宇和郡 [illegible]
28.4.15	上	佐竹雄夫	北宇和郡 [illegible] 父 [illegible]
	〃 一	白石俊二	温泉郡 [illegible] 父 [illegible]
28.12.1	〃 一	武田孝平	伊予郡 [illegible]
20.11.26	〃 一	福島類男	温泉郡神和村 [illegible] 父 [illegible]
23.8.13	〃	別府八蔵	越智郡 [illegible]
戦死 20.8.28	〃 一	中山善衛門	温泉郡 [illegible]
	〃	松村弁雄	喜多郡 [illegible]
召解 24.11.20	〃 上	松野正春	伊予郡南伊予村 [illegible] 父 [illegible]
戦死 20.8.28	〃 一	牧野幸雄	温泉郡河野村別府 [illegible] 父 [illegible]

所属部隊　関東軍防疫給水部牡丹江支部（德二五二〇三　満六四三）

処決	兵種	官等	氏名	本籍（留守担当者住所続柄名）	摘要
24.11.5 召解	衛	上	三好 鐵雄	愛媛県伊予郡北伊予村中川原二六 父 寅衛	23.4 ハバロフスク
25.4.7 召解	〃	上	三好 小太郎	〃 宇和郡真川村八七〇の一 父 栄義	23.11.3 ハバロフスク
25.4.7 召解	〃	兵	三根生 清恭	〃 西宇和郡町見村大字九町一四三六 父 直五郎	22 ．ンガ
28.12.1 召解	〃	兵	山下 実	〃 西宇和郡三崎村大字三崎一二六五 イシ	22.10 ハバロフスク
28.12.1	〃	上	山田 義雄	〃 上浮穴郡参川村中川乙一四八 父 春吉	[illegible]
20.12.27 戦病死	〃	上	矢野 義明	〃 周桑郡壬生川町大字壬生川一四四 父 弥三郎	23.6 [illegible]
20.8.28 戦死	〃	上	西村 多生	〃 北宇和郡松丸町大字松丸甲四三 母 ナトマ	[illegible]
23.6.31 召解	〃	軍	渡辺 末男	〃 新居郡□町大字□一三三〇一二	[illegible]
24.11.26 召解	〃	一	浮田 長一	〃 南宇和郡東外海村大字網代3 藤平	[illegible]
			[illegible]		

所属部隊 関東軍防疫給水部林口支部（徳二五二〇四満一六二）

処決	兵種官等	氏名	本籍（留守担当者住所続柄氏名）	摘要
25.4.17	衛 工	井上征行	愛媛県北宇和郡吉田町大字東小路甲五五 父 作太郎	
21.8.4 戦病死	〃 一	井上喜代重	東宇和郡貝吹村大字[illegible]田一一只八 父 政治	
25.4.17	〃 上	石原修	松山市久宝町四八 母 みつ代	
23.5.15	〃 伍	石村一徳	宇摩郡川滝村大字下山甲三三六 父 [illegible]	
20.12.15 戦病死 四平	歩 上	和泉征信	宇和島市樺荒町六八 父 源七	
28.7.8 帰還	衛 上	上野[illegible]	今治市大字[illegible]六四一 母 フデノ	
24.9.24	〃 上	宇治原積	宇和島市住吉町一区六六四 父 亀政	
25.4.17	〃 上	越智清一	越智郡岡山村大字浦戸甲七五二 父 島太郎	
23.6.2	〃 上	太田勝馬	南宇和郡一本松村大字増田[illegible] 父 松治	

所属部隊 関東軍防疫給水部 林口支部（徳二五二四 満一六二）

決定区分	兵種官等	氏名	本籍（留守宅住所氏名）	摘要
31.12.24 帰還 衛	軍曹	菅 重 大10.8.31	愛媛県西条市[illegible]	[illegible]
23.12.7 召解	一	金子 進 大12.4.1	松山市[illegible]	[illegible]
24.4.17 召解	兵長	木田 勇 大10.9.14	北宇和郡[illegible]下灘四〇八 父[illegible]	23.9.8 ライナ八収
24.8.2 [illegible]	兵長	小山 福馬 大10.10.30	西条市大字古川乙二三三 兄 昇	24.10.5 記入
25.4.17 召解	伍	[illegible]野 梅男 大[illegible].4.20	北宇和郡[illegible] 母	[illegible]
23.8.25	上	後藤 久	宇和島市[illegible] 父[illegible]	[illegible]
25.4.17 召解	一	清家 清 大11.9.2	北宇和郡[illegible] 父[illegible]	[illegible]
25.4.7 召解	上	清家 良 大11.3.26	北宇和郡[illegible]	[illegible]
23.5.18	長	高橋 政美 大11.5.18	[illegible]	[illegible]
25.4.7 召解	上	高橋 直美 大10.3.14	松山市[illegible]甲[illegible] 父[illegible]	[illegible]
21.5.8 死亡	〃	高岡 彦九郎	[illegible]大字[illegible] 父[illegible]	[illegible]
23.8.22	上	高石 敏雄	松山市[illegible]	林口[illegible]

343

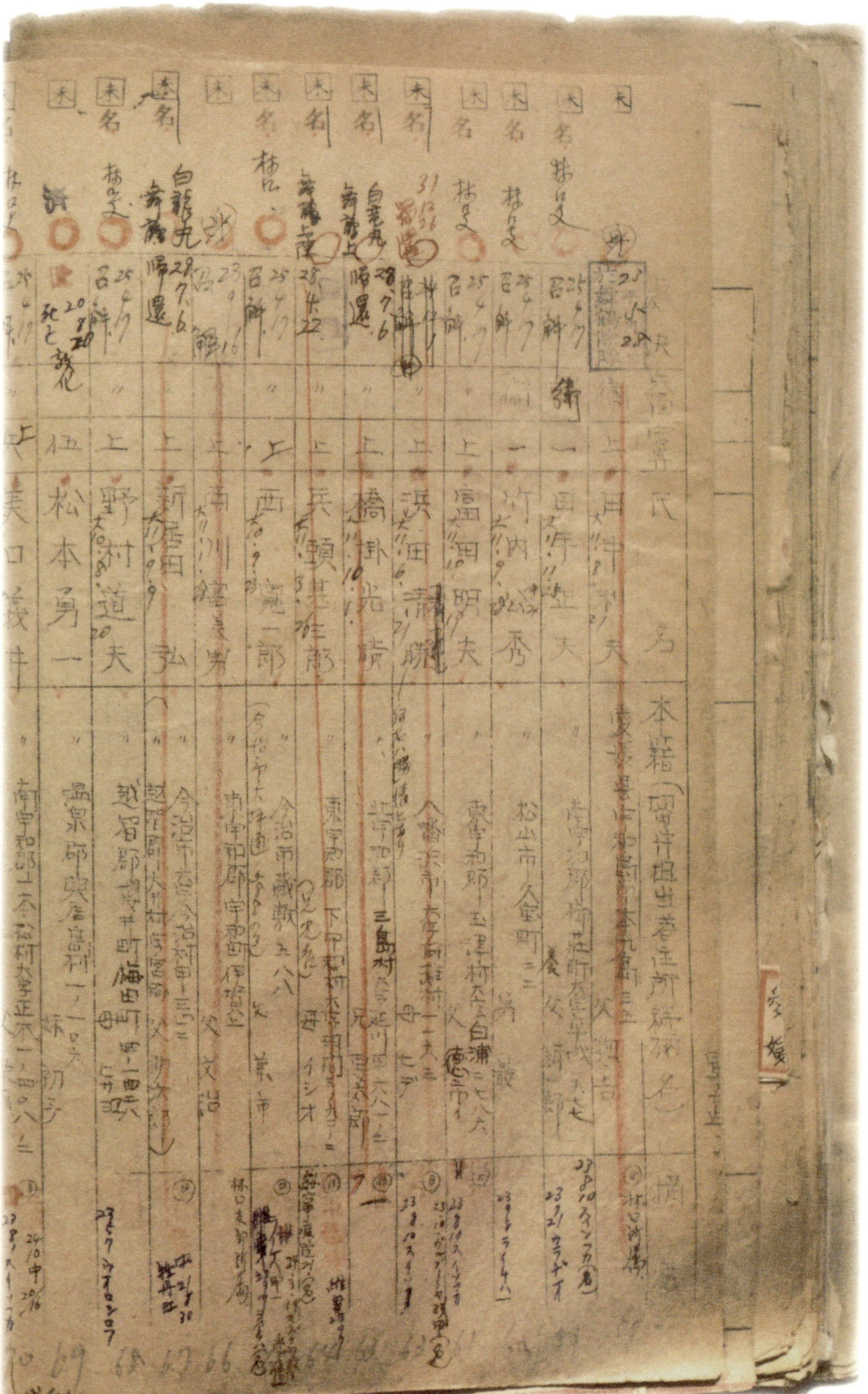

氏名
本籍（留守担当者住所氏名）
摘要
愛媛県宇和島市
富田明夫
松山市
新居田弘
野村道夫
松本勇一

所属部隊　関東軍防疫給水部林口支部（徳二五二〇四　満一六八三）

兵種	官等	氏名	本籍（留守担当者住所続柄名）	摘要
衛	上	向井[illegible]夫	愛媛県伊予郡郡中町大字米湊七九八　父	
〃	軍	森利春	温泉郡拓志村大字森甲三一二　兄　房一	
〃	伍	山野俊藏	西宇和郡伊方村大字三浜四五七　父　秋三郎	
〃	上	矢野初榮	上浮穴郡中津村大字大字三五四三　父　熊太郎	
〃	上	安居貞雄	温泉郡北条町大字辻一四二〇ノ一　父　宇太郎	
〃	一	横田晴二	八幡浜市大字[illegible]一ノ一六三二（西宇和郡三瓶町[illegible]）　父　忠太郎	
〃	上	米谷孝弘	松山市一六〇六　父　頼一	
〃	一	錦谷晴夫	松山市南夷子町三ー一　西立花町三ー三　父　松太郎	
衛	伍	武智好	松山市北有[illegible]町一二八（同右）	

345

二木

部名 [illegible]

20.7.17 [illegible]

上

木原道太郎

大12.5.20

愛媛県北宇和郡明治村小大浦

（〃 宇和島市）兄 勝

23.7. 20.7.[illegible]

軍直 2/1

（カ）

346

所属部隊　関東軍防疫給水部孫呉支部（徳二五二〇八満六七三）

処決	兵種官等	氏名	本籍（留守担当者住所続柄名）	摘要
[illegible]	ア曹	永井壽穂	愛媛県温泉郡小野村梅本一二〇 父 清一	[illegible]
〃	衛軍	森畑忠男	松山市高木町四三一 父 藤吉	[illegible]

所属部隊　関東軍防疫給水部海拉爾支部（徳二五二〇五満五四三）

処決	兵種官等	氏名	本籍（留守担当者住所続柄名）	摘要
[illegible]	衛兵	山口明	愛媛県喜多郡出海村甲一九九 父 嘉天	[illegible]
〃	伍	乘松昌	松山市宮前町四二〇 兄 盛忠	[illegible]

処決	階級	氏名	本籍（留守担当者住所続柄名）	摘要
所属部隊		関東軍防疫給水本部（徳二五二〇一満六四三）		
25.4.17 召解	衛上	西山武 大11.12	愛媛県喜多郡大洲町五郎甲二一七五 父 [illegible]	23 24.11.12 [illegible]
31.12.26 帰還	衛兵	吉岡泉雄 大8.28	〃 喜多郡 [illegible] 村 [illegible]	23 [illegible]

処決	階級	氏名	本籍（留守担当者住所続柄名）	摘要
所属部隊		関東軍防疫給水部牡丹江支部（徳二五二〇三満六四三）		
20.12.5 召解	衛一	赤瀬眞男 大10.30	愛媛県越智郡 [illegible] 一二五九 父 治三郎	[illegible]
20.8.28 戦死	衛一	安 [illegible] 稔	〃 上浮穴郡 [illegible] 村 [illegible] 二一二九	33.3.28

愛媛

関東軍防疫給水部 昭20.1.1調

部隊号	兵種	官等	氏名	本籍（留守擔當者現住所續柄名）	摘要
技師		傭人	松葉キイ	西宇和郡神松名村［illegible］一五八九 父安弘	〃
21.9 留 判	衛	軍属	宮崎周三	新居郡大町村二三六 父高一	フ
	〃	一	嶋崎傳太郎	宇和島市［illegible］一四六九 父新	フ
		傭人	矢野宗守	松山市安城寺町一一五三（仁 松原町二ノ七〇） 父宗五郎	フ
	衛	十	雪村芳田生	北宇和郡［illegible］村請水乙一二〇三 母サトコ	本復員［illegible］
日語		雇	吉田猛史	南宇和郡西外海村船越九六〇 父平吉	
			本部		
特殊	上	等	石山清丸	北宇和郡吉田町［illegible］（〃 〃 比木潜甲一八三） 父春治郎	世フ 21.［illegible］復員［illegible］
			牧田仁五记		
技術	上	一	中野茂香	［illegible］ 父伊勢一	世フ ［illegible］通報

349

愛媛

関東軍防疫給水部　昭20.1.1 調

学歴兵種	官等	氏名	本籍（留守擔當者現住所續柄名）	摘要
召解	傭人	松葉キイ	西宇和郡神松名村[illegible]五八〇　父 安弘	
召21.9.1 解傭	軍属	宮崎周三	新居郡大町村[illegible]二三六　父 高一	
〃	一雇	嶋崎傾太郎	宇和島市[illegible]一四六〇　父 新	
	傭人	[illegible]守	松山市[illegible]　松原町二一七〇　父 [illegible]郎	
傭	一雇	[illegible]	北宇和郡[illegible]村[illegible]二一三〇三　松丸町[illegible]　母 [illegible]	本復員[illegible]
召解	雇	吉田[illegible]	南宇和郡西外海村船越九六〇[illegible]　父 平吉	
		本部		
復員スミ	上 雇	石山清丸	北宇和郡吉田町[illegible]　〃 比木[illegible]甲一八三　父 春[illegible]郎	21.[illegible]
		牧田[illegible]		
[illegible]	上一	中野茂春	[illegible]　父 伊勢一	廿[illegible]

349

愛媛縣

所屬部隊 關東軍防疫給水部

處決	兵種	官等	氏名	本籍（留守擔當者現住所續柄名）	摘要
五解	衛	上	中原正章	愛媛縣南宇和郡内海村成川三三二 父 乙松	
五解	〃	一	乘松辰巳	〃松山市三津町一六七三 父 与五郎	
五解	〃	雇	林亀一	〃温泉郡[illegible]七一三九 父 [illegible]三郎	
五解	〃	〃	日好光男	〃松山市松前町四、三五（松山市萱町七、七五）父 港一郎	
五解	技		藤久武雄	〃松山市北持井町一三 妻 百合子	
五解	雇		藤久百合子	〃松山市北持井町一三 夫 武雄	
五解	傭	士	真鍋春市	〃越智郡[illegible]城村九九 姉 [illegible]	
前愛九要復	現 工	上	浜田長一 大正四.一.一〇	〃南宇和郡東外海村7の333 父 [illegible]一	[illegible]セミヨノフカ歿

350

愛媛之

所屬部隊	關東軍防疫給水部（滿六五九）		
處決		牡丹江支 21.3.21 戰病死	牡丹江支 留守復員部 21.12.2 解
兵種		衛	衛
官等		長	長
氏名		矢野義明 大11.7.20	久保一 大11.1.28
本籍（留守擔當者現住所續柄名）		〃 周桑郡壬生川町字壬生川644 父 孫三郎	喜多郡白滝村大字加屋甲706 父 直隆
摘要		究明カードより 花[illegible] 29.3.	身上申告書より

所屬部隊 関東軍防疫給水部（満六五九）

處決

兵種

官等

氏名

本籍（留守擔當者現住所續柄名）

摘要

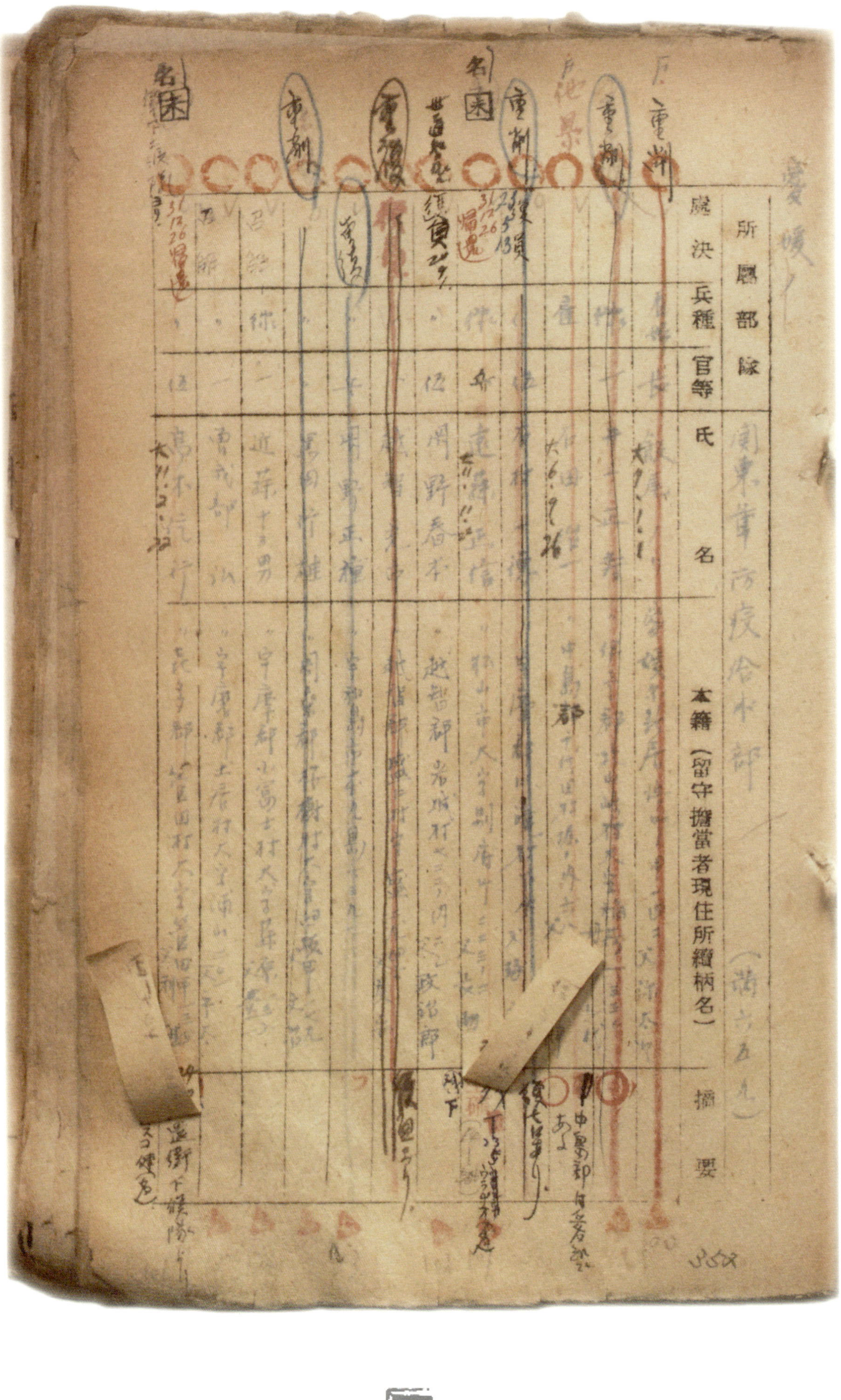

所屬部隊
關東軍防疫給水部（満六五九）
處決
兵種
官等
氏名
本籍（留守擔當者現住所續柄名）
摘要

所屬部隊 關東軍野戦…

區分	兵種	官等	氏名	本籍（留守擔當者現住所續柄）	摘要
召集	衛	一	德岡亀五郎	愛媛縣喜多郡大洲町 [illegible]	
召集	衛	軍	永井重信	同 [illegible]	
召集		兵	南條勝吉	〃 [illegible]	
6.27			吉川 [illegible] 大11.7.30	〃 [illegible]	24.… [illegible]
3/ 戦傷	〃	一	[illegible] 大14	〃 [illegible]	[illegible]
22.7.10 復員	〃	一	中… [illegible]	〃 [illegible]	[illegible]
2.2.17 補充兵		一	中野 [illegible] 大6.7	〃 [illegible]	[illegible]
召集	篤		中山 [illegible]	〃 [illegible]	
召集	〃		永野武明	〃 [illegible]	
召集	衛	上	西 [illegible]	〃 [illegible]	
召集	〃	上	[illegible]	〃 [illegible] 生死不明	
[illegible]	〃	一	[illegible] 大…	〃 [illegible]	

所屬部隊	關東軍防疫給水部 20.1.[illegible] 満洲 愛媛県
區分	召
兵種	衛
官等	伍
氏名	神野信行
本籍（留守擔當者現住所稱柄（））	愛媛県新居浜市金子乙[illegible] 文重[illegible] 〃 新居浜市新廠町官舎通四三[illegible]
備考	

復員 傷 [illegible] [illegible] 〃 [illegible] 河辺 [illegible] 場 [illegible] 文 [illegible]

117

354

区 区 区 区 関東軍[illegible]部隊 20.8.1 [illegible] 愛媛縣

区分	決	兵種	官等	氏名	本籍（留守担当者現住所続柄名）	摘要	
20.8.1 召解		衛	一	松本新三郎	愛媛縣北宇和郡[illegible]村[illegible] [illegible] 妻[illegible]		118
召解		衛	一	松元安弘	〃 宇和郡神松名村大字[illegible] 母[illegible]		119
召解		〃	一	松葉政良	〃 神松名村[illegible] 〃 [illegible] 妻[illegible]子		120
召解		〃		松実[illegible]	〃 [illegible] 大安弘		121
召解		衛	上	三好宗一	〃 宇和郡[illegible] 文慶治		122
召解		〃	一	南常義	〃 新居郡加茂村大字新川[illegible] 文[illegible]		123
復員		〃	上	南木清	〃 伊予郡[illegible] 文[illegible]		牡丹江
22.12.3 召解		〃	一	三[illegible]（大9.2.14）	愛媛縣東宇和郡[illegible] 文[illegible]（[illegible]）		牡丹江
重複削除（〃 上）		〃	上	三好東雄	〃 伊予郡[illegible] 文[illegible]		
召解		〃	上	三好正	〃 [illegible] 養父[illegible]		
20.9.13 召解		〃	一	宮岡勝平	〃 宇和郡[illegible] 文大吉		
召解		衛		村上春木	〃 [illegible] 妻[illegible]		
召解		衛	上	森田書一	温泉郡[illegible] 文[illegible]	不明	
召解		〃	上	山中茂樹	〃 新居郡[illegible] 母[illegible]代		

355

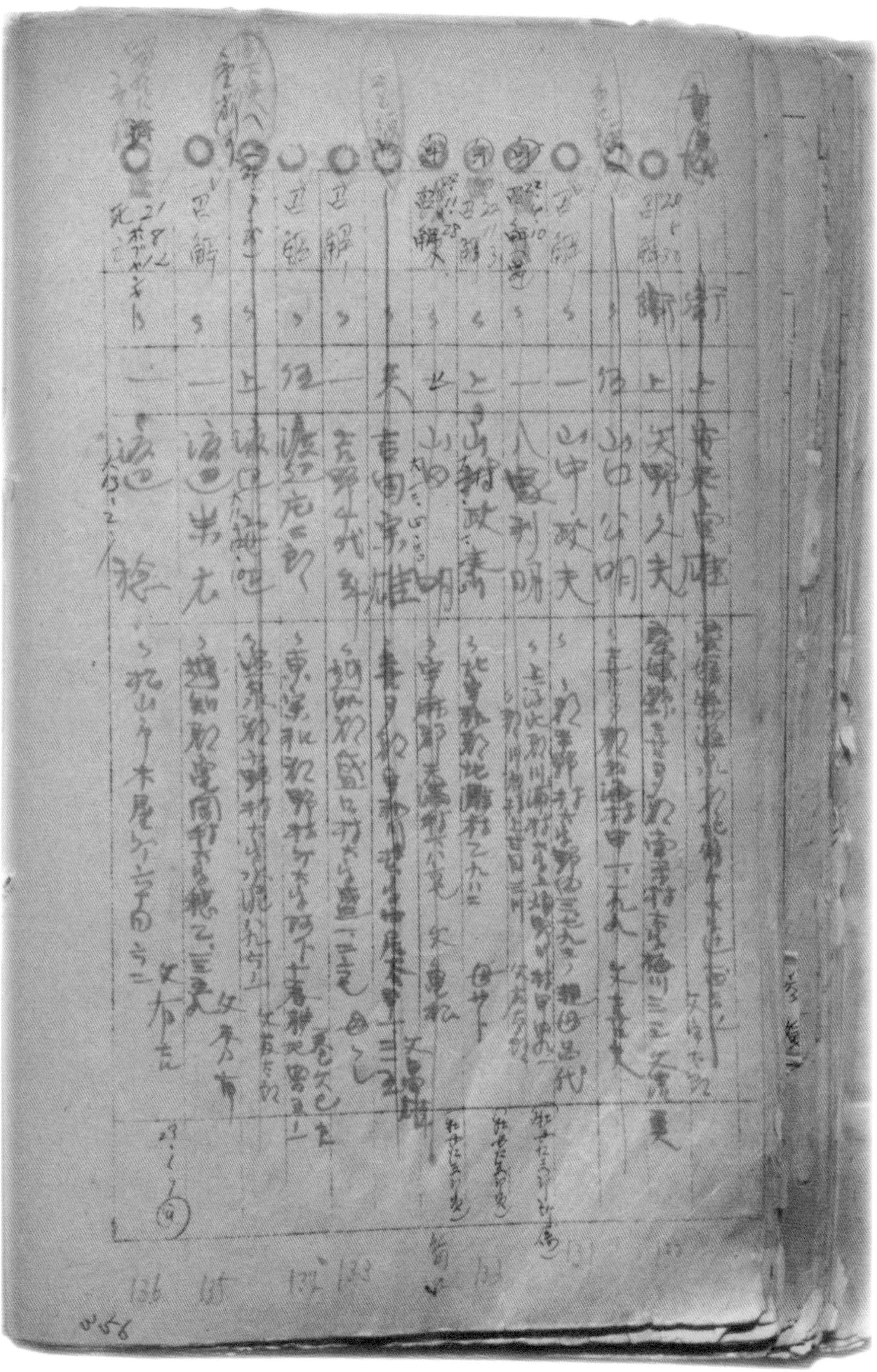

所屬部隊 関東軍防疫給水部

區分	兵種	官等	氏名	本籍（留守擔當者現住所續柄名）	摘要
復 22.12.3 復員	衛	[illegible]	[illegible] 大正[illegible]	[illegible]	（[illegible]）
召 22.12.3 解	〃	[illegible]	[illegible]	[illegible]	
復 [illegible]	富	[illegible]	[illegible] 大二、四、七	[illegible]	（[illegible]）
召 解	薬	少尉	[illegible] 大11.2.27	[illegible]	[illegible]
召 20.9.1 解	衛	伍	[illegible]	[illegible]	
召 20.8.20 解	〃	伍	[illegible]	[illegible]	
召 22.12.3 解	〃	上	[illegible]	[illegible]	
召 解	〃	上	[illegible] 大11.10.13	[illegible]	[illegible]
召 解	〃	上	[illegible]	[illegible]	
召 解	〃	上	[illegible]	[illegible]	
召 22.12.3 解	〃	上	[illegible] 大11.4.21	[illegible]	（[illegible]）
召 25.4.17 解	〃	[illegible]	[illegible] 大12.4.16	[illegible]	[illegible]

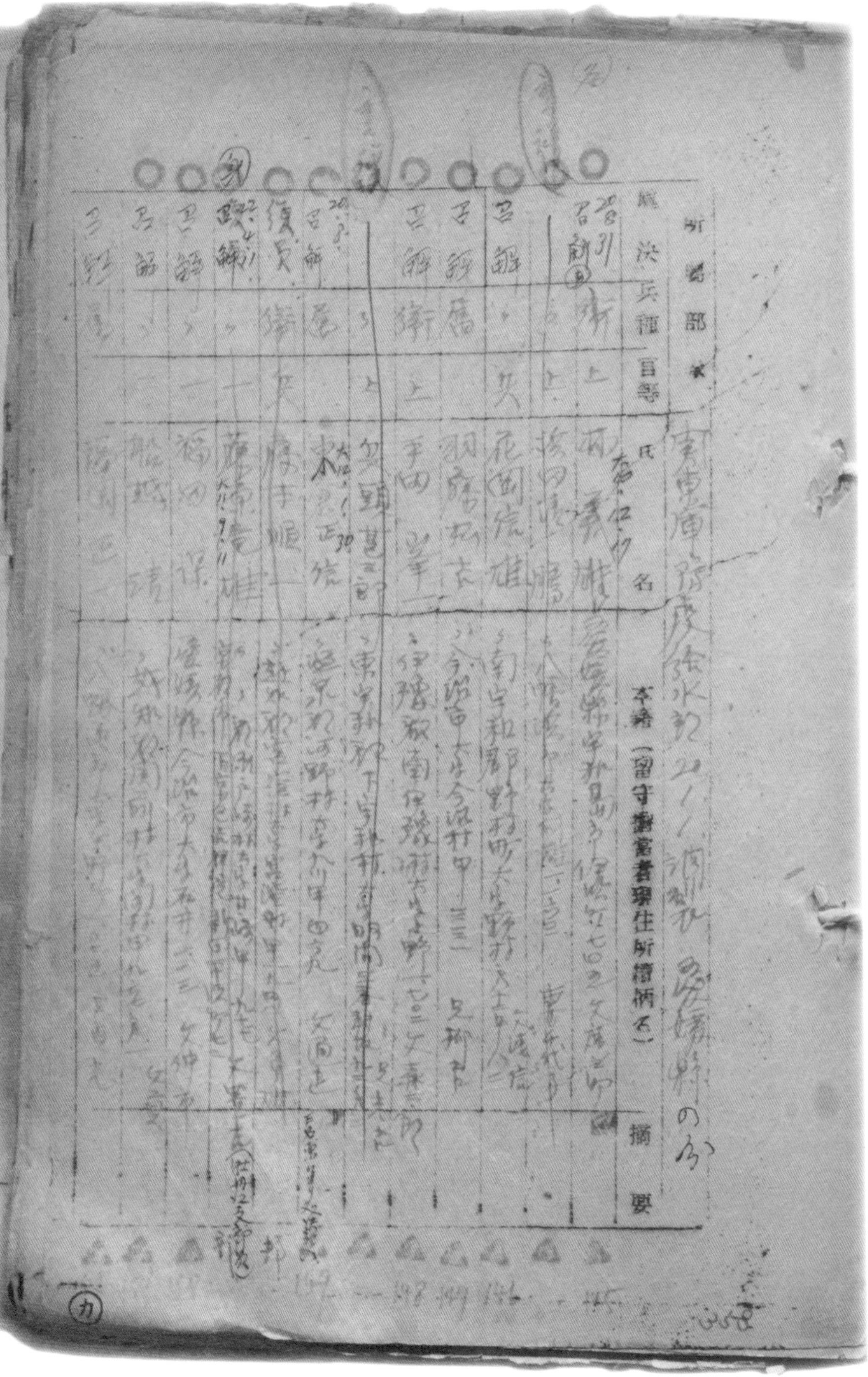
所属部隊
旧兵種
官等
氏名
本籍（留守担当者現住所続柄等）
摘要

所属部隊	関東軍防疫給水部林口支部（満一六二）（徳二五三四）関軍五 ワ
處決	召解 三四三
兵種官等	衛生兵
氏名	西川文吾カ
本籍（留守担当者住所続柄名）	愛媛県東宇和郡宇和町）
摘要	無届

㋕

359

所属部隊

関東軍[illegible] 20.1.1 [illegible] 愛媛県

階級	兵種	官等	氏名	本籍（留守諸留書現住所留柄名）	備考
上 20.8.31	衛	一	新居田信夫	愛媛県[illegible]	[illegible]
上	衛	一	新居田忠弘	岩手県[illegible]	[illegible]
上	衛	伍	栗林昌	愛媛県[illegible]	[illegible]
上	[illegible]	伍	浅田辰明	[illegible]	[illegible]
[illegible]	[illegible]	一	[illegible]長一	[illegible]	残
上	[illegible]	一	[illegible]	[illegible]	[illegible]
[illegible]	[illegible]	[illegible]	[illegible]	[illegible]	[illegible]
上	[illegible]	一	田中清一	[illegible]	[illegible]
[illegible] 20.12.3	[illegible]	[illegible]	[illegible]兼	[illegible]	[illegible]
上	[illegible]	上	[illegible]	[illegible]	[illegible]
上 20.4	[illegible]	一	[illegible]	[illegible]	[illegible]

160 159 158 157 156 155 154 153 060

所属部隊 　南方軍？復員 [illegible]

区分	兵種	官等	氏名	本籍（留守擔當者現住所接柄で）
召集 21.8.31 解	衛	一	武田八市	[illegible]
召集 解	〃	一	高木道昌	〃 [illegible]
徴集 22.9 解	〃	〃	[illegible]	[illegible]
召集 22.12.3 解	〃	上	高橋勇	〃 新[illegible]
召集	〃	上	[illegible]	〃 [illegible]
召集	〃	一	宮野達	〃 [illegible]
召集	〃	一	武内秀一	〃 [illegible]
召集	〃	一	高井[illegible]	〃 [illegible]
[illegible]	〃	〃	武[illegible]	[illegible]
22.12.3 解	〃	上	[illegible]	〃 [illegible]
[illegible]	〃	〃	[illegible]	〃 [illegible]
召 20.8 [illegible]	〃	〃	[illegible]	〃 [illegible]

168 167 166 165 164 163 162 161

361

所属部隊 関東軍防疫給水部 20.1.1 調製 愛媛県

区分	兵種	官等	氏名	本籍（留守擔當者現住所欄柄ヲ）	摘要	
復員 21.8.24	衛	伍	神野信行	愛媛県新居浜市[illegible] 大重吉		
復員 24.12	〃	生	清水隆一	〃 温泉郡[illegible]	復員済	169
	〃	一	清水竹雄	〃 北宇和郡[illegible]	復員済	170
	〃	一	白井光[illegible]			
復員 23.3.31	衛	一	曽根光男	愛媛県伊豫郡[illegible]	復員済	171
	〃	〃	赤松政雄	〃 宇和島市[illegible]	[illegible]	172
復員 23.2.25	衛	伍	仙波[illegible]	〃 伊豫郡[illegible]	復員済	173
20.12.3 [illegible]解	〃	上	鳥越勲	〃 宇摩郡[illegible]	[illegible]	42
復員 23.3.31	〃	上	田窪道雄	〃 越智郡[illegible]	復員済	174
復員 23.2.20	〃	上	田頭吉之助	〃 伊豫郡[illegible]	復員済	175
復員 23.2.20	〃	上	高崎富貴夫	〃 [illegible]	復員済	176
復員 23.2.6	〃	上	高橋寛	〃 [illegible]	復員済	177

百十一師団配属 20.6.6 [illegible]

362

區分	兵種	官等	氏名	本籍（留守擔當者現住所續柄）
臣鎮	属		栗林友一	愛媛県[illegible]郡[illegible]町[illegible]五二 父 [illegible]次郎
臣鎮	衛	軍[illegible]	近藤芳広	〃 新居浜[illegible]八三二 父 [illegible]郎
		伍	近藤[illegible]	
20.8.7 [illegible]	衛	一	小松数[illegible]	愛媛県新居浜[illegible]六七 父 虎松
[illegible]	〃	上	星沢[illegible]松	〃 [illegible]三 養父 [illegible]
臣鎮	〃	一	近藤[illegible]	〃 周桑郡[illegible] 父 [illegible]郎
臣鎮	属		合田唯市	〃 [illegible]
臣鎮	衛	大尉	佐伯実	愛媛県周桑郡[illegible]
20.9 臣鎮	軍医	上	笹井啓一	〃 西条市大町三四四 父 伊之助
臣鎮	衛	上	佐々木文明	〃 宇摩郡[illegible]
21.1.3 [illegible]	〃	上	[illegible]雄 大10.11.8	〃 北宇和郡[illegible]
臣鎮	〃	上	佐伯勇	〃 周桑郡[illegible]

187 186 185 184 183 182 181 180 179 178 368

関東軍防疫給水部 21.1.1 調製 愛媛県

所属部隊	原決兵種	官等	氏名	本籍（留守担当者現住所続柄氏名）	備考
[illegible]	衛	上	[illegible]	愛媛県[illegible]	[illegible]
[illegible]	〃	上	[illegible]	[illegible]	[illegible]
[illegible]	〃	上	[illegible]	[illegible]	[illegible]
[illegible]	〃	一	[illegible]	[illegible]	[illegible]
[illegible]	〃	上	[illegible]	[illegible]	[illegible]
[illegible]	〃	一	[illegible]	[illegible]	[illegible]
[illegible]	〃	伍	[illegible]	[illegible]	[illegible]
[illegible]	[illegible]	上	[illegible]	[illegible]	[illegible]
[illegible]	〃	上	[illegible]	[illegible]	[illegible]

所屬部隊	關東軍防疫給水部 [illegible]

處決	兵種	官等	氏名	本籍（留守擔當者現住所級柄名）	柄矣
召解	衛	曹	木本 [illegible]	[illegible]	
召解	〃	伍	菊地 修	〃 西宇和郡 [illegible]	父 [illegible]
復員	〃	上	本山 武徳	[illegible] 東京都 [illegible]	
25.4.17 召解	〃	上	[illegible] 武雄	愛媛縣 [illegible]	
22.11.27 召解	〃	一	宮地 [illegible]	〃 南宇和郡 [illegible]	父 [illegible]
召解	〃	上	木村 一夫	〃 越智郡 [illegible]	父 [illegible]
復員 22.9.26	〃	一	菊池 満	〃 八幡浜市 [illegible]	父 芳吉
22.6.4 召解	〃	上	[illegible]	〃 北宇和郡 [illegible] 京都市 [illegible]	兄
22.12.6 召解	〃	一	大塚 政男	〃 北宇和郡 [illegible]	父 [illegible]
[illegible]	〃	一	[illegible]	[illegible]	父 [illegible]
召解	〃	一	[illegible]	[illegible]	
召解	[illegible]		[illegible]	[illegible]	

201　200　199　198　197　196　195

所屬部隊	處決兵種官等		氏名	本籍（留守擔當者現住所續柄名）	摘要
関東軍防疫給水部 20.1.1 調製 愛媛縣					
召解	衛	伍	片岡 渡	愛媛縣伊豫郡[illegible]	[illegible]
召解	〃	上	片岡 芳一	〃溫泉郡小野村[illegible]三三 [illegible]	
召解	〃	上	[illegible]太助	西宇和郡三島村[illegible]	
召解 20.8.30	〃	上	川崎 [illegible]吉	宇和島市[illegible]	[illegible]
	〃	傭	河野 [illegible]	北宇和郡[illegible] 〃宇和島市[illegible]	[illegible]
召解	衛	一	[illegible] 馨	愛媛縣喜多郡[illegible]	
召解	〃	上	河内 武美	〃上浮穴郡[illegible]	
20.5.26	〃	一	[illegible]	〃越智郡[illegible]	[illegible]
召解	〃	一	河野 [illegible]	〃周桑郡[illegible]	
召解	〃	一	葛城 [illegible]正	〃西條市[illegible]	
召解	〃	一	片上 一夫	〃新居濱市[illegible]	
召解	〃	一	[illegible]	〃[illegible]	

211 210 209 208 207 206 205 204 203 202

366

所属部隊	處決兵種官等		氏名	本籍（留守擔當者現住所續柄名）	摘要
関東軍防疫給水部 20.8 派遣					
朝鮮	衛	上	岡本明	[illegible]	
朝鮮	〃	伍	岡田[illegible]	[illegible]	
20.10.1 朝鮮	〃	伍	岡崎[illegible] 大10.3.26	[illegible] 父七蔵	[illegible]
朝鮮	〃	上	織田二男	[illegible]	
朝鮮	〃	一	越智武義	[illegible]	
朝鮮	〃	一	岡[illegible]	[illegible]	
朝鮮	〃	一	大[illegible]	[illegible]	
20.12.3 朝鮮	〃	一	大野[illegible]	[illegible]	[illegible]
朝鮮	〃	一	大野[illegible]	[illegible]	不明
20.12.3 朝鮮	〃	一	[illegible] 大12.7.4	[illegible]	[illegible]
朝鮮	〃	上	[illegible] 大11.8.25	[illegible]	
朝鮮	〃	一	[illegible]	[illegible]	

所屬部隊	處決	兵種	官等	氏名	本籍（留守擔當者現住所續柄名）	摘要	
関東軍防疫給水部 20.1.1調製 愛媛県							
	22.12.3 召解	衛	一	井上圭助	愛媛県松山市萱町八丁目二 [illegible] 父 [illegible]	（林口派遣）	
	召解	輜	兵	上場秀喜	〃上浮穴郡柚木村大字 [illegible] 父 [illegible]		222
	20.9.30 召解	卫	上	上 [illegible] 大10.3.20	愛媛県温泉郡道後湯之町一 [illegible]		223
	復員	卫	上	宇田義男	〃宇摩郡川滝村大字下川 [illegible]	四トク	
	召解	卫	上	上田常之	〃上浮穴郡弘形村大字大川 [illegible]		224
	召解	卫	一	上田鶴雄	〃温泉郡 [illegible]		225
	召解	卫	上	宇都宮收	〃八幡浜市 [illegible]		226
	22.12.5 召解	卫	上	[illegible] 大3.5.1	〃西宇和郡 [illegible]	[illegible]	
	22.12.3 召解	卫	一	[illegible]	〃西宇和郡三瓶町 [illegible]	[illegible]	
	復員 20.8.27	卫	伍	大西律一	〃宇摩郡川之江町 [illegible] 父 [illegible]		227
	召解	卫	伍	大石芳男	〃南宇和郡 [illegible]		228
	召解	卫	上	越智清春	〃越智郡 [illegible]		229

368

関東軍防疫給水部（満洲第七三一部隊）愛媛縣出身者

21.9.12 復員
スイナ工業有

所屬部隊	兵種	官等	氏名	本籍（如中將當者現住所續柄名）	摘要
遣員 20.7.17	衛	上	池田正俊	愛媛縣新居郡大島村一三三八 長男	㊞ 通信三島
召解	〃	上	市川実	〃 上浮穴郡柳谷村[illegible]四五三 父 [illegible]	
	〃	上	生 [illegible]宗光	〃 宇和島市野川二四七 父 寅雪	他に[illegible]
召解	〃	伍	石丸忠男	〃 松山市[illegible] 母 春江	
召解	〃	伍	飯尾栗一	〃 周桑郡壬生川町[illegible] 父 熊一	
召解	〃	一	池田清美	〃 温泉郡[illegible]	
召解	〃	一	金城茂	〃 宇摩郡[illegible]	
召解	〃	上	石村三郎	〃 [illegible] 父 [illegible]	
召解 21.10.13	衛	上	井上[illegible]	〃 西宇和郡[illegible]	
召解	衛	一	[illegible]武治	〃 北宇和郡[illegible] 父 [illegible]	
召解	〃	一	石丸広光	〃 松山市[illegible] 父 [illegible]	
復員	〃	上	[illegible]勲	〃 周桑郡[illegible] 父 道次	

〃 [illegible]

230 231 232 233 234 235 236 237 238 239

0369

所屬部隊　関東軍防疫給水部

處・決	兵種官等	氏名	本籍（留守擔當者現住所續柄名）	摘要
召	衛 上	安藤秋雄	愛媛県西條市[illegible]	
召	衛 上	[illegible]正男	〃 伊豫郡[illegible]	
〃	〃 一	芥川弘文 大二.八.八生	〃 関東州[illegible]	
〃	〃 一	阿部辰雄	〃 会津市[illegible]	
〃	〃 一	天野(?)義男 大12.5.12	〃 上海[illegible]	
〃	〃 上	有田太郎	〃 [illegible]	
〃	〃 一	吉野(?)昭雄 大9.1.4	〃 [illegible]	
召	醫 少佐	池川重徳	愛媛県[illegible]	
召	衛 中	富小路(?)	[illegible]	
召	高 看護婦長	飯尾[illegible] 大7.1.1	〃 新潟県[illegible]	
召	衛 一	伊藤範[illegible]	〃 新潟県[illegible]	
召	〃 上	伊藤武男	〃 新潟県[illegible]	

247　246　245　244　243　242　241　240　370

秋田縣仙北郡	兵	高橋慎次郎	ム
〃南秋田郡	長	畠山正	生
〃河邊郡		足利芳雄	生
山形縣東白川郡	中	加藤一美	生
〃南村山郡	曽	菊地嚴	生
〃最上郡	一	高山康二	生
〃西置賜郡		山口健二	生
〃最上郡	上	小野光雄	生
〃鶴岡市	伍	庭島久之助	生
〃南村山郡	上	鏡清輔	生

	山形縣米澤市		齋藤浩	生	
	〃豐原村	一	峯村秀一	仝	
	〃南村山郡	曹	峯田恒次	生	
	〃米澤市		梅津恒男	⊘	
	〃米澤市	曹	今井捨雄	⊘	
	〃飽海郡	軍	今野三郎	生	
	〃西田川郡	軍	上林芳三郎	生	
	〃北村上郡	曹	大内濟司	生	
	〃東置賜郡	上	渡邊満雄	生	
	〃米澤市	伍	岩倉幸助	⊘	
	〃鶴岡市	曹	工藤喜之助	⊘	

防預治

14—12

所属部隊　関東防疫給水部（徳三五三一　満一三九　六五九）

知状	兵種	官等	氏名	本籍地　留守担当者現住所　続柄　氏名	摘要
	衛	兵	折附慶文	高知縣幡多郡津大村大字[illegible]一四八　父　竹七	一　21.6 [illegible]
21.9.24 死亡	衛	兵	大坪淳四郎	高知縣安藝郡[illegible]上房村[illegible]七〇　父　重彦	下　[illegible]
23.1.3 召録	輜		岩野利之助	高知縣幡多郡大方町奥湊川　母　繁	正　丁
召録		上	下村斉夫	高知縣高岡郡東津野村船戸三四八四（会名会郡須崎町四四）下村利吉	丁
21.11.17	衛	上	野村渥志	高知縣高岡郡松葉川村大字[illegible]一三六八　兄　保男	正
21.9.[illegible] 死亡	衛	上	福田正夫	高知縣幡多郡奥内村[illegible]一八七　母　亀美	正
23.6.27 消現	衛	上	楠本繁雄	高知縣高知市[illegible]町五一　父　重義	
陰隊					

（力）

371

名

囲 ハンコ

所属部隊 関東軍防疫給水部（徳二五二〇一） 関軍直

高 技術官等 氏 名 本籍（留守担当者現住所続柄氏名） 摘 要

25.4.7 召解 5

一■森 田 年 寅

大11.1.10生

高知県幡多郡伊豆田村下ノ加江三六六

父 森田竹馬

㊞ 甲津 23.8.27 23.9.18 [illegible]

24.12.13の18（東開）

㋕

372

名簿　名簿

×5　30

20/2

所属部隊	関東軍防疫給水部牡丹江支部（徳三五三三編六四三）			
処決	兵種官等	氏名	本籍（留守担当者現住所続柄氏名）	摘要
24.1.22 名解	衛 上	岡村武信	高知県安芸郡吉良川町乙五三三	[illegible]
28.[illegible]	工 上	岡[illegible]正[illegible]	高知県吾川郡[illegible]川町[illegible]三七六 文義	28.4.12 [illegible]

8?3

20/2

所属部隊　関東軍防疫給水部牡丹江支部（徳二五三三満六四三）

区分	兵種官等	氏名	本籍（留守担当者現住所続柄氏名）	摘要
21/1/22 解	衛	上	岡村武信	高知県安芸郡吉良川町乙五三三 関[illegible]大	[illegible]
28/1 [illegible]	工	上	岡[illegible]正[illegible]	高知県香美郡吉川村[illegible] 文義	[illegible]

所属部隊 関東軍防疫給水部林口支部（徳二五三四部隊一六二）

処状	兵種	官等	氏名	本籍（留守担当者現住所 続柄 氏名）	摘要
25.4.7 召解	卫	一	入交 寳	高知県安芸郡[illegible]村[illegible]七五三 父 猪[illegible]	一 23.[illegible]
23.12.5 [illegible]解	衛	上	西松豊年	高知県安芸郡東川村大井乙二〇三 明[illegible]子	林口[illegible]
25.4.7 召解	衛	上	小川雅人	高知県安芸郡安田町大字不動一一七 母 雪江	23.7.25 [illegible]
28.9.9	衛	一	近森正昆	高知県香美郡山北村二二一二 父 久吉	[illegible]
25.4.[illegible] 召解	衛	一	久田春利	高知県安芸郡室戸岬町 父 平吉	甲健 23.[illegible]
24.12.7 召解	衛	一	前川信敏	高知県香美郡前浜町二一〇（大阪府岸和田市[illegible]） 父 茂男	[illegible]
久田と同一人		一	[illegible]田春利	高知県[illegible]室戸岬町五四〇[illegible] 父 平市	
23.7.6 帰還	衛	一	吉井[illegible]	[illegible]之助	一 [illegible]
23.8.25 召解		上	橋田新之助	吾川郡諸木村[illegible] 高岡郡高岡町芝[illegible]	

22/2

所属部隊　関東軍防疫給水部孫呉支部（徳二三三八　満六七三）

処決	兵種	官等	氏名	本籍（留守担当者現住所続柄氏名）	備考
[illegible] ⑪	衛	一	大石 [illegible]	高知県 [illegible] 父 初次	下
25.4.7 召解	歩	上	[illegible] 芳 [illegible]	高知県 [illegible] 松蔵	27.9 [illegible]
23.6.1 召解 ⑪	衛	兵	坂本 [illegible]	高知県高知市 [illegible] 文 磯次	正
31.12.24 帰還	卫	上	篠田 政治	高知県 [illegible] 母 キ十	23.9.31 [illegible]
21.10.[illegible] [illegible]	衛	伍	立石 大長	高知県安芸郡 [illegible] 文 悦芳	[illegible]
23.9.16 召解 ⑪	衛	[illegible]	田中 [illegible]	高知県 [illegible] 父 政太郎	[illegible]
23.6.27 除隊	衛	伍	[illegible] 康	高知県高岡郡高岡町 [illegible] 文 正信	[illegible]
23年6月29日 [illegible]	卫	上	中内 [illegible] 孝	高知県高岡郡越知町 [illegible] 文 [illegible]	丁
25.4.7 召解	衛	上	中越 順一	高知県 [illegible] 文 由太郎	正
25.4.7 召解	衛	兵	濱田 元宏	高知県吾川郡 [illegible] 文 貞資	正
25.4.7 召解	衛	一	[illegible] 徳 [illegible]	高知県高岡郡 [illegible]	丁

㋕

[illegible]

22/2

所属部隊　関東軍防疫給水部孫呉支部（徳二三三〇八 満六七三）

処決	兵種	官等	氏名	本籍（留守担当者現住所続柄氏名）	摘要
19.8.16 [illegible]	衛	一	大石[illegible]	[illegible] 父 [illegible]	下
25.4.7 [illegible]	歩	上	竹内[illegible]	高知県[illegible] 父 松保	[illegible]
[illegible]	衛	上	坂本[illegible]	高知県[illegible] 父 磯次	[illegible]
31.12.24 [illegible]	卫	上	篠田政治	高知県[illegible]大字黒川[illegible] 母 キ十	[illegible]
21.10.[illegible]	衛	伍	立石大[illegible]	高知県安芸郡[illegible] 父 悦[illegible]	[illegible]
19.8.16 [illegible]	衛	[illegible]	田中[illegible]	高知県[illegible] 叔父 政[illegible]	[illegible]
23.6.27 [illegible]	衛	伍	深[illegible]康	高知県高岡郡[illegible] 父 [illegible]信	[illegible]
23.[illegible].28	卫	上	中内[illegible]孝	高知県高岡郡越知町越知丙[illegible] 父 [illegible]	下
25.4.7 [illegible]	衛	上	中越順一	高知県高岡郡[illegible] 父 由太郎	[illegible]
25.4.7 [illegible]	衛	兵	濱田元広	高知県吾川郡弘岡上村[illegible] 父 貞[illegible]	[illegible]
25.4.7 [illegible]	衛	一	[illegible]田徳太郎	高知県高岡郡[illegible]	[illegible]

カ

7019.18

件名

21.11.7	解	卫	曹長 横田 大二・一・…	高知県幡多郡大方町大字下田ノ口 母 重
21.11.7	解	衛	上等兵 森岡寛介 大一〇・九	高知県高岡郡新宇佐町宇佐三三二 父 文吉
21.11.7	解	衛	上等兵 大野 … 大三・三・一	高知県幡多郡三原村…川三一二 父 虎太郎

0476

所属部隊 関東軍防疫給水部海拉爾支部（徳二五三五・満五四三）

処決	兵種	官等	氏名	本籍（留守担当者現住所現柄氏名）	摘要
23.6.27 葬 陸隊	衛	兵	池上近己	高知縣高知市[illegible]三ノ二九 養子 郁次	[illegible]
23.4.7 召[illegible]	衛	上	市川敏松	高知縣高岡郡上分村乙三ノ二 父 義	[illegible]
23.1.22 召解	衛	長	穂松晃久	高知縣高岡郡浦ノ内村福島一九 父 正久	[illegible]
23年5月28日 舞鶴召解	衛	伍	小田藏敎	高知縣吾川郡横畠村一四八 父 道	正
31.12.26 [illegible]	衛	上	掛水一美	高知縣[illegible] 父 高	[illegible]
23.6.[illegible] 召解	衛	上	楠本[illegible]雄	高知縣[illegible] 重義	一
23.9.3 召解	衛	上	高[illegible]	[illegible]	下
25.4.17 召[illegible]	衛	一	酒井三[illegible]	高知縣[illegible]市	下
24.12.[illegible] 召解	衛	一	下元正治	高知縣高岡郡[illegible] 父 作兵	正
25.[illegible] 召解	衛	上	島田和夫	[illegible]	正
23.[illegible].1 召解	衛	[illegible]	千崎幸松	[illegible]	下

所属部隊 関東軍防疫給水部海拉爾支部（徳二五三五・満五四三）

状況	兵種官等		氏名	本籍（番地・戸主名）	摘要
23.6.27 解 陸隊	工	兵長	池上正之	高知県高知市[illegible] 養子 卯次	[illegible]
25.7 召ロ	衛	上	市川敏松	高知県高岡郡上分村 乙三七二 正義	甲種 [illegible]
24.1.23 召解	衛	兵長	植松晃久	高知県高岡郡浦ノ内村[illegible]	[illegible]
23.5.28 舞鶴 召解	衛	伍	小田藏教	高知県吾川郡横畠村 [illegible] 正久	正
31.12.26 [illegible]	衛	上	掛水一洋	高知県高岡郡[illegible] 高	甲
23.6 [illegible]	衛	上	楠本繁雄	高知県高[illegible] 重義	一
23.9.3 召解	衛	上	高岡[illegible]	[illegible] 茂	下
25.7.17 召ロ	衛	一	酒井[illegible]	高知県[illegible] 正市	下
24.12 召解	衛	一	下元[illegible]	高知県高岡郡[illegible] 作[illegible]	正
25.1.9 召解	衛	上	島田和夫	[illegible]	23.6 [illegible]
23.6.1 召解	衛	[illegible]	千崎幸松	[illegible]	下

(カ)

日付		階級	氏名	本籍・備考	下欄
23.7.22 復員	衛	[illegible]	高野博一	高知縣高岡郡[illegible] 文 隆記	平下 ハバロフスク[illegible]
25.4.17 召解	衛	一	中村[illegible]	高知縣高岡郡能津村大字[illegible]	下 ハバロフスク[illegible]
23.9.2 召解	衛	上	野村良一	高知縣[illegible]郡[illegible]三一八	23.7 下 ウラジオ 健
24.12.8 召解	衛	二	野瀬西学	高知縣幡多郡後川村大字佐田四〇六 文 任吉	[illegible]
23.6.1	衛	伍	長岡吉重	高知縣幡多郡東中筋村[illegible] 文 勝馬	平
24.6.7 召解	衛	上	濱田貞一	高知縣高岡郡大野見村吉野 文 重次	[illegible]
	衛	一	久岡嘩	高知縣高岡郡檮原村[illegible]一三四 文 春[illegible]	[illegible]
21.6.25 死亡	衛		辛西慶三郎	高知縣[illegible]郡[illegible]	復員名簿
24.12.2 召解	衛	[illegible]	松浦滋市	高知縣高岡郡吉原村吉井 文 義雄	[illegible]
25.4.17 召解	衛	上	朝神眞明	高知縣高岡郡上分村甲五七七 文 万吉	[illegible]
25.4.17 召解	衛	長	山西憲一	高知縣高岡郡上半山村[illegible]三三八 文 正一	[illegible]
25.4.17 召解	衛	二	德永[illegible]	高知縣高岡郡戸波村家俊六一〇 文 小増	[illegible]
25.4.17 召解	衛	長	山中[illegible]次郎	高知縣幡多郡佐賀町[illegible] 文 傳吉	[illegible]
23.6.27 復員	衛	上	横山好文	高知縣長岡郡[illegible]	ハバロフスク[illegible]
23.6.27 復員	衛	伍	横山晴行	高知縣幡多郡[illegible] 新[illegible]	ハバロフスク[illegible]
24 召解	衛	兵長	[illegible]茂	高知縣幡多郡[illegible]田村[illegible]加江三一	ハバロフスク[illegible]

5857565[illegible]

378

高祖

複員

所屬部隊　關東軍防疫給水部（橫六五九）

處決	兵種	官等	氏名	本籍（留守擔當者現住所續柄名）	摘要
		技工	有光[illegible]	高知[illegible]	
		〃	[illegible]	[illegible]	削除
		〃	[illegible]	[illegible]	
		〃	田中[illegible]	[illegible]	削除

60

380

高知

復員 ① 復員 ① 復員 ① ③

所屬部隊	處決	兵種	官等	氏名	本籍（留守擔當者現住所續柄名）	摘要
関東軍野戦貨物廠本部（満六五九）			一	光富三雄	高知市[illegible]	
	戰死 10.25	衛	上	内田駿三 大三・八・七	高知市[illegible]父[illegible]	ハイラル所属
		薬	少尉	大崎宗吉	高知市高岡[illegible]（高知市追手筋下二丁目三 父誠[illegible]）	
		衛	一	岡本茂[illegible]	高岡郡黒岩村[illegible]	20.6.20 12日[illegible]隊属
			一	近藤信之	幡多郡大[illegible]村[illegible]	

6

381

復員 ⑧

所屬部隊	関東軍防疫給水部
處決兵種 官等	衛上
氏名	徳引（弘）暁尾
本籍（留守擔當者現住所續柄名）	高知県高岡郡檮原村八百一 父 徳弘登
摘要	20.8.15 弘前 12.1.8 記録

㋕

388

高知縣

所屬部隊	關東軍防疫給水部			
處決	21.4.17			
兵種	傭	歩	衛	〃
官等	員	上	上	伍
氏名	南木林等（大8.7.10）	堅山清郎	平石澤三郎	弘田榮三
本籍（留守擔當者現住所氏名）	高知縣高岡郡前代里八三 兄 義友	〃 香美郡富家村新宮二四三 父 清吾	〃 長岡郡東豊永村西峯三一六八 父 春壽	〃 高岡郡須崎二一七番地 父 末太助
摘要				

高知

關東軍防疫給水部　昭20.1.1　調

所屬部隊 處決	兵種	官等	氏名	本籍（留守擔當者現住所續柄名）	摘要
復員		傭人	松岡榮明	長岡郡大杉村尾生二八	
		〃	麦下幹	仝　中山町本脇字三二〇　父重治	
	衛	伍	山本清美	幡多郡知師村二宮已六一　父梅吉	
復員	〃	上	山本知幸	土佐郡一宮村二五一五　父芳吉	
				〃 高知市追手筋九九し　父重幸	

65

384

関東軍防疫給水部

所属部隊	兵種官等級	氏名	本籍	留守担当者
衛	一	濵井主馬	高知縣幡多郡十川村地吉二三	父 正市
〃	一	佐竹年治	〃 香美郡日章村田村七一二六九	父 重治
軍属		千頭(?)幸松	〃 高岡郡宇佐町九三七	父 熊太郎
傭	上	竹村博美	〃 香美郡西川村中西川八八九	父 備
〃	上	竹内重晴	〃 長岡郡岡豊村中島七一三	父 猛雄
〃	上	竹島(?)憲一郎 大一〇・六・六	〃 土佐郡鴨田村神田二三三	妻 鎮美子
〃	一	田中和一	〃 安藝郡伊尾木村四一三イ号	父 正之
〃	一	土居治勤(?)	〃 香美郡上韮生村柳瀬七一三	父 治勤
軍属		竹村深八(?)	〃 高知市西弘小路五三(?)	父 鶴吉
衛	上	津野正廣	〃 高岡郡高岡町四七	父 正信
〃	上	唐一幸 大一二・三・一三	〃 吾川郡諸木村西諸木	父 富好
〃	上	唐一男 大一二・一二・一	〃 吾川郡伊野町三八四一	父 好市

復七、一〇、九

G80766

585

復員　復員　復員　復員　復員　復員　復員

所属部隊	兵種	官等	氏名	本籍（留守担当者現住所続柄氏名）	摘要	備考
関東軍防疫給水部	衛	伍	南部芳信	高知県高岡郡松葉川村一斗俵六十　父　芳馬		
	〃	上	永野登	〃　土佐郡土佐山村土佐山四七六　父　住見		
	〃	一	永野友之輔（大二、一〇、五）	〃　高知市一宮町萱苗地　父　春王	ハイラル所属者	20.11.29 召解
	〃	一	永吉登	〃　長岡郡長岡村廿枝倉六八六　叔父　清衣		
	〃	[illegible]	長山清長	〃　高岡郡須崎町[illegible]一五八二　姉　チル		
	衛	伍	西山芳太郎	〃　幡多郡宿毛町六一〇五　父　吹造		
	[illegible] 20.6.10	伍	西村秀雄（大二、二、五）	〃　幡多郡大正村折合七一ノ二　父　弥吉	ハイラル[illegible]	
	〃	上	奴田原績	〃　高知市南比島五二　母　さみ		
	〃	上	野本進（大八、一〇、二三）	〃　高岡郡蓮池村[illegible]二五ノ二　父　薫	ハイラル所属者	20.11.29 召解
	〃	[illegible]	野口信芳	〃　安芸郡奈半利町七七五　妻　美智子		
	〃	〃	野村正真	〃　高知市土居町一三七（兵庫県揖保郡[illegible]村[illegible]社宅）　義弟　錫一		
	衛	一	播磨留次	〃　幡多郡清水町恵美須町五九三　父　太郎		

関東軍防疫給水部

所属部隊 兵種	官等	氏名	本籍（留守擔當者現住所續柄名）	摘要
衛	一	東田廣年	高知縣安藝郡伊尾木村下山一七七 父 政賞	
〃	上	藤原正雄	〃 吾川郡大崎村遍越八五 兄 武雄	
〃	上	松本博之	〃 高知市水通町五ノ一六八（本町新三〇四） 父 勇	
〃	一	前田政穂	〃 吾川郡弘岡上ノ村二七七三 父 嘉眞	
〃	一	宮川辰之	〃 幡多郡三原村大字下切二千四 父 八十松	25.2.28
〃	上	森下勝一	〃 安藝郡吉良川町西二五八 兄 正二	
〃	一	森尾正	〃 香美郡東川村延五四十六 父 清	
〃	一	森沢春水	〃 高知市菜園場町八五四 馬	削除
〃	上	森下春壽	〃 香美郡佐岡村佐野一五五六 父 義	
〃	一	森田幸実	〃 幡多郡昭里田村下ノ和江二六 父 耕馬	削除
〃	一	山内豊紀	〃 高知市 … 父 良幸	削除
衛	上	山本孝大	〃 安藝郡室戸町大字元乙四五八ノ二	

20.8.22 召解

22.10.30 召解

21.2.5 戰病死

復員

（カ）

887

復員 8

二、郵 着九日 昭23 6 回 解

安丸

関東軍防疫給水部

所属部隊	兵種	官等級	氏名	本籍（留守担当者現住所続柄氏名）	摘要
〃	衛	一	山添正幸	高知県長岡郡大津村七九一六 父 宣光	
〃	〃	一	山本寿一	〃 安芸郡田野町三八八 父 宮次	20.6.20 13日 内地
〃	〃	一	山本明治 大2.10.3	〃 高岡郡東津野村北川三六七 父 義清	八月二九日帰
〃	〃	上	山崎勲	〃 香美郡野市町東野 吾川郡伊野町 父 森	
〃	〃	一	渡辺博治	〃 高知市中須賀町十三番 父 直馬	
〃	〃	一	若枝茂樹	〃 高知市長浜村六三四	
〃	歴		山内豊光	〃 高知市鷹匠町 下目黒 4の851、佐竹	

76 75

388

関東軍防疫給水部

昭二〇、八、一 調製

所属部隊	兵種官等級	氏名	本籍（留守担当者現住所続柄氏名）	摘要
復員	衛生上	有井恒雄	高知県幡多郡下田町下田四四一 父 安	20.6.15 12日防給取扱
復員	〃 江	池上国男	〃 土佐郡[illegible]治村池内一四五 父 直治	
復員	〃 上	伊藤苗春	〃 吾川郡[illegible]川村[illegible]一五〇 姉 [illegible]子	
復員	〃 〃	伊藤源喜	〃 香美郡槙須町槙須川二六四 父 武城	
復員	〃 〃	稲野吉喜	〃 幡多郡[illegible]筑紫村伴某郷四一三 父 清	
復員	〃 伍	上野光政	〃 高岡郡浦内村出見入[illegible] 父 宇一	
	〃 〃	岡田秋雄	〃 幡多郡杉田村大字中浦一三三 父 薫	
	〃 一	押岡水義	〃 吾川郡池川町中居五六五七 父 和次	
	〃 〃	尾原幸喜	〃 長岡郡[illegible]村前浜谷一三四 父 成治	
	〃 〃	尾原文手	〃 長岡市大埼村前浜谷十三六 父 竹喜	
	〃 〃	川田清男	〃 高知市宮前町七九 妻 春花	
	衛上	梶原修一	〃 香美郡西川村[illegible]西川二八五四 父 [illegible]重	20.[illegible].11 11日防給取扱

関東軍防疫給水部

摘要（上欄）	兵種	階級	氏名	本籍（留守擔當者現住所續柄名）	摘要
甲 殘 復員	衛	伍	川村克太郎	高知縣吾川郡池川町土居甲一一九八 従兄 榮次	
死亡済 20.12.14 郡牡丹江 戦病死	〃	平佐	梶憩喜信（大7.11.27）	〃 幡多郡奥内村弘見一六三 伯兄 若（以下空白）	
済 20.12.1 第5陸病 病死	〃	〃	黒岩昌芳（大7.3.29）	〃 香美郡佐古村父合六六七 兄 好久（吉富目 妻 恵心）（以下空白）	23.3.5 ⓩ
（外地 不詳）復員 22.12.3 召解	衛	上	小松嶽泰	〃 香美郡赤岡町七四二 父 重元	
復員	〃	〃	小松久燻（大8.6.20）	〃 安藝郡西山村安藝川 父 金之助（松外に支所）	
復員	〃	〃	小松登	〃 安藝郡東川村一六六 父 金之助	
復員	〃	市居	小松健一	〃 高岡郡戸波村本村一〇七 母 亀寿	
復員	衛	任	酒井祐保	〃 幡多郡奥内村大島字柏島四四 父 兵吉	
復員	〃	〃	佐々木東喜	〃 幡多郡清水町大字津三五三 父 浮太郎	
復員	主	任	佐田光稲	〃 幡多郡八束村山路一八〇 父 路次	
	衛	上	沢田福一	〃 長岡郡本山町北山西九一 父 茂久	
受刑中	〃	上	坂本武雄	〃 高知市中久方一七一 父 議次	信七

78 79 88

890

名簿掌握狀況一覽表

部隊名

区分 月別	掌握總人員				帰還累計			死亡處決累計				奈處状							
	転属		新掌握	掌握人員計				戰死	其の他		計	残留として		死亡として		状況不明			計
	転入	転出			㊋満	㋡ソ	計		㊋満	㋡ソ		㊥中	㋡ソ	㊥中	㋡ソ	㊄不	残2	思	

防疫站

14—13

390-10

朱 山

所属部隊 関東軍防疫給水部 （徳二五二ロ一）

處決	兵種	官等	氏名	本籍（留守担当者現住所續柄名）	摘要	
22.3.26 召解		属	佐藤芳子	熊本県天草郡佐伊津村二六二六 父 益好		カ
23.7.21 召解		属	八島幸久	熊本県球磨郡[illegible]村[illegible] 父 浜	大連出張所ニ属	
22.2.13 召解		〃	冨永一男	〃 下益城郡田佐町字岩下一五九		カ
22.10.18 召解	医	大佐	島井律平	〃 鹿本郡小島町字下松尾 母 イネ		
22.6.8 召解	歩		高田靜哉	〃 玉名郡長洲町一四〇五		カ
22.8.8 召解		上	原水弘	〃 玉名郡睦合村[illegible]四八八 父 [illegible]作		カ
22.11.27 召解		二	野中久義	〃 玉名郡神尾村一四四四		カ

済

小 口

所属部隊	関東軍防疫給水部（満七三一）
屡次 兵種 官等 氏名	22.8.9 召解 屬 泉 竹藏
本籍（留守担当者現住所續柄名）	熊本縣宇土郡浦村大字中村三大四六 父 九藏
摘要	

スミ

㋕

392

山　方宿

所屬部隊　關東軍防疫給水部牡丹江支部（滿大四三　德二五二〇三）

履歴　兵種官等　氏名　本籍（留守担當者現住所續柄名）　摘要

陸21.12.21 召解　卫　二●　緒方邦典　大14.7.16　熊本縣菊池郡龍門村班蛇口字六川（〃）河原村下木庭　ミスエ

済

（カ）

898

未帰還、留守名簿三八頁 [illegible]

所属部隊	関東軍防疫給水部牡丹江支（満二五二〇四）
處決	
兵種官等	歩
氏名	山西充
本籍（留守宅担当者現住所続柄氏名）	熊本県阿蘇郡山西村小森七八五 熊本市黒髪町字留毛七二四内山方妻正江
摘要	未帰還 [illegible]

(力)

494

所属部隊　関東軍防疫給水部海拉爾支部（徳二五二〇五　満五四号）

未 名

身分・兵種	官等	氏名	本籍（留守担当者現住所續柄名）	摘要
31.12.26 帰還　医	大尉	金澤一久 大6.3.30	熊本県天草郡本渡町本戸馬場[illegible] ✓妻 弘子	正 [illegible]
生 22.9.2 召解　歩	上	井上眞澄	熊本県玉名郡睦合村庄山三六六 ✓父 亭一郎	生確 ハイラル所属部
24 ウクライナ入ソ 軍 [illegible] 衛		頼川作平 明34.7.15	熊本県葦北郡大津町[illegible] ✓妻 春子	24.8.16 [illegible]
376 9 1		稲田作一郎 明45.7.19	〃 玉名郡長洲町一三一〇 妻 五十米	生確 23.[illegible]

名 本5部加3連へ

力　力

395

所属部隊 関東軍防疫給水部(満洲第七三一部隊)

身分兵種官等	氏名	本籍(留守担当者現住所続柄名)	摘要
陸軍 大尉	金澤一久 大6.3.30	熊本県天草郡本渡町本戸馬場 妻 弘子	正
歩上	井上眞澄	熊本県玉名郡睦合村庄山三六六 父 亭一郎	
軍属	頼川作平 明34.7.15	熊本県葦北郡大津町灰塚 妻 春子	
	梅田作一郎 明45.7.19	玉名郡長洲町一三一〇 妻	

所属部隊	関東軍防疫給水部大連出張所（徳八七四七、満三一九）
級 技[illegible]等	氏　名	本籍（留守担当者現住所続柄名）摘　要
召解 22/8	萬西平定義	熊本縣芦北郡[illegible]之木村大字[illegible]代七一二 母エツ

爲圭

済

896

9

（カ）

関東軍防疫給水部　20.1.1 調製

徴員

21.8 解　〃　赤池庄作　熊本県人吉郡赤池水無町一四一　兄 正克

21.8 解　〃　秋岡時子　〃 芦北郡田浦町字田浦一三二一　福岡県…郡大座瀬町世田　母 三千

〃　池田正人　〃 鹿本郡八幡村大字石九一五

21.11 召解　〃　井…雄　〃 菊池郡隈府町大字隈府一七八　父 春太郎

東…　〃 宇土郡網田村… 三六四八　妻 ナト之

〃　岩永勝　〃 熊本市… 八六五　父 九蔵

23.8.27 召解　〃　井口蓉子　〃 玉名郡大浜町五三四　養父 武雄

〃　岩崎…　〃 鹿本郡…町大字…一八…　母 須磨子

傭員

20.8.24 召解　〃　上田登　〃 天草郡…三四五六　母 サ…

召解　〃　植田稔　〃 熊本市池田町六六五　父 三蔵

召解　〃　有働一人　〃 玉名郡高道村瀬田六…　…

20.8.24 召解　衛生軍　小崎…　〃 鹿本郡小内村大字中浦一六四八　母 …

大9.3　〃 芦北郡水俣町大字浜二四三　父 長次郎

397

関東軍防疫給水部

20.1.1 調製

摘要	氏名	本籍地	留守担当者
20.8.29 営 復員	宗岡部久米策	熊本県天草郡本戸町大字本戸馬場二〇〇四（一一番地）	父 [illegible]
20.9.1 召解	錦木武雄	〃 下益城郡豊福村大字[illegible]二八四五	父 [illegible]
	沖 正面	〃 上益城郡高木村三二	妻 ベツ
	緒方[illegible] 大?4.22生	〃 鹿本郡山内村大字中浦四九八	養父 辰蔵
重復	金本[illegible] 部隊	〃 天草郡[illegible]	[illegible]
	片山佳[illegible]	〃 下益城郡東豊田村大字[illegible]四七五	[illegible]
21.10.15 召解	片山靖臣	〃 玉名郡花簇村大字[illegible]三二四	父 [illegible]
復員	勝[illegible]	〃 阿蘇郡[illegible]大字[illegible]四〇五	兄 [illegible]
20.9.23 召解	北野愛子	〃 宇土郡緑川村大字[illegible]八二三	母 [illegible]
復員	後藤次男	〃 阿蘇郡[illegible]村[illegible]八六八	妻 [illegible]子
21.3.3 召解	小林藤雄	〃 阿蘇郡[illegible]村大字高[illegible]二六八二	母 [illegible]
召解	佐藤藤雄	〃 熊本市[illegible]町[illegible] 阿蘇郡小国町大字下城二二三八	父 [illegible]

調査中

398

関東軍防疫給水部

昭和二〇年八月二十日現在

復員 兵 坂本伍一 熊本県玉名郡小田村一〇六五 兄 試一

召解 〃 坂上剛 玉名郡睦合村関田三七 兄 弘美

召解 〃 酒井敬 熊本市春日町五七八

召解 〃 下田茂 下益城郡松橋村一〇二五 兄 勝

召解 20.8.20

鹿本郡植木町

復員 〃 清水芳子 飽託郡川口村一四二七 母 〇〇

復員 〃 島崎〇〇 玉名郡長洲町一四七二 父 慶次郎

召解 20.9.5 医 少佐 園口忠男 天草郡大道村一二四六 父 清人

召解 22.7.19 兵 高木徹幸 大7.3.14 菊池郡〇合志村大字新明一六〇二 玉名郡坂下村大字下坂下 妻 カズコ

召解 22.2.3 〃 田中和恵 鹿本郡田底村大字上清九七三 父 幸作

召解 22.10.18 医 大尉 鳥井律平 大5.4.2 熊本市一本木町三三 母 イチ

40.2.24 兵 中村義治 飽託郡小島町梅崎 下益城郡豊川村大字〇〇 父 〇太郎

召解 新〇〇人 玉名郡〇〇村〇〇二九 〇〇

ハイラル防衛 副〇〇長

ハイラル〇〇〇

〇名による〇〇〇

32 30 29 28 27 26 25 24

499

一

关东军防疫给水部

復員	伍 坂本伍一	熊本縣玉名郡川沼村一〇六五	兄 誠一	
召解	〃 坂上剛	〃 玉名郡睦合村岡田三七	兄 弘美	
召解 20.8.17	〃 酒井敬	〃 熊本市春日町五七六		
召解 20.8.20	〃 下田茂	〃 下益城郡松橋村一〇二五	兄 勝	
復員	〃 清水芳子	〃 鹿本郡植木町 / 飽託郡川口村一四二七	母	
復員	〃 嶋崎十寸子	〃 玉名郡長洲町二四七二	父 彦次郎	
召解 20.9.5	医 少佐 園口志男	〃 天草郡大道村一二四六	父 清八	
召解 19	伍 高木敏幸 大7.3.14	〃 菊池郡北合志村大字新明一六〇一 / 玉名郡坂下村大字下坂下	妻 カツコ	ハイラル支部
召解 22.2.3	〃 田中和恵	〃 鹿本郡田底村大字正清九七三	父 幸作	
召解 22.10.18	医 大尉 馬井津平 大5.6.2	〃 熊本市一本木町三三 / 飽託郡小島町	母 イチ	ハイラル所属
召解 21.2.24	伍 中村儀治	〃 下益城郡豊川村大字	父 作太郎	
召解	〃 新庄正人	〃 玉名郡高道村山下二三五九	父 重雄	

26 26 26 27 28 29 30 30

499

関東軍防疫給水部

復員状況	氏名	本籍	留守家族	備考
留 解	西原淑子	熊本県熊本市水前寺本町六〇三	父 □□	留守名簿により入手記入
留 解	野尻春雄	天草郡維和村三六九九	父信能	
留 解	堀武雄	宇土郡宇土町新町 / 熊本市川尻町一〇八五	父能夫	留守名簿により入手記入
復員	細野信能	菊池郡隈府町大字隈府一〇二三	妻静江	
留 解	松本勇	八代市萩原町九五一六	妻二枝	留守名簿により入手記入
留 解 21.8.25	益尾輝夫	熊本市小澤町九三 / 本山五六〇	父武太郎	
21.6.15 解	又丸満州美	玉名郡春富村大字中林五六	母まくら	
留 解	松井照子	荒尾市芽田一三六三	父照平	留守名簿により入手記入
留 解	松井室子	荒尾市万田一三六三	父照平	留守名簿により入手記入
留 解	宮崎秀次	鹿北郡池上村大字戸坂三三 / 大分県別府市大字鶴見三六三	妻恒喜	留守名簿により入手記入
復員	淀川文吉	天草郡本渡町大字広瀬三三四	妻ス□	
	福島忠男	熊本市大江町渡鹿5		定期カードにより把握

大連出 満洲住所 新 ■ 遼寧省 □ 事□

21.8.25

400

大分

所属部隊	関東軍野戦船舶部安松勝文（徳八二五二七両二四三）			ス二
処決	兵種・官等	氏名	本籍（留守担当者現住所続柄名）	摘要
23.6.27 召解	陸	松本清晃 大七.八.二五	大分県大分市毛利町 父 清	大ト予ル所属
~~23.6.[illegible] 召解~~	陸	松本利明 大七.四.二	大分市大字[illegible]町 大沢	乙羽部隊 船舶工兵 イニラル所属
23.7.7 召解	陸	広島羽綱子 大正四.二.二	大分県東国東郡竹田津町竹田津四二 福美	（大連市北郡所属）
	二	福島忠男 大14.1.1		

大連集

力

401

大分

所属部隊 関東軍阿蘇給水部海拉爾支（總二六二四七兵六四三） ス三

処決	兵種	官等	氏名	本籍（留守担当者現住所続柄氏名）	摘要
23.6.27 召解		雇	松本信男 大七.八.二六	大分県大分郡石和田村 父 勝治	ハイラル河属
23.12.4 召解		雇	松崎利明 大七.四.二八	大分県佐伯市大字女島 父 [illegible]郎	一 関東軍 ハイラル阿蘇給水部
23.7.7 召解			広島羽嶋子 大四.二.二	大分県東国東郡竹田津町竹田津四二八 福美	大連出張所属
			二 福島忠男 大十四.一.一		

大連出

力

401

㊙ 昭和二十五 名簿 22.5.2 ㊙

所属部隊 関東軍防疫給水部本部（徳二五二二 満七三一） 久之野

階級 兵種 官等	
氏名	高橋五郎
本籍（留守担当者現住所、続柄、氏名）	大分県玖珠郡玖珠町 妻 平野
摘要	

昭和 ㋕ 402

所屬部隊 關東軍防疫給水部　昭20.1.1 調製

20.8.? 留室

處決	兵種官等	氏名	本籍（留守擔當者現住所續柄名）	摘要
復員	傭人	芦田正行	大分縣下毛郡今津町今津中島 父 權大	
召解	技 雇員	石川顯治	〃 東國東郡富來町大恩寺一六五〇 父 利夫	
召解	雇員	上杉英武	〃 佐伯市中町区五七五 妻 ミキ	
復員	〃	梅原英男	〃 日田郡大鶴村大肥一八六〇 父 歓藏	
復員	傭人	上杉ミキ	〃 佐伯市 五七五 夫 英武	
召解	〃	江藤孝	〃 大分市三好町一ノ九 祖父 長次郎	
復員	雇	乙津吉五郎	〃 玖珠郡東飯田村松木一九七九 妻 ロク 宮崎縣西都郡杉部 吉田お里居村角新方	
召解	〃	河野永季	〃 大野郡大野町矢田一〇八九 父 久五	
復員	傭人	神尾美之	〃 中津市中神町三四三ノ一 父 潛次郎	
召解	技手	清水貢	〃 東國東郡富來町富來浦 長男 信孝	
召解	傭人	小笹通	〃 北海部郡坂ノ市町本田一九七四 祖父 市太郎	
召解	〃	後藤祥太郎	〃 北海部郡臼杵町福良一二〇三 父 定	

九三五

X03

所屬部隊 關東軍防疫給水部 昭20.1.1調製

處決	兵種	官等	氏名	本籍（留守擔當者現住所締柄名）	摘要
召解 復員		雇	佐藤秋生	大分県[illegible]郡[illegible]田村[illegible]江[illegible]六六四 父 常藏	
召解 復員		傭	佐藤清一	〃 大分郡[illegible]室村下川三〇五四 父 長次郎	
召解 復員		雇	宗正一	〃 北海部郡津久見町津久見一〇二二ノ一 父 又四郎	
復員		〃	武本ミツ子	〃 下毛郡新[illegible]村[illegible]一二四〇ノ一 父 新治	
復員		〃	高橋實	〃 速見郡立石町立石一〇〇五 母 ケサ	
復員		傭	武田昇	〃 宇佐郡西川村[illegible]四四九 妻 梅	
済 於大連 22.12.15 戦病死		嘱	坪根由太郎	〃 中津市 [redacted] 妻 [redacted]	留 大連市
召解 復員		傭	鳥羽正紀	〃 大分市勢家町七一五 父 新助	
復員		〃	豊田晃年	〃 速見郡立石町向野五〇九 父 増良	
召解 21.5		〃	長野昭二	〃 速見郡立石町立石三〇一〇 父 末市	
召解 復員		技手	挟間研一	〃 大分郡挟間村[illegible]七三二 横浜市港北区南綱島町一〇三六 妻 [illegible]	
		〃	箱崎楠	〃 大分郡大分市[illegible]五四 妻 千秋	

404

所属部隊 関東軍防疫給水部　昭20.1.1調製

處決	兵種官等	氏名	本籍（留守擔當者現住所續柄名）	摘要
召解 復員	傭	挟間華代	大分縣大分郡挟間村鬼瀬七五二 父 新一	[illegible]
召解	書記手	廣瀬秀広	〃 下毛郡今津町五六三 妻 シヅヨ	
召解 復員	傭	日名子萬	〃 大分市勢家八九八 父 兵助	
復員	雇	平田又男	〃 大分郡日岡村原五九 妻 タケ	
復員	傭	深堀武子	〃 東国東郡[illegible]二三五 叔父 [illegible]	
召解	技手	帆玉正一	〃 大分市大道町二三九七	
20.12.3 召解 復員	衛二	帆足業夫	〃 玖珠郡東飯田村松木五八七 父 伊三郎	（[illegible]）
召解	傭	三浦昌治	〃 大分郡竹中村河原内三三八一 母 シマ	
召解	雇	植田高明	〃 大野郡合川村馬背畑一五〇二 父 [illegible]	
召解	傭	和田清美	〃 北海部郡[illegible]三二七 父 定五郎	

405

大分

所屬部隊　関東軍防疫給水部（満六五九）

重了　12̸1師〔聯〕　南部部隊

處決	兵種	官等	氏名	本籍（留守擔當者現住所續柄名）	摘要
召解	傭		山形ミ子	大分県佐伯市[illegible]　夫　彦武	24.10.13 [illegible]
24.9.2 召解	雇		金崎春好　明治4?.4.17	〃日田郡東有田村大肥田[illegible]（福岡県八幡市大藏鉄一丁目[illegible]　兄[illegible]）	[illegible]
召解	技師	大	菊村恭太郎	〃北海郡[illegible]（東京都[illegible]）　妻[illegible]	20.11.30 [illegible]
復員	傭	中	坂本[illegible]	〃[illegible]郡[illegible]　[illegible]	
復員	雇		大野官丈夫	〃日田郡[illegible]（[illegible]）　[illegible]	

406

大分

所屬部隊　関東軍防疫給水部（満六五九）

復員

處決　兵種　官等　傭

氏名　常竹武夫

本籍（留守擔當者現住所續柄名）　大分県国東郡[illegible]

摘要

407

所屬部隊　関東軍防疫給水部海拉爾支部（德二五二一五　滿五四三）

歩伍　寺井吉造　宮崎縣都城市大王町五九　父　愛吉

屬　廣島春雄　〃　東臼杵郡北郷村大字宇納間三一三　母　ケサ

昭34.11.26　召解

宮崎

408

所属部隊　関東軍防疫給水部（徳二五四一　満六五九）

20.8.16 戦病死　[illegible]

尾崎休三郎

[illegible]縣[illegible]郡東[illegible]村[illegible]村[illegible]三九一

409

所属部隊 関東軍防疫給水部（六五九）

処分	兵種官等	氏名	本籍（一部守備営者現住所續柄名）	摘要
召解	[illegible]	[illegible]行 明四四.九.一〇	宮崎県[illegible]郡[illegible]町大字[illegible]四八五	[illegible]
召解	仝	横井光男	宮崎県[illegible]郡[illegible]村[illegible]	
召解	仝	松浦幸江	宮崎県[illegible]郡[illegible]町大字[illegible] 松浦直	
召解	仝	吉田キミエ	宮崎県[illegible]郡[illegible]村[illegible] 吉田エイ	
召解	仝	小森須賀子	宮崎県東諸県郡本庄村大字[illegible] [illegible]春男	

8 7 6 5 4

410

(9)

関東軍防疫給水部（六五九）昭和[illegible]年[illegible]月[illegible]日調製

所属部隊	身分兵種官等	氏名	本籍（留守擔當者現住所續柄名）	摘要
召解	薬大尉	阿部偉之	宮崎県[illegible]郡[illegible]村[illegible]四番 喜阿部御子	
召解	傭高	岩切幸子	宮崎県[illegible]郡[illegible]村大字本庄[illegible] 父 岩切春男	
20.9 召解	仝	上村紀雄（明[illegible]）	宮崎県東諸県郡[illegible]村[illegible] 兄 上村紀蔵	三.五 自[illegible]入
召解	仝	川越倉市	宮崎県南那珂郡[illegible]町大字[illegible]九[illegible] 喜川[illegible]ミヤ子	
20.9 召解	仝	上村次子（昭五.三.[illegible]）	宮崎県東諸県郡高岡町[illegible]三九[illegible] 父 上村紀雄	三.五 自[illegible]入
21.3.21 召解	仝	工藤経市（大正[illegible]九四）	宮崎県西臼杵郡[illegible]村大字[illegible]九四[illegible] 喜 工藤笑子	三.五 自[illegible]入
23.6.24 召解	仝	[illegible]明（大三.一.一〇）	宮崎県東臼杵郡[illegible] 兄 [illegible]	[illegible]
召解	安軍属	安部佐和男	宮崎県東諸県郡[illegible]村大字[illegible] 父 安部早見	
20.11.17 召解	衛大尉	佐藤實	宮崎県延岡市大字[illegible] 喜 佐藤[illegible]	
召解	傭高	高山薫	宮崎県児湯郡[illegible]村大字[illegible] 喜 高山モトエ	
召解	仝	田中ミホ	宮崎県西諸県郡[illegible]村大字大明[illegible] 父 田中[illegible]	
復	衛少[illegible]	長友義男	宮崎県[illegible]郡[illegible]町[illegible] 喜 長友和子	[illegible]

16 17 16 15 14 13 12 11 10 9

411

宮崎縣

所属部隊	関東軍防疫給水部
處決	召解傭
兵種 官等	
氏名	西 武男
本籍（留守擔當者現住所續柄名）	宮崎縣宮崎郡田野町乙七四六 妻 4日
摘要	

紙片

鹿児島

19

412

所屬部隊 関東軍防疫給水部

處決 兵種 官等

氏名 西 武男

本籍（留守擔當者現住所氏名） 宮城縣宮城郡[illegible] 妻

摘要

紙片

19

宮崎縣

所屬部隊	關東軍防疫給水部
處決 兵種 官等	氏名
召解除	西 武男
本籍（留守擔當者現住所續柄名）	宮崎縣宮崎郡田野町乙七四〇六 妻 ム日
摘要	

19

4/2

宮崎

所屬部隊　関東軍防疫給水部（満六五九）

處決	兵種	官等	氏名	本籍（留守擔當者現住所續柄名）	摘要
召解	衛		稗不誠	宮崎県南那珂郡[illegible]	
召解	衛	上	佐藤星雄	西臼杵郡上野村[illegible] 文 政重	
召解	衛		有薗吉久	児湯郡高鍋町[illegible]	
召解	衛		鈴木光一	南那珂郡[illegible]	
召解	衛		鈴木ハルヲ	南那珂郡北方村大字南方 [illegible] 太郎	

H H H H H

24 23 22 21 20

473

所属部隊 関東軍防疫給水部 満六五九・徳二五二四部隊 [illegible] 159

23.10.20 タイセット地区142K地点 車事故死
戦病死 ㊙ 26.6.20

氏名 本籍 留守担当者現住所続柄氏名 摘要

歩兵 中尉 数十 大[illegible]

鹿児島 小[illegible] [illegible]

鹿児島 薩摩郡 [illegible]田村 [illegible] 宗次 一一六〇

明三八.二 [illegible] 大

東京都 [illegible] [redacted] 薩摩郡

衛長 岩田幸[illegible]郎

寺福 静夫

鹿児島 新[illegible]

経理部 [illegible]雲後新[illegible] (カード)

[illegible] 山本 [illegible] 日 右 [illegible] 父 [illegible] 男

[illegible] 大[illegible]町 [illegible]

力

504

所属部隊　関東軍防疫給水部　万六五九總二六三〇部隊

官等級　氏名　本籍（出身地）鹿児島県　所轄府県名　摘要

第一　雇傭

主兵　中園数十　鹿児島縣薩摩郡[illegible]村[redacted]

衛長　岩田幸三郎

寺福静夫

経理部　重複削除（カード）

為主

所属部隊	関東軍防疫給水部大□支部 万三一九・徳八七四七部隊
衛洪 兵種官等	氏名
復員 22.8.17 軍属	楠本八十二
本籍（戸籍筆頭者現住所続柄名）	鹿児島県姶良郡加治木町木田三〇〇〇 本人 八十二
摘要	解

4

445

例　名簿

〇〇部隊　関東軍防疫給水部牡丹江支部　満六四三・徳二五二三部隊

区分 官等	氏名	本籍（留守担当者現住所続柄名）	摘要
31.12.21 留送 医少佐	尾上正男 明四三	鹿児島県 [redacted] 妻	正 牡丹江部隊長
31.12.26 留送 工 二	加藤栄二 大三	鹿児島県川内市 ... 町	31.6.20 ... 甲 スベルドロフスク

65

416

所属部隊	関東軍防疫給水部林口支部（石一三一五二部隊）

兵種官等	氏名	本籍	摘要
主計少尉	西屋敷正行 大11.6.16	鹿児島県揖宿郡指宿町	生確 戦死
歩曹	七夕利則 大8.5.	鹿児島県揖宿郡頴娃村	生確 23.7.

25.4.17 否部

所属部隊	関東軍防疫給水部孫呉支部 満洲第二五二〇六部隊
庚・決 24.8.10 召命	
兵種官等	砲 一
氏名	迫 眼久
本籍（留守担当者現住所続柄）	鹿児島県日置郡市来町湊町 [illegible] 父 太次郎
摘要	

418

所属部隊	関東軍防疫給水部孫呉支部（ハイラル） [illegible]二五二〇六部隊
兵種官等	[illegible]・兵
氏名	迫　根久（大14.11.16）
本籍（留守担当者現住所続柄名）	鹿児島県日置郡市来町湊町 [illegible] 父 太次郎
摘要	下 [illegible]

24.8.10 召解

砲一

163

9

㋕

×18

所属部隊　関東軍防疫給水部海拉爾支部　万五四三・満二五二〇五部隊　軍直

広沢

23.7.3 召解

兵種官等	軍属
氏名	満洲国鉄、加古藏
本籍（留守担当者現住所続柄名）	鹿児島県日置郡伊集院町清藤（三五三） （鹿児島県川内市平佐町藏二二九　長女　小竹大子）
摘要	〃ハイラル市居

10

164

49

所属部隊 関東軍防疫給水部海拉爾支部 万五四三・徳二五二〇五部隊 軍直 114

廣沢	兵種	官等	氏名	本籍（留守担当者現住所続柄名）	摘要
20.9.3 召解	軍属		満蹈加吉藏	鹿児島県日置郡伊集院町清藤（三五三）（宮崎県川内市平佐町字二三九 表文字林未竟）	ハイラル所属

大三

10　164

49

名

鹿児島

所属部隊	関東軍防疫給水部（満第六五九）

処決	兵種	官等	氏名	本籍（留守担当者現住所氏名）	適要
召 20.8 解 28	衛		有島正義	鹿児島市[illegible]清水町[illegible]	
召 20.8.26 解	医	大佐	①[illegible] 明[illegible]	大島郡三方村浦上九八 妻 秋子	ハルビン[illegible]
召 20.9 解 28	衛		稲田安次	曽於郡[illegible]	
召 解			浦田竜雄	揖宿郡今和泉村[illegible]	
[illegible]	衛		[illegible]	[illegible]	出門
23.7 解	衛		川上清一 大七・四・二	大島郡[illegible]	大連[illegible]
召 20.8 解	衛		黒座[illegible]	川内[illegible]	
召 20.9 解 1	医	[illegible]	児玉鴻	薩摩郡[illegible]	
召 20.10 解	衛		城ヶ崎菊二	肝属郡[illegible]	
召 21.11 解 10	衛	軍曹	[illegible]敏義	川辺郡[illegible]	
召 20.6 解 2	衛		田代[illegible]	川辺郡[illegible]	[illegible]

21 20 19 18 17 16 15 14 13

420

制

鹿児島県

所属部隊　関東軍防疫給水部

処決	兵種	官等	氏名	本籍（留守擔當者現住所續柄名）	摘要
	傭	員	中村鏡雄 大6.3.1	鹿児島県揖宿郡頴娃村お御領六六三八番地 信子 （別府市[illegible]）	中永吉ヒノ
20.8.21 召解	雇	員	二木[illegible]巖 大五.一.二六	鹿児島県日置郡伊集院町[illegible]	昭二三.[illegible]

2322

421

鹿児島

關東軍防疫給水部 昭20.1.1調

處決	兵種	官等	氏名	本籍（留守擔當者並住所氏名）	摘要
20.8.28 召解		技ノ	益田繁	囎唹郡志布志町志布志七一 兄 是一	[illegible]
21.2.10 召解		〃	森[illegible]	姶良郡加治木町反土一五二 兄 慶一郎	同右

252

422

関東軍防疫給水部

20.1.1 調製

所屬部隊	階級	氏名	本籍（留守擔當者現住所氏名）	摘要
21.2.25 召解	軍屬	有馴義德	鹿児島縣薩摩郡宮之城町平川三一大 妻 千鶴	[illegible]
20.8.25 召解	〃	愛下タミ 大一一.三.一	〃 伊佐郡大口町里二一六六 父 武右エ門	[illegible]
20.8.25 召解	〃	岩切正	〃 薩摩郡永利村網津六二二六 父 繁	✓
20.8.26 召解	〃	生見定藏 大七.五.二〇	〃 揖宿郡喜入村宮見一三七九 母 スズ	[illegible]
30.3.29 召解	〃	泉二龍一 大九.六.一八.五	〃 大島郡古仁屋町 [illegible] 妻 [illegible]	[illegible]
20.8.20 召解	〃	井上ミトリ 大一二.五.七	〃 鹿児島市坂元町一二〇 父 徳右エ門	✓
21.5 召解	〃	上園直二	〃 川辺郡枕崎町東鹿篭一八二四七 父 盛吉	✓
20 召解	〃	宇野一	〃 日置郡伊集院町清水一二 父 政吉	✓
20.7.20 召解	〃	上野ツルエ	〃 出水郡阿久根町鶴川内四一七五四 父 今朝	✓
21.4.6 召解	〃	上野春	〃 鹿児島郡伊敷村上伊敷二三四 父 八太郎	✓
20.9.30 召解	〃	上園ノブ	〃 薩摩郡上東郷村宍野九〇九 父 三助	✓
21.2.1 召解	〃	江口貞男	〃 姶良郡蒲生町北一二四 父 長エ門	✓

防給部

処置	階級	氏名	本籍・留守担当者	摘要
21.8.25 召解	軍属	枝元夕え	鹿児島県薩摩郡蘭牟田村七四六 父 豪	
21. 召解	〃	沖島実	大島郡古仁屋町嘉鉄二六七 父 実隆	
召解	〃	岡村アキ 三.五.三生	鹿児島市平之町一二 父 久太郎	
召解	〃	川崎重雄	揖宿郡今泉村小牧五六三 父 彦五郎	
21.2.10 召解	〃	木佐貫東雄	鹿児島市南林寺町四二 父 市之助	
20.7.26 召解	〃	小幡里ツ子	噌唹郡志布志町二五六四 父 慶蔵	
20.8.25 召解	〃	崎元信子	鹿児島市荒田町三五(今市田町七) 母	
21.7.5 召解	〃	坂口久子	熊毛郡南種子村平山一〇二三 父 吉蔵	
20.10.5 召解	傭	篠原岩助	肝属郡垂水町市木一〇五 妻 静	
24.10.4 召解	軍属	室田政義	大島郡古仁屋町油井六九四	
21.2.20 召解	〃	住吉喜一	姶良郡横川町中之三六四 父 三太郎	
21.8.27 召解	〃	瀬戸口祐雄	鹿児島市上竜尾町五二 父 彦之丞	本籍ヨリ...

424

所属部隊　防給部

処決	兵種官等	氏名	本籍（[illegible]名現住所続柄名）	摘要
20.8.25 呂解	軍属	田村倉助	鹿児島県肝属郡牛根村境入六二〇 父新助	
20.8.30 呂解	〃	川実勇三郎	〃 噌唹郡志布志町帖六六四一 父勇吉	
20.8.28 呂解	〃	立山行弘	〃 噌唹郡志布志町帖五六二四 父時行	
22.2.10 解	〃	尭仲彦	〃 大島郡古仁屋町清水一五一 妻ウヒト	
22.3.22 呂解	〃	谷山勢之輔	〃 大島郡喜界町大字湾三五三 妻白合江	
	〃	田畑七十	〃 鹿児島市元町二四八四 父清	
呂解	傭人	千窪安	〃 伊佐郡西大良村里一六四八 父五郎	
20.9.27 呂解	軍属	築地新徳次	〃 出水郡阿久根町赤瀬川三六六五 母キシノ	福岡県大牟田市中島町
20.9.1 呂解	〃	徳留一男	〃 鹿児島郡伊敷村小山田九四一六 父源兵衛	
21.5.4 呂解	〃 20.9	中間信義	〃 川辺郡万世町唐仁原四四五 父英駒	
21.2.15 呂解	〃	永山本盛	〃 姶良郡帖佐町鍋倉一〇一八 父米熊	
21.1.31 呂解	〃	西ノ園吾市	〃 日置郡市来町大里二〇二四 父畩助	

佐世保

425

所屬部隊　防給部

區分	兵種官等	氏名	本籍（留守擔當者住所續柄名）	摘要
20.9.? 召解	軍屬	西川森信	鹿児島縣薩摩郡永野村三八九四 叔父 加太郎	
21.2.20 召解	〃	塗木矢武（大6.1.28）	川辺郡知覧町東別府四二一 父 長次郎	上記本籍より転住記入
優員衛生	〃	樋山大陸	姶良郡加治木町反土六六九四 父 弁発	
召解	〃	肥後時意	熊毛郡西之表町七六四八（大阪市東淀川区次田町） 妻 正子	
召解	〃	北郷富介（明23.2.6）	大島郡古仁屋町六五一五 長女 都みえ	上記本籍より転住記入す
20.8.26 召解	〃	丸山一男	鹿児島市新屋敷町一六六（鹿児島市塩谷町四五） 父 弥兵衛	
21.5.? 召解	〃	町田利明	姶良郡隼人町山田一二一 妻 光恵	
召解	〃	峯崎国夫	鹿児島郡伊敷村下伊敷五〇四 妻 ク二子	
20.9 召解	〃	宮内信子	鹿児島郡谷山町五ケ別府二四五五 父 善次	
20.9.2 召解	〃	村永親志	川辺郡知覧町東別府五八四三 父 薩男	
21.2.10 召解	〃	森永信清（明45.3.5）	姶良郡加治木町反土一一五二 妻 みキ	上記本籍より転住記入

1426

防
跖
痉、

10—14、

426-70

所属部隊 関東軍防疫給水部

(困) 写真 要召解

氏名 櫻井 一夫 明44.3.15

22

所属部隊 関東軍防疫給水部本部（満七七〇）

内田 昇 キク

照会カード 貼付済 2

25/10 召解 ㊚

小 関東軍 特編

A 41

R22.6.19 R解 ㊛ 不明

村井 鉄二郎

（福岡県中北区 ... 太田町1丁目7） 李 登江

7

㋕

427

福岡

関東軍防疫給水部孫呉支部（満六七三）

所属部隊	區分 兵種官等	氏名	本籍（留守担当者現住所續柄名）	摘要
	一	柏田國松 明治.6.16	福岡縣小倉市曽根町中曽根一四七 妻 花子	
	衛一 〃長	藤井勝美 大正.1	〃 八幡市大字尾倉674 （〃 〃 明石町1丁目 母キヌ）	33.3.29 ㊞

案 名

満六八〇 復員 20.6.20 8.20

4.

㋕428

福岡

所屬部隊	處決	兵種	官等	氏名	本籍（留守擔當者ノ住所續柄名）	摘要
[illegible]	20.8.26 召解 ⑫	衛	[illegible]	明四一.八.一五 [illegible]	福岡県[illegible]	[illegible]
	20.7.01 召解 ⑫	衛		明二二.五.一 古賀辰美	〃 筑紫郡山家村[illegible]	(同右)
	召解	[illegible]		大七.三.二〇 [illegible]	〃 [illegible]郡大福村[illegible]	[illegible]
	年月不 召解 ⑫	技	[illegible]	大五.二.二七 [illegible]次郎	〃 田川郡[illegible]	
	24.9.21 退解		少長	大11.7.15 友田幸義	〃 築上郡東吉富町大字垂生 [illegible]	[illegible]
	22.3.[illegible] 召解		雇	明38.3.3. 古賀一教	〃 久留米市[illegible]	記入 25.7.30

7 8 9 10

429

福岡縣

廿名案ニヨリ召解

福岡軍政ニ送ル

所屬部隊	處決	兵種	官等	氏名	本籍（留守擔當者現住所續柄名）	摘要
關東軍防疫給水部	20.8.26 召解	医	中尉	洪武 正喜（明四四.七.二四）	福岡縣八女郡[illegible]一八〇 妻 上井	（ハルピン市[illegible]）
			傭員	吉岡 知光（大七.二.四）	三島市七七八九番地（三島市大宮町五ノ八）父 虎雄	

13 2 11

43

福岡

関東軍防疫給水部 昭20.1.1調

所属部隊 決兵種	官等	氏名	本籍（留守担当者住所氏名）	備考
年月不 召解 20.8.26	属	矢野良一 大6.3.17	〃 嘉穂郡桂川町土師[illegible]七三一 父 喜代太郎	
召解	〃	洗川鉄之助 大4.12.15	〃 京都郡[illegible]村[illegible]八二 妻 洗川トモ	
召解	〃	石橋茂示 明41.10.13	〃 早良郡田隈村大字次郎丸三八 妻 [illegible]子	
年月不 召解	〃	伊藤卯一郎 明45.[illegible]	〃 朝倉郡[illegible]村[illegible]四四 妻 ムツ	
七ヶ 戦死	〃	岩永守彦 大8.8.14	〃 小倉市[illegible]八八	ハルピン本部
召解	〃	石橋ヌヰ子	〃 早良郡田隈村大字次郎丸三六 父 助三郎	
召解	〃	榎垣良助	〃 鞍手郡上西郷村大字[illegible]九二〇 父 次吉郎	
衛生准尉	衛准	緒方富男	〃 久留米市[illegible]九〇三 妻 道子	関特生除
	属	小原明	〃 田川郡猪位金村[illegible]四九四 父 [illegible]	
召解 22.2.28	〃	大城安子	〃 （[illegible]郡[illegible]村[illegible]四五二）[illegible]	
召解	〃	袖[illegible]敏	〃 門司市大字[illegible]一二〇一 妻 神崎すみ	
召解 22.2.6	〃	梶原豊	〃 大牟田市上浦町一六四 父 保平	
召解	〃	木下恵雄	〃 大牟田市上官町一百四四 母 [illegible]	

434

関東軍防疫給水部 20.1.1調製 福岡県

処決	兵種官等	氏名	本籍	留守担当者住所	氏名続柄
召解	属	木下晴夫	福岡県	〃 大牟田市上官町二丁目四四	八ッ
20.8.26 召解	医 技手	塵内秀郎	〃	大分県別府市大字別府一七三	〃
20.8.26 召解	属	熊本進 明40	福岡県	大分県日田市三隈町三丁目／福岡県福岡市上呉服町一五ノ一	春田通子／妻イノ
召解	〃	尉正孝	〃	三井郡金島村[illegible]一三九ノ五	文彦
24.3.29 召解	〃	近藤陽 明44.3.12	〃	福岡市箱崎町[illegible]／〃市吉塚町三丁目	兄 勝美
召解	〃	古賀シトア 明38.3.3	〃	久留米市梅満町六三三	長男 勝之
召解	〃	坂本憲	〃	粕屋郡大福村[illegible]一九五ノ一	妻 シドリ
31.12.26 帰還	衛	島田国雄 明40.3.4	〃	早良郡内野村大字内野大字[illegible]	妻 [illegible]
近解	〃	島本清 明35.4.3	〃	〃 門司市大字大里四四八	妻 光子
召解	属	赤坂保男 明44.3.2	〃	山口県小野田市[illegible]／福岡市[illegible]	美津
29.9.1 召解	〃	瀬尾寿雄 明41.3.2	〃	東京都[illegible]／遠賀郡[illegible]	妻 [illegible]子
召解	〃	田中礼次郎	〃	〃 三瀬郡大善寺町[illegible]	父 [illegible]

432

関東軍防疫給水部 20.1.1 調製　福岡縣

處役	兵科	官等	氏名	本籍（留守擔當者現住所續柄名）	備要
20.9 召解	衛		高城 守（明四五.六.二七）	〃 糸島郡今津村三五二二 母トメ	
20.8.27 召解（免）	〃		田村 慶典（明三一.二.一二）	〃 福岡市野間通自四〇 兄維造	
19.8.19 戰死 バシー海	主	伍	高[illegible] 新（大一二.三.一二）	〃 三瀦郡城島町大字福津三七 父園太郎	
22.6.26 召解	衛		武田 邦子（大一二.二.一二）	〃 遠賀郡中間町大字垣生九六号 父春記	
22.3.24 召解	〃		武末 久子（大一二.二.二八）	〃 福岡市西新町一ノ百三九 母[illegible]仁子	
20.8.20 召解	〃		中村 英雄（大九.六.二八）	〃 三瀦郡城島町大字[illegible] 妻[illegible]	
21.1 召解	〃		中島 寛（明四〇.[illegible]）	〃 三池郡[illegible] 妻サク	
20.9.13 召解	〃		中村 昌弘（大八.二.二四）	〃 福岡市大字[illegible] 四十四	
21.1 召解	〃		中島 [illegible]（大八.四.[illegible]）	〃 山門郡城内村[illegible] 夫寛	
召解	〃		西田 千代喜	〃 田川郡[illegible]三〇 父[illegible]喜	
召解	〃		大淵 豊博（明四四.七.一一）	〃 嘉穂郡穂波村[illegible]；〃 遠賀郡蘆屋町大字山鹿二四 妻[illegible]	
召解	衛		手川 義人	〃 鞍手郡[illegible]；〃 直方市新町一ノ一二六 父[illegible]	

F. F.

㊞の名簿へ入よう、召解

㊞の名簿へ入よう、召解

所屬部隊	處決	兵種	官等	氏名	本籍（留守擔當者現住所續柄名）	備考
関東軍防疫給水部 20.1.1 調製	召解	屬		古川申松（大七.二.二七）	〃三潴郡蒲池村大字西蒲池一六九五 妻 よしエ	
	召解	〃		本田正夏（明四〇.三.二〇）	〃田川郡伊田町大字伊田四一三一 父 喜平	
	召解	〃		堀江隆雄（大八.一.一六）	〃浮羽郡姫治村大字妹川三九八〇 父 乳三次	
	召解	〃		堀江よし子	〃浮羽郡姫治村大字妹川三九八〇 夫 隆雄	
	召解	〃		松尾勝夫	〃遠賀郡折尾町大字下二三六 父 七太郎	
	召解	〃		宮原龍安（大9.2.12）	〃八女郡光友村大字若 八六九 母 モロ	
	21.3.1 召解	〃		水町美代次（大9.11.6）	〃大牟田市八尻町三四三〇 妻 政子	
	召解	〃		八尋新（大7.1.2）	〃〃糟屋郡須恵村大字下須恵一一〇 妻 しアエ	

434

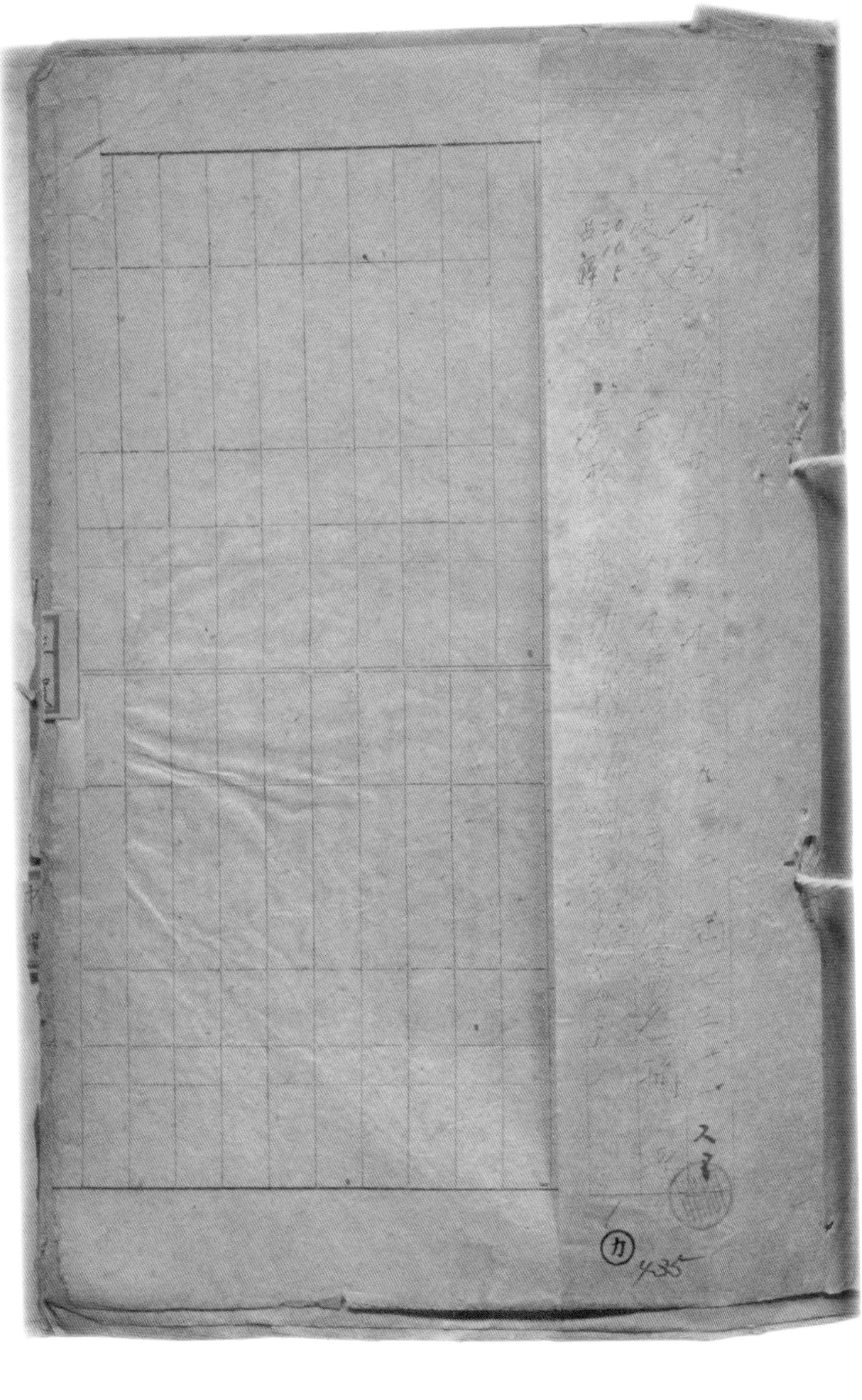

所属部隊 關東軍防疫給水部

昭和二十年 月 日 調製

	兵種官等	氏名	本籍・留守宅・現住所・續柄・氏名	發
召解		秋山昭義	[illegible]	
召解	仝	秋山正敏	[illegible]	
召解		岩本三郎	[illegible]	
召解		江里口政弘	[illegible]	
	仝	[illegible]人	[illegible]	
召解	仝	大石德藏	[illegible]	
召解		[illegible]	[illegible]	
		大橋忠一	[illegible]	
召解		富田一夫	[illegible]	
召解	仝	中村和一	[illegible]	
召解	仝	中山清四郎	[illegible]	
召解	仝	中山清子	[illegible]	

436

所属部隊 関東軍防疫給水部

區分	兵種官等	氏名	本籍（留守擔當者現住所續柄名）	摘要
召解	[illegible]	多山忠行	佐賀県[illegible]郡[illegible]村大字[illegible] 妻 多山さわ	
召解 技術	仝	眞中喜諦（明39.1.8）	佐賀県[illegible]郡[illegible]町[illegible] 妻 眞中[illegible]	（大連勤務） 22.7.11 [illegible]
召解	仝	松本利治	佐賀県[illegible]郡[illegible]村[illegible]番地 妻 松本[illegible]	
召解	仝	松石正徳	佐賀県[illegible]郡[illegible]山[illegible]番地 父 松石[illegible]	
召解	仝	松尾明三	佐賀県[illegible]郡[illegible]町大字[illegible] 父 松尾萬太郎	
22. 召解	仝	山口青一（明38.2.7）	佐賀県[illegible]郡小城町大字[illegible]番地 妻 山口[illegible]	[illegible]
20.8.29 召解	仝	山邉明男	佐賀県[illegible]郡[illegible]村[illegible]番地 長女 山邉晴男	
22.3.20 召解 ㊥	仝	山口勝子（大13.12.13）	佐賀県[illegible]郡[illegible]町[illegible]番地 父 山口[illegible]	
召解	仝	山崎ヨシエ	佐賀県[illegible]郡[illegible]町[illegible]番地 母 山崎[illegible]	
召解	仝	吉田靖	佐賀県[illegible]郡[illegible]村大字[illegible]番地 [illegible]	

437

佐賀

關東軍防疫給水部（滿六五九）

所屬部隊 處決	兵種	官等	氏名	本籍（留守擔當者現住所續柄名）	摘要
召解	衛		井上光芳	佐賀県三養基郡基山村小倉 父 …之助	○
22. 召解	〃		内田廣須子 明2.11.9	〃神埼郡仁比山村大字的一五三四 父 …市	北[illegible]
召解	獣		川原豊	〃藤津郡塩田町馬場下甲七四五 母 …ヤ…	
	衛	伍	川田義治		削除
召解	衛	曹	小山政廣	佐賀県杵島郡北方村大字大崎五一二三（杵島郡大町町大字…）… 榮美	
21. 召解	歩		酒井田頼治 明9.11.14	〃西松浦郡曲川村一八三五六 父 衛太…	日…[illegible]
召解	衛		杉野正美	〃小城郡小城町大字畑田… 父…夫	
〃			田中進治 明37.6.30	佐賀県…東…里…一二八 妻 キト	

438

佐賀縣

○ ○

所屬部隊	處決	兵種	官等	氏名	本籍（留守擔當者現任所續柄名）	摘要
関東軍防疫給水部	20.8.31 召解	歩	一	藤原田稲人 明41.1.5	佐賀縣西松浦郡、有田町[illegible]三八七 養母ミヤ	[illegible]
	兵籍	雇		満[illegible]献	佐賀縣[illegible]郡[illegible]	

439

未

へ 戦

第二安全療病 23.9.1

呂 籍

.40

未

歩269聯 へ

23年8月25日

二補

歩

ユ

大14.2.20

妻

下米許

済

カ

440

司

二三氏世課

第七〇二

23.7.15

昭20.3.23

戦病死

吉済

ハルピン

明治 5.15

昭3.11.13

死亡と見て

済

カ

所属部隊 関東軍防疫給水部林口支部（総二五二〇四 満一六二）田尻

長沫春寧氏 名 本籍（留守担当者現住所續柄名） 抽 留

卅三歳 松尾操太 長崎県北高来郡森山村本村 妻 綾子 ㊞

㋕

441

関東軍防疫給水部

富永治三　長崎県北高来郡小長井村大字小川原浦[illegible]五三一九

父　政太

442

長崎

関東軍防疫給水部

昭20.1.1調

所属部隊 処決	兵種	官等	氏名	本籍（留守宅現住所番地名）	摘要
		傭人	宮崎吉晴	長崎市大浦上田町九	母コト
	薬	少尉	半田邦彦	同市[illegible]町一八（同元船町[illegible]）	父康彦
		技手	杉田菊雄	西彼杵郡[illegible]七八五（兵庫県相生市南[illegible]町三目）	父[illegible]村次
		雇	村田忠三	島原市八五五	父吉之助
		技手	木村力	長崎市[illegible]町三（西彼杵郡[illegible]）	妻エツ

所屬部隊 関東軍防疫給水部

處決	兵種	官等	氏名	本籍（留守擔當者現住所續柄名）	摘要
召解	業	教手	永田常雄	茨城縣大洗村五四五番地 妻 [illegible]	
〃	〃		中濃秀子	〃 長崎市五島町六五 兄 六郎	[illegible]
還送濟	〃		讀 健	〃 諫早市船津町六六 父 [illegible]	
22.9.3 召解	雇		[illegible]	[illegible]	
22.12.3 召解	傭		[illegible]	[illegible]	[illegible]
濟					

名

所屬部隊　関東軍防疫給水部

處決兵種官等　雇員

氏名　豊永直親

本籍（留守擔當者現住所氏名）　長崎県壱岐郡勝本町大字坂本触一三　妻　豊永静子

概要　[illegible]

2021.3.28 正解 ㊞

處 済

技手　中村留八 ＝ 南高来郡千々石町一一七、妻　中村五子

本人は21.3.12㊊と申立ている。

㋕

445

所屬部隊　関東軍防疫給水部（満六五九）

處決	兵種	官等	氏名	本籍（留守擔當者現住所番地名）	摘要
	傭		東 徳男　明3.9.1	長崎市 [illegible]	[illegible]
㊃ 済	傭		大 [illegible]	長崎市 [illegible]	
			川村 富平　明14.10.[illegible]	長崎市 [illegible]	[illegible]
㊇ 済			久 [illegible] 武	鹿児島市 [illegible]	[illegible]
七日解	傭		関 政子　大14.3.16	佐世保市 [illegible]	
[illegible]			南 [illegible]	[illegible]	

0

14

13

446

所属部隊　関東軍防疫給水部

処決	兵種	官等	氏名	本籍（留守擔當者現住所續柄名）	摘要
23.1.16 召解	衛	上	今村徳治	長崎縣長崎市大浦町一六 父 賀男	[illegible]
		〃	岩尾義一	[illegible] 妻 ウメ	[illegible]
21.2.7 召解	〃	〃	濱田正好	諫早市[illegible] 父 欽之助	
	〃	〃	異野[illegible]	南高来郡[illegible] 父 [illegible]	
	〃	〃	神田[illegible]	南高来郡[illegible] 父 [illegible]	
召解	〃	〃	川口照[illegible]	諫早市[illegible] 父 忠一	
召解	〃	〃	小磯力平	北高来郡森山村[illegible] 妻 [illegible]	
31.12.26 帰還	〃	〃	山崎勝巳	長崎市[illegible] 父 嘉[illegible]	[illegible]
	〃	〃	小田[illegible]	南高来郡[illegible] 父 [illegible]	
26	〃	〃	山口[illegible]	諫早市[illegible] 父 [illegible]	[illegible]
	〃	〃	湯川[illegible]	南高来郡[illegible] 父 [illegible]	

447

所属部隊	處決	兵種	官等	氏名	本籍（留守擔當者現住所續柄氏名）	摘要
関東軍防疫給水部 昭20.8.1 [illegible]	23.9.16 召解	衛	[illegible]	今村[illegible]次郎 大4.9.[illegible]	長崎縣長崎市大浦町一六 父 [illegible]賢 男	[illegible]
				[illegible]宗義	[illegible] 妻 [illegible]	
	21.2.17 召解			浦定好 大3.[illegible]	諫早郡[illegible]市 [illegible] 父 政之助	[illegible]
				奥野一	南高来郡[illegible] 父 [illegible]	
				神田[illegible]	南高来郡[illegible] 父 清吉	
	召解			川口昭四	諫早市[illegible] 父 忠一	
	召解			小磯力平	北高来郡森山村[illegible] 妻 久子	
	31.12.26 帰還			小峰勝巳 大9.[illegible]	長崎市[illegible] 父 嘉[illegible]	帰還 [illegible]
				小司龍[illegible]	南高来郡[illegible] 父 [illegible]	
	20.8.26 召解			山口雲[illegible]	諫早市古場[illegible] 父 [illegible]三	[illegible]
				湯川[illegible]	[illegible] 父 [illegible]	

(カ)

157

所属部隊	関東軍防疫部（徳二五二一、満六五九）済
処決	召解
兵種・官等	雇員
氏名	金城作吉　大七.十.五
本籍地（留守担当者住所続柄氏名）	[illegible]郡玉城村[illegible]二二二
摘要	[illegible]

163

所属部隊	関東軍防疫給水部孫呉支部（徳二五二六、満六七三）済
処決	[illegible]
兵種	[illegible]
氏名	諸見津武[illegible]
本籍地（留守担当者住所続柄氏名）	諸見[illegible]
摘要	20.9.17 自殺 [illegible]

沖縄縣

新規
補充ラヘ

所屬部隊	階級 兵種 官等	氏名	本籍（留守擔當者現住所續柄名）	摘要
関東軍防疫給水部	昭20.3.[illegible] 傭員	永長瀧子	沖縄縣首里市桃原町一六 父 可愛	同隊
	〃 〃	比嘉[illegible] 大正[illegible]生	〃中頭郡読谷山波平二四二 母 まし	[illegible]
	技雇	比嘉忠一郎 大正[illegible]生	〃中頭郡読谷山波平二四二之 母 まし	

449

1663

所屬部隊　関東軍防疫給水部　20.1.1 調製

處決	兵種	官等	氏名	本籍（留守擔當者現住所續柄名）	摘要
召解 12.31		傭人	[illegible]芳子	沖縄県那覇市若狭町一丁目二一 父 [illegible]	○
		〃	平江常雄 大7.6.14	〃 父 [illegible]一丁目九八	
召解		雇員	島袋常[illegible]	中頭郡具志川村[illegible]一二〇三 父 [illegible]	
				那覇市[illegible]一二四 [illegible]	

450